SmartPLS 이용

쉬운 구조방정식모델

Easy SEM with SmartPLS

김계수

도서출판 청람

■ 머리말 ■

"배우고 읽고 생존하고 성장하니 기쁘지 아니한가!"

이 구절은 본인이 연구와 관련하여 지침을 삼고 있는 내용입니다. 항상 배우고 책을 읽고 자연의 변화를 읽는 것은 즐거운 일입니다. 또한 현재 살아있다는 것이 감사하고 조금씩 나아지고 있는 것이 기쁠 따름입니다.

삶은 문제해결 과정입니다. 문제를 해결하기 위해서는 문제의 근본적인 원인을 면밀하게 파악하여야 합니다. 문제원인을 세밀하게 파악하고 대안을 제시하는 것이 연구입니다. 연구라는 단어가 이제는 우아한 테이블에 앉아 있는 사람들의 전유물이 아닙니다. 모든 사람은 연구자가 되어야 합니다. 사물의 이치를 꿰뚫고 통찰력을 동원하여 관련 문제에 대한 해결점을 제시해야 합니다. 이것이 우리 인간들의 기본 의무입니다.

「성공하는 사람들의 일곱가지 습관」의 저자 스티븐 코비는 두 번째 성공습관으로 "끝을 생각하면서 시작하라"고 말합니다. 결과를 생각하고 원인에 해당하는 시작을 제대로 할 것을 강조한 내용이라고 할 수 있습니다. '성공'이라는 시로 유명한 에머슨은 "성공하는 사람은 원인과 결과를, 얕은 사람은 운을 믿는다"고 하였습니다.

개인의 삶은 원인과 결과의 연속체입니다. 사회현상 또한 인과관계입니다. 인과관계를 제대로 파악할 수 있는 사람이 소위 일머리를 아는 사람입니다. 연구자가 문제를 인과적으로 파악하고 이에 대한 연구모델을 수립할 수 있다는 것은 대단한 일입니다. 또한 인과모델, 즉 구조방정식모델분석을 할 수 있다는 것은 연구와 관련하여 위대한 역량을 보유하고 있는 것이나 다름없습니다.

구조방정식모델을 분석할 수 있는 프로그램은 LISREL, SmartPLS, AMOS, SCALIS, EQS 등 다양합니다. 각 프로그램은 나름대로 특장점을 가지고 있습니다. 장점에도 불구하고 몇 가지 프로그램은 일반인들의 주머니 사정을 고려한다면 선뜻 구입하기는 쉽지 않습니다. 저자는 연구자의 의지만 있으면 학생용 버전으로도 연구를 충분히

할 수 있다고 생각합니다. 대표적인 프로그램이 LISREL과 SmartPLS 프로그램입니다. 우선, 하시는 연구에서 많은 가치를 창출하여 원하는 목표를 이루세요. 이어 정식 제품을 구입해서 떳떳하게 사용하시기 바랍니다.

LISREL은 구조방정식모델링(SEM : Structural Equation Modelling) 분석용 최초의 프로그램입니다. LISREL(LInear Structural RELationship)은 스웨덴 웁살라(Uppsala) 대학의 Karl G. Jöreskog & Dag Sörbom에 의해서 개발된 것입니다. 리스렐 프로그램은 http://www.ssicentral.com에서 학생용 버전을 다운해서 사용할 수 있습니다. 다만 분석 가능한 변수의 수가 제약되어 있다는 점을 기억하세요.

PLS(Partial Least Square)는 모형 추정과정에서 발생하는 잔차 또는 예측오차를 최소화하여 예측력을 극대화하기 위한 프로그램입니다. 즉, PLS-SEM은 표본수가 적고 자료가 정규분포를 보이지 않거나 조형지표 모델이거나 복잡한 연구모델 분석에 유용합니다. 외국에서 많이 사용하고 있는 프로그램은 Christian M. Ringle 교수와 Jörg Henseler 박사가 공동 개발한 Smart-PLS입니다. 이 프로그램은 http://www.smartpls.de에서 등록 절차를 걸쳐 다운해서 무료로 약 4개월을 사용해 볼 수 있습니다. 프로그램 사용을 연장하려면 프로그램 실행 후 사전에 부여받은 개인의 고유번호(personal SmartPLS activation key)를 입력하면 됩니다.

본 저서는 LISREL과 SmartPLS 프로그램을 이용한 구조방정식모델 분석방법을 다뤘습니다. 주변을 둘러보면, 구조방정식모델 하면 통계지식을 많이 보유한 사실들의 전유물이라고 생각하는 사람들이 많습니다. 본인은 절대 그렇지 않다고 주장하는 한 사람입니다. 연구자의 열정만 있으면 구조방정식모델 분석을 쉽게 할 수 있습니다. 본서는 또한 SmartPLS 프로그램으로 구조방정식모델 분석역량을 키우는 데 있습니다. 또한 연구와 컨설팅 분야에 곧바로 적용할 수 있는 심층내용을 다루고 있습니다. 본서는 구조방정식모델을 처음 접하는 초심자나 구조방정식모델을 이용하여 컨설팅 실무에 곧바로 적용하려는 사람들을 위해서 쓰여졌습니다.

연구는 남이 해주는 것이 아니라 자신이 하는 것입니다. 연구과정에서 필요한 것은 연구모델설정능력, 분석능력, 결과해석능력입니다. 본서를 통해서 연구력을 강화하고자 하는 독자들은 첫 페이지는 어렵게 넘겼으나 어느 시점이 지나면 자신감, 성취감이 커지는 것을 느낄 것입니다. 모든 독자들이 자신감, 성취감을 넘어 연구 성과를 많이 내기를 진심으로 기원합니다. 구조방정식모델과 관련된 문제로 고민하시는 분들은 언제든지 메일과 전화 주세요. 전에도 그랬듯이 한 분 한 분 세심하게 맞춤형 답변을

드리겠습니다. 전에 경험해 보지 못한 지식서비스 제공에 놀랄 것입니다.

끝으로 본서를 출간하는데 처음부터 지속적인 관심을 가져주신 도서출판 청람의 이수영 사장님과 관계자분들께도 진심으로 감사드립니다. 특히, SmartPLS 프로그램과 관련하여 많은 도움을 주신 Hamburg University of Technology(TUHH)의 Christian M. Ringle 교수님께도 진심으로 감사인사를 드립니다. 주일 아침마다 하는 가톨릭성경공부 반원들의 관심과 기도 정말 감사합니다. 언제나 사랑스러운 두 딸과 아내의 진심어린 기도는 큰 힘이 되었음을 밝힙니다.

감사합니다.

2013년 7월

저자 김계수

■ 차례 ■

Part 01 / 기초편

Easy **SEM** with *SmartPLS*

기초편

Part 1

Easy SEM with SmartPLS

지혜를 얻어라. 이것이 곧 지혜의 시작이다. 네가 가진 것을 다하여 예지를 얻어라.
-잠언(4장 7절 말씀)-

Easy **SEM** with *SmartPLS*

Chapter 1

왜 구조방정식모델분석인가?

Chapter 1

왜 구조방정식모델분석인가?

제 1 절 패러다임

사물을 바라보는 방법은 다양하다. 시대 상황이 달라지면서 사물을 관조하는 방법도 달라지고 있다. 사물을 바라보는 방법을 패러다임(paradigm)이라고 부른다. 패러다임은 원래 과학용어로 그리스어 'paradeigma'에서 유래하였다. 패러다임은 인식, 가정, 이론, 준거틀, 세상을 바라보는 시각이라고 할 수 있다.

세상을 바라보는 시각을 어떻게 설정하느냐에 따라 개인, 조직, 국가의 운명이 달라진다. 긍정적인 사람은 희망을 이야기하고 희망을 가슴에 품고 문제를 슬기롭게 해결한다. 조직이나 국가도 마찬가지이다. 올바른 패러다임이 설정된 개인, 조직, 국가는 성실성을 바탕으로 성과를 내려고 노력한다.

패러다임은 그 시대의 주된 사고원리를 나타내는 정상과학과 정상과학에 부합하지 않은 결과물 또는 반칙의 사례를 과학혁명이라고 한다. 기존의 방법이나 안주하던 공간에서 탈출하는 방법의 하나가 패러다임 전환, 즉 과학혁명이다. 사회 발전은 정상과학과 과학혁명이 혼합된 누적에 의해서 이루어졌다고 이야기해도 지나치지는 않을 것이다.

인간이 사물을 관조하는 방법은 두 가지가 있다. 하나는 환원주의이고 또 다른 하나는 구조주의이다. 환원주의는 물체를 구성하는 낱낱의 구성품을 알아야 물체의 본질을 알 수 있다는 사상이다. 구조주의는 물체의 형상 또는 외견을 통해 물체를 정확하게 파악할 수 있다는 사상이다.

정리하면, 패러다임은 당시 시대 사람들이 옳다고 믿으며 통상적으로 공유하는 사고의 틀을 말한다. 패러다임의 이해는 인간이 실재를 이해하는 데 도움을 주고 때로는 우리가 실재라고 여기는 것을 창조하도록 해주는 심적 구조라고 할 수 있다.

제2절 환원주의

환원주의(還元主義, reductionism)는 철학적인 측면에서 복잡하고 높은 단계의 사상이나 개념을 하위단계의 요소로 세분화하여 명확하게 정의할 수 있다고 주장하는 견해이다. 원자들의 집합이 물체이고 다양한 감각적인 인상의 결합이 하나의 관념을 이룬다는 사상이 이에 해당한다. 예를 들어, '물'이라는 현상을 '수소 둘과 산소 하나'라는 기본적 요소로 구성되어 있다고 설명하는 방식이 환원주의이다.

20세기 철학에는 두 가지 환원주의가 주장되었다. 첫째, 논리실증주의자들은 존재하는 사물이나 사태를 가리키는 표현이 직접적으로 관찰할 수 있는 대상이나 감각자료로 정의할 수 있다고 주장한다. 논리실증주의자들은 사실에 대한 어떤 진술도 경험적으로 증명할 수 있는 일련의 진술과 동치라고 주장한다. 특히 과학에서 이론적 실체는 관찰 가능한 물리적인 것으로 정의할 수 있으며 과학법칙은 관찰과 보고들의 결합과 동치라고 주장한다.

둘째, 과학의 통일을 주장하는 연구자들은 생물학이나 심리학 같은 특정 과학의 이론적 실체는 물리학 같은 더 기본적인 단위로 설명할 수 있다고 본다. 사물의 본질을 특정 과학의 실체들로 정의할 수 있거나, 그 과학들의 법칙을 더 기본적인 과학의 법칙으로 설명할 수 있다고 주장했다. 예를 들어, 환원주의 관점에서 보면 자동차를 정확하게 이해하기 위해서 자동차를 구성하는 부품 낱낱을 이해해야 한다는 것이다. 즉, 자동차 낱낱의 부품을 해체해서 봐야 한다는 관점이 환원주의이다.

감정의 구성요소는 다양하다. 감정, 인지적 평가, 생리현상, 주관적 경험, 표현, 행동 등이다. 이를 환원주의 관점에서 그림으로 나타내면 [그림 1-1]과 같다.

그림 1-1 ▌ 감정 구성요인

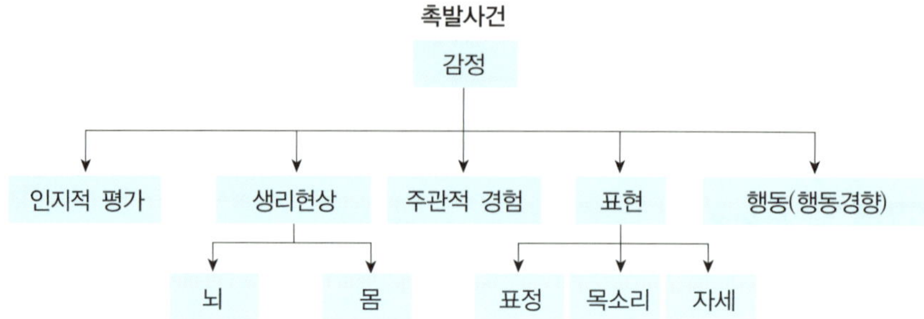

환원주의 관점에서 논리적인 정황이 충분한 이론명제와 시각으로 파악된 관찰명제를 확연하게 구분하기 어려운 점이 한계점이자 논란거리로 남는다. 즉, 물고기를 해부한 뒤 그 조각을 다시 꿰어 맞춰도 원래 살아있는 물고기로 복원할 수 없는 것 같은 이치다.

제 3 절 구조주의

구조주의(構造主義, structuralism)는 인문학, 사회과학, 정치학, 철학 등 다양한 학문에 영향을 미친 사조이다. 구조주의 관점에서는 근본 요인(factor)들 사이의 상호관계 위에 정신적, 언어적, 사회적, 문화적 구조가 성립한다고 본다. 그 구조에서 특정 개인이나 문화의 의미가 생산된다고 본다. 원래 구조주의는 언어학에서 출발하였다.

구조란 언어, 사회구조, 제조, 법, 사상 등 우리를 둘러싼 다양하게 짜여진 틀을 말한다. 구조주의는 인간은 다양한 구조의 지배를 받는 것으로 가정한다. 이 구조를 파헤치고 개념들의 법칙을 제시하려 하는 것이 연구자의 노력이다. 구조주의는 인간의 자아나 개념 역시 다양한 구조의 틀 안에 있다고 보는 것이다.

초기 구조주의는 구조를 인간이 태어나면서부터 가지고 있는 선험적이며 보편적인 것으로 본다. 예를 들어, 자동차를 언어적으로 표현한다면 자동차의 외견, 특히 주요 부분만을 갖고 설명하는 것이 구조주의의 대표적인 예라고 할 수 있다. 가족

관련 정치, 교육, 경제, 종교의 관련성을 구조주의 관점에서 표현하면 다음 그림과 같다.

그림 1-2 | 구조주의 예

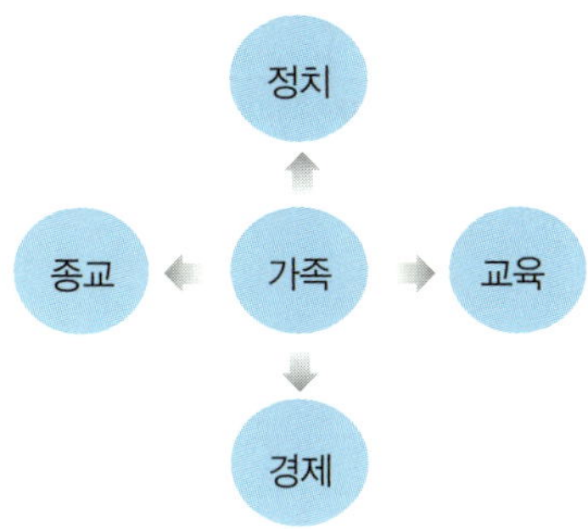

구조주의는 사물을 세부적으로 보지 못하고 구조에만 집중하는 나머지 인간성을 경시한다는 비판을 받는 것 또한 사실이다.

연구에서 잠정적인 진술인 가설개념(Hypothesis concept)이 나온다. 수많은 학자나 연구자들은 연구를 거듭하여 이론으로 정립하거나 또 다른 파생개념을 만들어낸다. 여기서 이론(theory)은 수많은 똑똑한 사람들이 정립해 놓은 원인과 결과를 밝혀 놓은 진술이라고 할 수 있다. 이론을 많이 알고 있다는 것은 실생활에 적용할 다양한 카드를 가지고 있는 것이나 마찬가지다. 다음은 환원주의와 구조적인 관점에서 도출한 이론을 구조방정식 모델로 처리한 예를 그림으로 나타낸 것이다.

그림 1-3 | 개념과 구조방정식모델

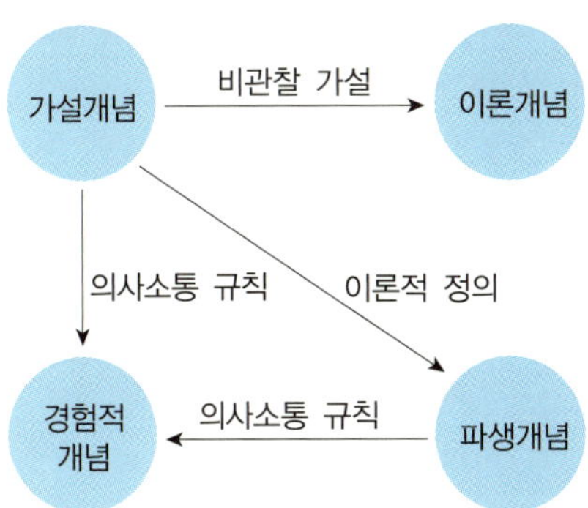

(a) 개념

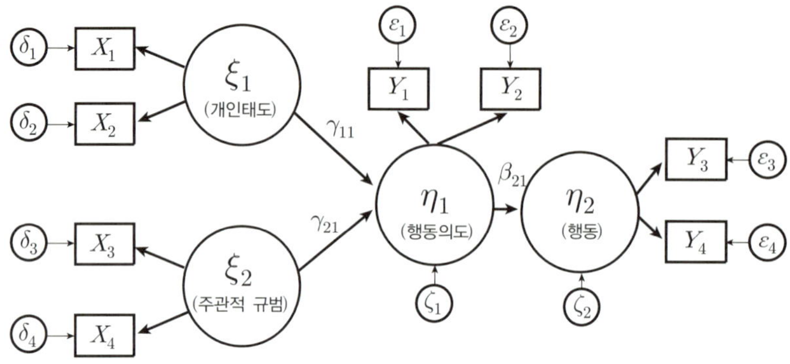

(b) 구조방정식모델

제 4 절 구조방정식모델

연구자의 꿈은 관심영역에서 탁월한 연구 실적을 쌓고 이를 사회에 환원시키는 것이다. 연구자는 우선 사회현상을 명징하게 이해할 필요가 있다. 탄탄한 이론배경을 바탕으로 사회현상을 이해하여 체계화시켜 연구모델을 수립하는 것이 필요하다. 이어 연구모델의 적합성을 판단하기 위해서 실증분석해 보는 것은 중요하다.

구조방정식모델은 환원주의와 구조주의 관점에서 부분과 전체를 보기 위한 분석방법이다. 구조방정식모델 분석을 통해서 연구자는 요인 간의 유의한 경로를 발견하는 것이다. 연구자는 유의한 경로를 중심으로 실무분야에서 적용가능한 전략과 시사점을 제공하면 된다.

그림 1-4 | 구조방정식모델 사용이유

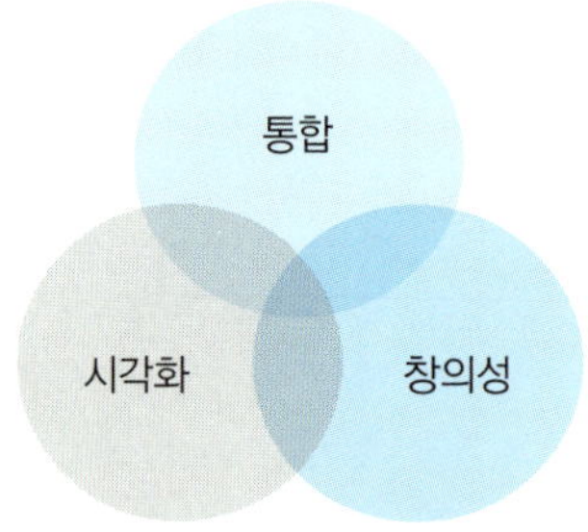

구조방정식모델이 연구자들로부터 각광받고 있는 이유를 통합, 창의성, 시각화 등으로 설명할 수 있다.

첫째, 구조방정식모델을 이용하면 통합력을 배양할 수 있다. 연구자는 하나의 플랫폼(경로도형 구축 공간)에 연구주제와 관련한 다양한 요인과 변수를 배치할 수 있다. 플랫폼 안에 연구주제와 관련한 요인을 연결할 수 있는 것은 연구역량의 원천이다. 복잡한 문제를 부분과 전체를 고려하는 관점에서 표현할 수 있는 통합 마인드는 연구자가 갖추어야 할 기본 자세이다. 프로는 문제를 쉽게 해결하지만 아마추어는 일을 복잡하게 만들고 꼬이게 만든다는 이야기를 생각해 보자. 분석적인 관점에서 구조방정식모델은 '요인분석과 회귀분석의 조합'이라고 할 수 있다. 연구자가 구조방정식모델 분석능력을 갖추고 있다면 이는 통계 기본지식은 물론 고급분석을 할 수 있다는 표징을 보여주는 것이다. 통합적인 관점에서 기본분석과 고급분석을 골고루 할 수 있다는 것은 축복이자 감사할 일이다.

둘째, 구조방정식모델은 창의성을 기르는 디딤돌이다. 연구모델을 구상하는 과정에서 연구자는 과거의 틀에 얽매일 필요가 없다. 이론적인 배경과 경험적 사실에 근거하여 창의적인 연구모델을 제시하고 다양한 각도에서 분석해보는 것도 중요하다. 연구자는 구조방정식모델 분석과정에서 연구모형도 수정해 볼 수 있고 전략수립을 어떻게 할 것인가 상상도 해 볼 수 있다. 편안함에 길들여진 연구자는 제자리에 머무를 것이다. 편안함에 길들여져 제자리 걸음을 하고 싶지 않다면 계속 질문하고 기존의 틀에 도전하여야 한다. 연구를 더 잘할 방법이 있는지 끊임없이 찾아보아야 한다. 연구과정에서 멈춤은 퇴보이다. 물론 현실에 안주하고자 하는 연구자들은 구조방정식모델이 힘들고 성가시다고 할 것이다. 반면에 지속적으로 성장하고자 하는 연구자들에게 구조방정식모델은 연구의 힘과 자극제, 창의성의 원천이 될 것이다.

셋째, 구조방정식모델은 시각화를 위한 이상적인 도구이다. 복잡한 문제를 간단하게 시각화시킬 수 있는 능력은 연구자가 갖추어야 할 기본 소양이다. 연구주제와 관련한 요인과 요인과의 관련성을 화살표로 연결하는 연구모형을 제시할 수 있는 것은 누구나 할 수 있는 일이 아니다. 개념과 개념을 선으로 연결할 수 있다는 것은 위대한 일이다. 실제 구조방정식모델은 요인을 구성하는 독립변수들과 종속변수들 간의 상호의존성을 분석하는 통계분석방법이다. 여기서 독립변수(Independent Variable)는 영향을 주는 변수이다. 종속변수(Dependent Variable)는 영향을 받는 변수이다. 독립변수는 등간척도나 비율척도로 구성된 양적변수로 구성된다. 종속변수는 명목척도와 서열척도로 구성된 질적변수 아니면 양적변수로 이루어진다. 이를 수학식으로 나타내면 다음과 같다.

$$
\begin{aligned}
Y_1 &= X_{11} + X_{12} + X_{13} + \cdots + X_{1n} \\
Y_2 &= X_{21} + X_{22} + X_{23} + \cdots + X_{2n} \\
Y_m &= X_{m1} + X_{m2} + X_{m3} + \cdots + X_{mn}
\end{aligned}
\qquad \text{(식 1-1)}
$$

(양적변수) (양적변수, 질적변수)

연구자는 구조방정식모델 분석결과 유의한 경로를 위주로 선택과 집중화 원리에 의해서 전략을 제시하면 된다. 구조방정식모델은 분석결과물을 시각화하여 전략적 지침을 제공하는 데 용이한 통계분석이다.

정리하면, 구조방정식모델은 요인과 요인을 회귀분석적으로 연결한 방정식이다. 연구자는 구조방정식모델을 통해서 구체적인 연구원칙을 흐트러짐 없이 실천해 갈 수 있다. 연구자가 구체적인 연구모델을 통해서 관련 프로그램을 분석할 수 있으면 연구자는 한정된 시간, 자원, 능력을 좀 더 효율적으로 쓸 수 있다. 즉, 분석에 신경쓸 일을 전략수립이나 시사점 마련에 역량을 쏟을 수 있다.

제 5 절 연구자의 리더십

사회에서 발생하는 문제는 복잡난해하다. 우리는 다양하고 복합적인 위험요인들에 직면해 있다. 정치적인 문제, 경제적인 문제, 사회적인 문제에 대응력을 높이는 것이 개인, 조직, 그리고 사회에 필요하다. 연구자는 끊임없이 등장하는 예측불허의 상황, 블랙스완(Black Swan)에 대응하고 전략을 세워야 한다. 이러한 예측불

허의 상황에 대비하기 위해서는 연구자의 셀프리더십(self leadership)이 필요하다. 연구자의 셀프리더십은 영혼(soul), 마음(heart), 두뇌(brain), 끈기(good nerves)에서 나온다.

그림 1-5 ▌ 연구자의 셀프리더십

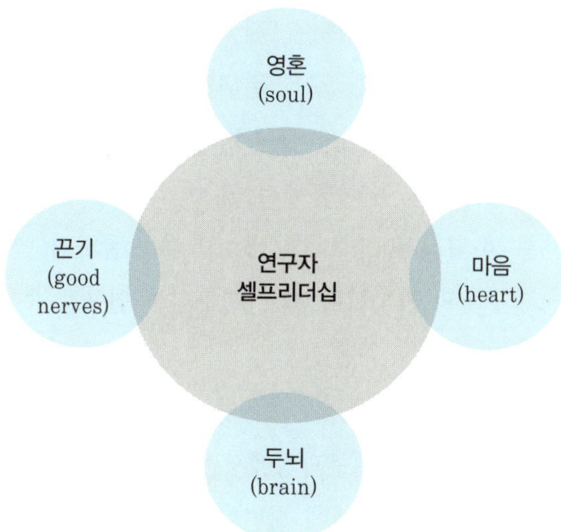

첫째, 영혼(soul)이다. 연구자가 갖추어야 할 영혼이란 관심 연구분야에서 리더가 되고 싶다는 비전을 갖는 것이다. 진정성을 갖고 수행하는 연구를 통해서 개인의 연구업적을 넘어 사회문제를 해결하겠다는 굳은 의지를 갖는 것이다. 영혼이 담겨진 연구는 힘이 있다. 영혼이 녹아 있는 시사점은 이해관계자들의 마음을 움직이고 당면 문제해결의 실마리를 제공한다. 자신은 물론 이웃, 사회, 인류에게 유익한 행복을 줄 수 있는 연구가 좋은 연구라고 할 수 있다.

둘째, 연구자는 열정적인 마음이 있어야 한다. 연구주제를 선정하는 과정, 연구를 수행하는 과정에서 "이 연구주제는 반드시 수행해야 하는 것"이라는 가슴속의 울렁거림이 있어야 한다. 연구주제를 수행하면서 강화되는 글로벌 시민의식을 높이고 사회문제 해결에 지속적으로 관심을 갖는 것은 연구자의 열정적인 마음에서 나온다. 연구자는 기관윤리위원회(IRB : Institutional Review Board)의 윤리규정도 준수해야 한다. 개정된 생명윤리안전법(보건복지부 홈페이지)은 인간대상 연구와 인체 유해물을 활용한 연구를 수행하기 전에 연구 대상자의 서면 동의를 반드시 받고 IRB심의를 거치도록 하고 있다. 또한 연구대상자는 자신에 관한 정보의 공개를 연구자에게 요구할 수 있다. IRB를 지키지 않을 경우는 국가 R&D와 연구용역 참여는 물론 연구비 지원도 제한받을 수 있어 이에 대한 각별한 주의가 필요하다.

셋째, 연구자에게 있어 두뇌는 중앙처리장치이자 지식창고이다. 글로벌사회는 매우 복잡해져가고 있고 서로 촘촘하게 네트워크로 연결되어 있다. 실제로 무슨 일이 일어나는지 쉽게 이해하기는 어렵다. 그럼에도 불구하고 연구자는 두뇌라는 지식창고, 즉 지식공장을 끊임없이 가동하고 이를 통해서 연구목적을 달성해야 한다. “연구실적을 내든지 아니면 짐을 싸라(publish or perish!)”라는 문구가 연구자들 사이에 통용되고 있다. 연구는 연구자의 기본역량이다. 연구자는 연구로 승부를 걸어야 한다.

넷째, 끈기이다. 끈기는 연구자의 정신역량이다. 동료들이 포기할 때 다시 시도해보고 마무리할 수 있는 능력이 끈기이다. 연구과정에서는 다양한 변수가 등장한다. 연구자는 연구과정 속에서 예상치 못한 문제에 직면할 것이다. 이 과정에서 직면하는 수많은 문제를 이겨내기 위해서는 끈기가 필요하다. 끈기는 연구성과가 지금 당장 나지 않더라도 우직하게 연구를 진행하는 마음가짐이다. 연구과정에서 실패란 없다. 실패는 미래의 디딤돌이 되고 후속연구의 밑거름이 된다.

연 · 습 · 문 · 제

01. 현상을 파악하는 환원주의와 구조주의 개념을 서로 토론해 보고 예를 설명해 보자.

02. 최근 많은 연구자들이 구조방정식모델을 많이 사용하고 있는데 그 이유를 설명해 보자.

생각이 바뀌면 행동이 바뀌고 행동이 바뀌면 습관이 바뀌고 습관이 바뀌면 성격이 바뀌고
인격이 바뀌면 운명이 바뀐다.
-윌리암 제임스-

Chapter 2

연구와 모델링

Chapter 2

연구와 모델링

제 1 절 연구란?

연구(research)는 궁금한 것과 관심주제에 대한 새로운 탐색(new search)이다. 타인이 해놓은 것을 그대로 답습해 보는 연구는 재미 없다. 열정이 생기지 않는다. 연구에 열정을 갖게 하는 것은 자기 스스로 정하는 주제에서 비롯된다. 연구에서 흥이 나는 주제를 찾는 것이 무엇보다 중요하다. 연구를 통해서 개인은 개인의 목표를 달성할 수 있고 사회에 도움을 줄 수 있다. 연구자는 개인의 목표달성은 물론 사회에 공헌하는 두 가지 마음, 즉 동시 마음(and mind)을 항상 지니고 있어야 한다. 예를 들어, 산업계에서 품질분임조(QC : Quality Circle)활동이 활성화되지 않는다는 이야기를 접한 연구자가 있다고 하자. 연구자는 관련 연구 수행과정에서 일정한 연구비를 받을 수 있다. 연구자는 또한 연구성과물을 통해서 품질분임조 활성화방안을 제공할 수 있다. 이 경우 관련분야에 전략적인 시사점을 제공하여 사회에 공헌을 하게 되는 것이다.

그림 2-1 ▌ 연구자의 두 가지 마음

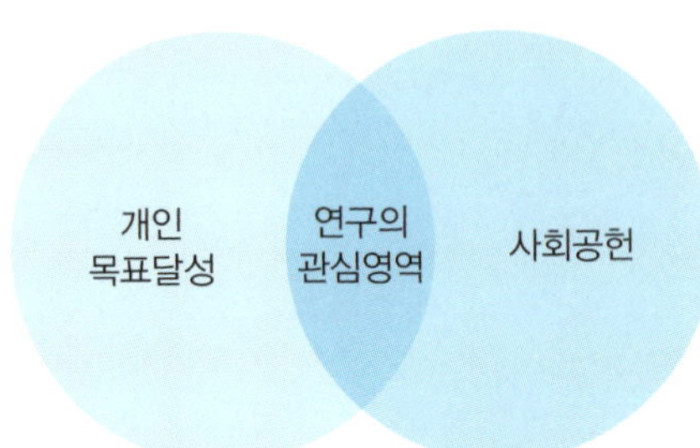

연구는 어둠상자에 구멍을 뚫고 안으로 빛을 비추고 어둠상자 속의 운영원리를 발견하려는 실험이다. 따라서 연구과정은 지리할 수 있고 끝이 보이지 않을 수도 있다. 이런 상황에 부딪히면 연구자는 연구를 마무리하려는 뚝심을 발휘해야 한다.

연구과정에서 밝혀지는 개념들 간의 관련성은 100% 확실성을 보장하지는 않는다. 이럴 때 연구자는 후속연구를 통해서 앞에서 연구의 미진한 점을 보완할 수 있다. 연구자는 연구결과물이 나올 때 원점에 놓여 있는 자기 자신을 발견할 수도 있다. 처음에는 창대하게 시작했으나 결말은 미진한 경우가 이에 해당한다고 할 수 있다.

제 2 절 연구자의 자세

연구자는 연구를 통해서 세상을 배우고 수행을 배운다. 연구만큼 값진 일은 없다. 무엇보다도 연구자는 '왜'라는 단어를 입에 달고 살아야 한다. 왜 이 연구를 하는가? 왜 읽고 쓰는 것이 중요한가?

위대한 연구는 주변문제를 해결할 수 있고 세상의 문제를 해결할 수 있다. 연구자는 개인의 영역을 넘어 사회에 도움을 줄 수 있는 일이 무엇인가 끊임없이 고민하면서 연구해야 한다. 연구자가 연구과정에서 흔들리지 않으려면 연구에 대한 열정, 명확한 연구목적 설정, 다양한 지식습득, 분석력 등이 필요하다.

탁월한 연구성과를 도출하는 사람(ER : Excellence Researcher)들은 몇 가지 특징을 갖고 있다. 여기에 언급하는 내용은 짐 콜린스와 모튼 한센의 '위대한 기업의 선택'[1]에서 일부 인용하여 연구관점에 적용하였음을 밝힌다. 탁월한 성과를 내는 연구자들은 연구에 대한 탁월한 열망을 갖고 있다. 연구의 원동력인 야망의 주변에는 광적인 훈련(Fanatic Discipline), 실증적인 창의성(Empirical Creativity) 생산적 피해망상(Productive Paranoia)을 갖고 있다.

1) 짐 콜린스, 모튼 한센 지음, 김영철 옮김(2012), 위대한 기업의 선택(Great By Choice), 김영사

그림 2-2 탁월한 연구자

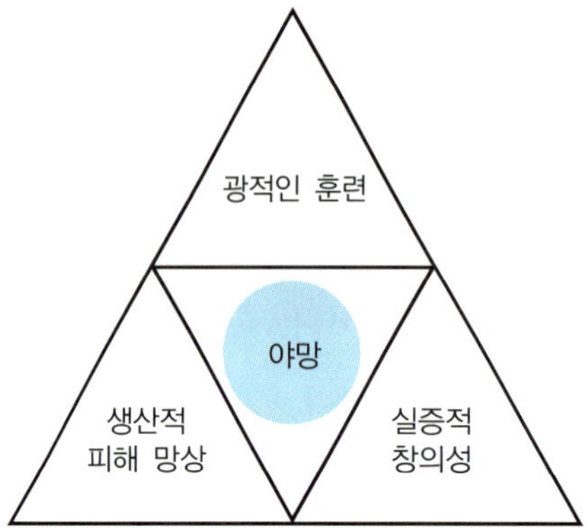

탁월한 연구자는 연구자 자신을 돈과 명예, 권력이 아닌 영향력, 사회공헌도, 목적의식으로 정의한다. 탁월한 연구자는 개인적인 목적이든 조직의 성공이든 세상을 변화시키려는 고귀하고 큰 뜻이든, 어떤 위대한 목표를 달성하기 위해서 노력한다. 실제로 이들의 삶은 자신이 소유한 것을 잃을까 염려하는 것이 아니라 진실로 위대하고 자신보다 큰 무언가를 만들어내고자 하는 과정에서 걱정하고 두려워 하고 있다. 연구자의 가슴속에 갖고 있는 야망은 이글거리는 태양과 같다. 남들이 난관에 부딪혀 포기할 때 이들은 절대 포기를 하지 않는다. 연구의 완성도를 위해서 끝까지 밀고 나간다. 연구과정에서 맞게 될 고난을 극복할 수 있는 길은 포기할 줄 모르는 끈질김과 불굴의 정신력이다.

■ 야망

연구자의 원동력으로 연구자는 돈과 명예, 권력이 아닌 영향력, 사회공헌도, 목적의식으로 무장한다.

■ 광적인 훈련(Fanatic Discipline)

탁월한 연구자들은 몸에 배어 있는 연구행동(가치, 목적, 성과기준, 방법 등)에 극히 일관성을 보인다. 추구하는 바에 초점을 맞춰 가차없고 편집광적이며 고집스럽게 훈련하고 행동한다. 연구자들은 연구 자체가 훈련의 과정이라고 생각한다. 연구자들은 연구를 일이자 노는 과정이라고 생각한다.

■ 실증적인 창의성(Empirical Creativity)

탁월한 연구자들은 불확실성에 직면했을 때, 일반적인 상식에 의존하거나 권위 있는 사람에게 기대거나 지시해줄 동료를 구하지 않는다. 이들은 실증적인 증거를 본다. 관찰과 실험 등 눈에 보이는 증거를 가지고 직접 실행해 보는 방법을 택한다. 이들은 실증적인 토대 위에서 과감하고 창의적으로 행동한다. 탁월한 연구자들은 인간행동을 놓고 분석하기를 좋아하는게 아니라, 단호한 행동기초로 실증주의를 선호한다.

■ 생산적 피해망상(Productive Paranoia)

탁월한 연구자들은 모든 것이 순조로울 때에도 극도로 경계심을 늦추지 않고 자신이 처한 환경에서 오는 위협과 도전에 민감하다. 이들은 상황이 불리하게 바뀌는 등 최악의 순간을 항상 가정해 본다. 탁월한 연구자들은 자신의 불안과 우려를 행동으로 옮기고 준비하여 보완장치를 만들고 안전지대를 충분히 유지한다. 이를 통해서 커다란 불운이나 타격을 줄만한 사건으로 창조적인 일이 중단되는 확률을 최소화하고자 한다.

정리하면, 탁월한 연구자들은 열망을 바탕으로 광적인 훈련, 실증적인 창의성, 생산적 피해망상의 행동양식을 갖는다. 탁월한 연구자들은 어떤 환경에 놓여 있느냐의 문제가 아니라 무엇보다 신중한 선택과 훈련 있는 실행을 통해서 끊임없이 연구성과를 산출한다. 세상은 계속 변하는데 기존방식을 고수하고 한자리에 머무르면 뒤처질 수밖에 없는 것이 현실이다. 기존 연구방식은 창의적인 아이디어로 개선해야 한다. 탁월한 연구실적을 내야 하는 것은 아무리 시대와 제도가 바뀐다고 하더라도 지속되어야 하는 지상 과제이다.

제 3 절 인과관계모델링

3.1 인과관계모델링 원칙

모델(model)은 현실에 대한 축소판이다. 모델은 연구자의 배태된 지능, 연구자의 농축된 생각, 행동가능한 기준틀, 연구의 프레임이라는 용어로 불릴 수도 있다. 모델은 건축가가 집을 짓기 위해서 사전에 만드는 설계도면이라고 할 수 있다. 연구모델은 연구상황을 바라보는 연구자의 마음의 창이라고 할 수 있다. 연구자는 연구모델을 통해서 연구가 추구하는 비전과 연구의 전체흐름을 한눈에 파악할 수 있다. 정리하면, 모델은 이론과 경험적 사실을 조작화해 놓은 것이라고 할 수 있다. 따라서, 같은 상황, 같은 환경 속에서도 연구모형을 어떻게 설정하느냐에 따라 연구결과는 천양지차의 결과를 가져올 수 있다.

관심주제에 대하여 연구모델을 제대로 설정하는 것만으로도 연구진행이 수월해질 수 있다. 연구자가 당면 문제해결을 위해서 생각을 구조화하려면, 혼란과 중복을 피하면서 전체를 볼 수 있는 능력을 키워야 한다. 연구자는 MECE(Mutually Exclusive Collectively Exhaustive)사고를 생활화해야 한다. MECE사고는 관심주제 영역의 개념들이 서로 배타적이면서 부분의 합이 전체를 설명할 수 있도록 나타내는 것을 말한다. 이를 구조방정식모델(SEM : Structural Equation Model)의 세 가지 성립조건에 맞게 설명할 수 있다. 인과관계를 나타내는 구조방정식모델의 세 가지 성립조건은 병발발생조건(concomitant variation), 시간적 우선순위(time order of occurrence), 외생변수통제(elimination of other possible causal factors)이다.

■ 병발발생조건(concomitant variation)

원인이 되는 현상변수와 요인들이 결과를 나타내는 변수와 요인들이 같이 존재해야 함을 나타낸다. 예를 들어, 간절한 꿈 설정이 학점변화에 영향을 미친다면 두 변수는 병발발생조건에 해당한다고 할 수 있다. 한파가 인체에 미치는 영향에 관한 연구에 관심을 갖는 연구자가 있다고 하자. 강추위는 혈관을 수축시키고 혈압을 올려 뇌경색과 심근경색발생 위험을 증가시킨다. 또한 손, 목, 얼굴 등 피부표면 혈관수축으로 피부손상을 가져온다. 전립선비대증 악화로 소변이 차도 소변이 나오지 않는 요폐현상을 유발시킨다. 영하에서 1도씩 떨어질 때마다 돌연사 위험이 2% 증가하고 저체온증 환자가 8% 증가한다. 병발발생조건과 관련하여 이를 그림으로 나타내면 [그림 2-3]과 같다.

그림 2-3 ▌ 병발발생

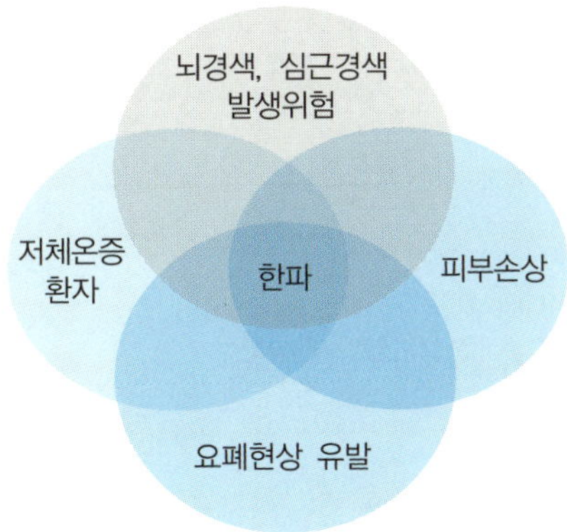

■ 시간적 우선순위(time order of occurrence)

원인이 되는 현상을 나타내는 독립변수가 결과에 해당하는 종속변수보다 시간적으로 먼저 발생하는 경우에 해당한다. 부모의 유전적 형질은 독립변수에 해당하고 아이들의 유전적 형질은 종속변수에 해당된다.

그림 2-4 ▌ 시간적 우선순위

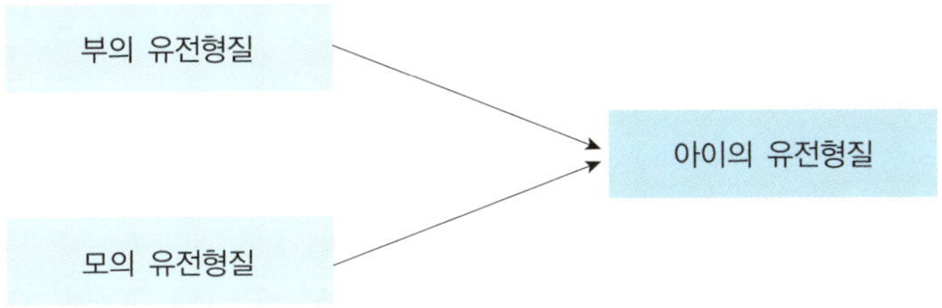

■ 외생변수통제(elimination of other possible causal factors)

종속변수에 영향을 주는 독립변수들은 제한되어 있는 것을 가정한다. 다시 말하면, 외생변수통제는 다른 독립변수들이 종속변수에 영향을 주어서는 안 된다는 원칙이다. 복잡한 시스템 내부에서도 연구자는 이론적인 배경과 경험적인 사실에 근거하여 종속변수에 영향을 미치는 독립변수를 명징하게 찾아내야 한다. 이 작업이 어려운 작업이지만 이는 어찌보면 연구자의 능력과 관련된 문제이다. 예를 들어, "분임조의 활성화(종속변수)는 CEO의 의지와 분임조의 자발적인 노력에 의해서 결정된다"라는 연구가설이 이에 해당한다고 할 수 있다.

그림 2-5 ▌ 외생변수통제 1

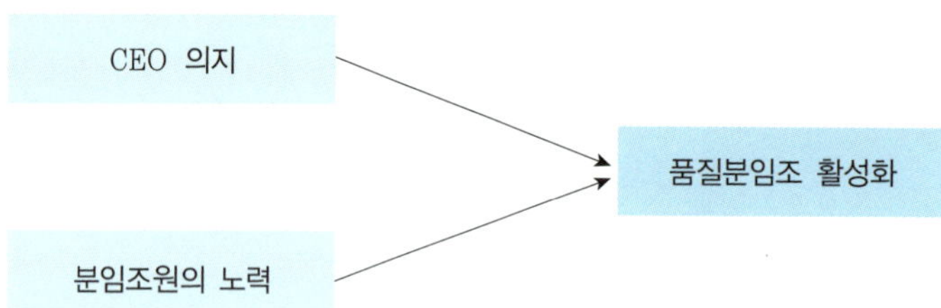

현재 사회적으로 문제가 되고 있는 것은 소득격차가 교육격차로 이어지고 있다는 것이다. 한 국책연구소가 수능자료를 분석한 결과, 부모세대의 경제적 지위(직업, 학력, 소득)가 자녀의 대학진학에 결정적인 영향을 미치는 것으로 나타났다. 이 내용을 인과모형으로 나타낼 수 있다.

그림 2-6 ▌ 외생변수통제 2

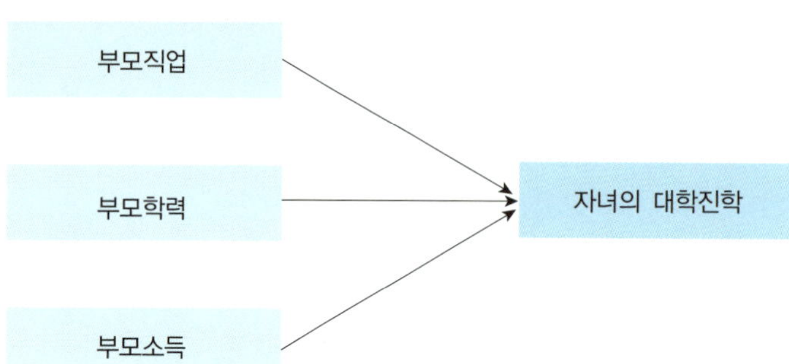

연구자들은 사회현상이나 관심주제에 대하여 원인과 결과의 관계를 정확히 밝혀내야만 근본적인 문제해결과 올바른 의사결정을 할 수 있게 된다. 인과관계의 파악은 복잡한 현상에 대한 이해, 설명과 예측을 위해 매우 중요해 진다. 연구자는 현상을 설명하는 개념들이 서로 배타적이면서 부분의 합이 전체를 설명할 수 있도록 하는 MECE사고를 해야 한다. 인과관계를 나타내는 기본 요건인 병발발생조건(concomitant variation), 시간적 우선순위(time order of occurrence), 외생변수통제(elimination of other possible causal factors) 등을 기준으로 인과모델링을 수립해야 한다. 인과모델에는 명징한 이론적 배경과 현장실무경험이 필요하다.

인과관계를 나타내는 인과모델 수립과정에서 모형식별이 반드시 이루어져야 한다. 모형수립과정에서 식별은 엄격하게 이루어져야 한다. 모형식별 과정에서 연구자가 참고할 만한 논문은 Leamer(1982)의 글이다. 그는 “떼까마귀가 사는 나무 그늘 아래에서 작물이 더 잘 자란다면 그것은 나무 그늘 때문일까 새똥 때문일까?” 라고 묻는다. 이에 답을 독자 여러분이 생각해 보고 내놓아야 차례이다.

3.2 인과모델의 예

미국의 유명시인인 랠프왈도 에머슨은 “얕은 사람은 운을, 강한 사람은 원인과 결과를 믿는다”라고 이야기하였다. 위대한 개인이나 조직은 주된 성공요인을 단순히 운이 좋았다거나 환경덕분으로 돌리지 않는다. 위대한 개인과 조직은 인과관계를 굳게 믿고 신중한 선택과 규율있는 실행을 게을리 하지 않는다. 연구자는 하나의 연구로 모든 것을 해결하겠다는 과욕을 버려야 한다. 완벽한 연구만을 생각하다가는 정작 아무 결실도 맺을 수 없는 경우가 허다하다. 작은 연구부터 차근차근 진행하고 모자란 점은 후속연구에 또 진행하면 된다.

인과모델은 원인과 결과의 관계를 그림이나 언어(가설)로 나타낸 것을 말한다. 연구자가 인과모델을 정교하게 수립하면 보다 쉽게 문제해결의 실마리를 찾을 수 있다. 인과관계는 그림모형, 언어모형, 수학모형 등으로 나타낼 수 있다.

그림모형은 연구자가 관심갖고 있는 시스템을 시각적으로 형상화한 것을 말한다. 인과모델을 이미지로 시각화하기 위해서는 앞에서 언급한 병발발생조건(concomitant variation), 시간적 우선순위(time order of occurrence), 외생변수통제(elimination of other possible causal factors) 등의 인과관계 성립요건이 충족되어야 한다. 구조방정식모델은 측정모델(Measurement Model)과 이론모델(Structural Model)로 구성된다.

측정모델은 잠재요인(Latent Factor)과 변수의 관련성을 나타낸 것이다. 여기서, 잠재요인이란 측정변수들의 압축정보를 정교하게 요약해 놓은 개념(construct)을 말한다. 연구자는 측정모델을 아무렇게나 구축하는 것이 아닌 명증한 근거를 토대로 만들어야 한다. 측정모델의 구축은 도형이나 화살표로 만든다.

표 2-1 인과도형과 설명

도형	설명
○	동그라미는 잠재요인을 표시하는 모형으로 ξ(ksi)와 η(eta)으로 표시한다. 변수들의 대표적인 상징적 개념이 잠재요인이다.
□	네모는 잠재요인을 측정한 변수로 실제값에 해당한다.
→	화살표는 영향관계를 표시하는 데 사용한다. 잠재요인 간의 연결과 측정변수와 오차항의 연결에도 화살표가 이용된다.
↔	측정오차 간의 상호 관련성을 연결하거나 잠재요인들 간의 관련성을 나타내는 데 사용한다.

만약, 개인의 성공태도(ξ_1)와 광적인 규율(ξ_2)은 성공행동의도(η_1)에 영향을 미치고 다시 성공행동의도(η_1)는 행동(η_2)에 영향을 미친다는 일반적이고 명징한 내용이 있다고 하자. 연구자는 이론적 배경하에서 연구모형을 표현할 수 있다.

그림으로 연구모형을 나타내기 위해서는 연구자는 평소 관심주제에 대하여 수많은 논문과 책읽기를 한 상태에서 이론적으로 지식축적에 힘을 쏟아야 한다. 연구자는 자신의 연구모델을 주변동료나 전문가들에게 자주 보여줄 수 있도록 해야 한다. 이를 위해서 휴대용 파일과 A4용지를 항상 준비하고 다녀야 한다.

그림 2-7 ▌ 그림모형의 예

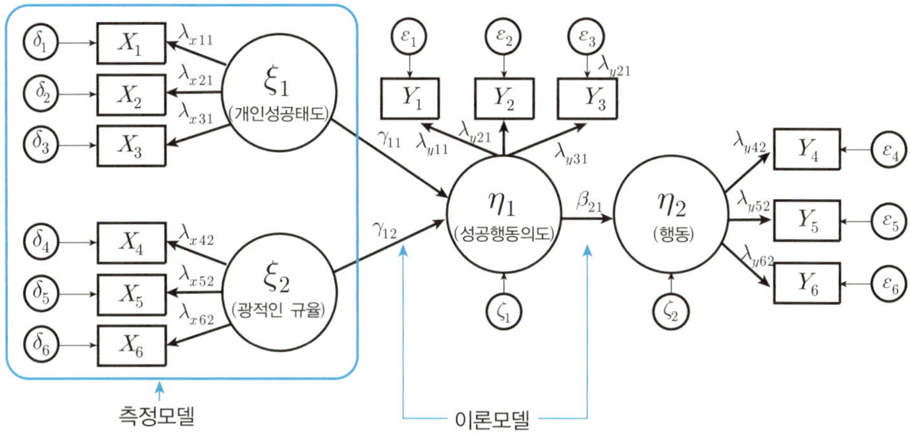

언어모델은 연구가설(Research Hypothesis)을 말한다. 가설은 잠정적인 진술이다. 연구가설 설정은 충분한 이론적 배경과 경험적인 사실을 바탕으로 수립해야 한다. 연구자가 관심을 갖고 있는 연구주제에 등장하는 잠재개념(Latent Construct)들을 직선의 화살표로 나타낸 것이 연구가설에 해당한다. 연구가설의 개수는 이론모델의 숫자, 즉 요인에서 요인으로 연결한 화살표의 숫자가 된다. 앞에서 제시한 그림에서는 세 개의 연구가설을 설정할 수 있다.

H_1 : 성공관련 개인성공태도(ξ_1)는 성공행동의도(η_1)에 유의한 영향을 미칠 것이다.
H_2 : 광적인 규율(ξ_2)은 성공행동의도(η_1)에 유의한 영향을 미칠 것이다.
H_3 : 성공행동의도(η_1)는 행동(η_2)에 영향을 미칠 것이다.

수학모델은 연구자가 제시한 그림모형이나 언어모델을 수학적인 식으로 표현한 것이다. 이 수학적인 식은 리스렐 프로그램에도 그대로 사전에 입력되기 때문에 연구자는 수학모델의 표시방법을 알아놓는 것이 유리하다. 특히, 박사논문을 준비하는 연구자나 저명학술지에 투고하고자 하는 연구자들은 수학모델도 표기하여 자신의 수학지식도 어느 정도 보여줄 수 있어야 한다.

측정모델(Measurement Model)에서 각 요인들과 측정변수들 간의 관련성을 식으로 표현할 수 있다. 앞의 예에 나와 있는 독립요인(ξ_1 : 개인의 성공태도, ξ_2 :

광적인 규율)은 X_1, X_2, X_3, X_4, X_5, X_6변수가 사용되고 있다. 종속요인(η_1 : 성공행동의도, η_2 : 행동)은 Y_1, Y_2, Y_3, Y_4, Y_5, Y_6변수가 사용되고 있다

독립요인에 대한 측정모델을 수학모델로 표현해 보자. 독립요인의 측정모델의 일반적인 수학모델을 나타내면 다음과 같다.

$$X = \Lambda_X \cdot \xi + \delta \qquad \text{(식 2-1)}$$

여기서, $X = X_i$변수의 행렬, $\Lambda_X = \Lambda_{X_{ij}}$의 계수행렬, ξ=독립잠재요인(ξ)의 행렬, δ=독립변수들의 오차항을 나타낸다. 모든 하부첨자를 입력하는 방법은 변수를 화살표에 있는 개념, 즉 화살표가 도착하는 곳의 개념의 하부체를 먼저 달고 다음으로 화살표가 출발하는 개념의 하부체를 나중에 표기한다.

이와 연관지어 측정변수별로 수학모형을 나타내면 다음과 같다.

$$\begin{aligned} X_1 &= \lambda_{x11} \cdot \xi_1 + \delta_1 \\ X_2 &= \lambda_{x12} \cdot \xi_1 + \delta_2 \\ X_3 &= \lambda_{x13} \cdot \xi_1 + \delta_3 \\ X_4 &= \lambda_{x42} \cdot \xi_2 + \delta_4 \\ X_5 &= \lambda_{x52} \cdot \xi_2 + \delta_5 \\ X_6 &= \lambda_{x62} \cdot \xi_2 + \delta_6 \end{aligned} \qquad \text{(식 2-2)}$$

독립변수와 요인 간의 관련성을 나타낸 측정모델에서 측정오차항(δ_1, δ_2, δ_3, δ_4, δ_5, δ_6) 간의 분산/공분산행렬을 나타낼 수 있다. 이 분산/공분산행렬은 θ_δ(Theta-delta)로 나타낼 수 있다. 구조방정식모델의 기본가정에는 측정오차들 간에는 서로 관련되지 않는 것, 즉 측정오차들은 서로 독립적이라는 내용이 포함된다. 따라서 θ_δ행렬은 다음과 같은 대각행렬(Diagonal matrix)로 나타낼 수 있다.

$$\theta_\delta = \begin{vmatrix} \theta_{\delta 1} & 0 & 0 & 0 & 0 & 0 \\ 0 & \theta_{\delta 2} & 0 & 0 & 0 & 0 \\ 0 & 0 & \theta_{\delta 3} & 0 & 0 & 0 \\ 0 & 0 & 0 & \theta_{\delta 4} & 0 & 0 \\ 0 & 0 & 0 & 0 & \theta_{\delta 5} & 0 \\ 0 & 0 & 0 & 0 & 0 & \theta_{\delta 6} \end{vmatrix} \qquad \text{(식 2-3)}$$

이어 종속요인에 대한 측정모델을 수학모델로 표현해 보자. 종속요인의 측정모델의 일반적인 수학모델을 나타내면 다음과 같다.

$$Y = \Lambda_Y \cdot \eta + \varepsilon \qquad \text{(식 2-4)}$$

여기서, $Y = Y_i$ 변수의 행렬, $\Lambda_Y = \Lambda_{Y_{ij}}$ 의 계수행렬, η =독립잠재요인(η)의 행렬, ε =종속변수들의 오차항을 나타낸다.

이와 연관지어 측정변수별로 수학모형을 나타내면 다음과 같다.

$$\begin{aligned} Y_1 &= \lambda_{y11} \cdot \eta_1 + \varepsilon_1 \\ Y_2 &= \lambda_{y21} \cdot \eta_1 + \varepsilon_2 \\ Y_3 &= \lambda_{y31} \cdot \eta_1 + \varepsilon_3 \\ Y_4 &= \lambda_{y42} \cdot \eta_2 + \varepsilon_4 \\ Y_5 &= \lambda_{y52} \cdot \eta_2 + \varepsilon_5 \\ Y_6 &= \lambda_{y62} \cdot \eta_2 + \varepsilon_6 \end{aligned} \qquad \text{(식 2-5)}$$

독립변수와 요인 간의 관련성을 나타낸 측정모델에서 측정오차항(ϵ_1, ϵ_2, ϵ_3, ϵ_4, ϵ_5, ϵ_6) 간의 분산/공분산행렬을 나타낼 수 있다. 이 분산/공분산행렬은 θ_ε(Theta-epsilon)로 나타낼 수 있다. 구조방정식모델의 기본가정에는 측정오차들 간에는 서로 관련되지 않는 것, 즉 측정오차들은 서로 독립적이라는 내용이 포함된다. 따라서 θ_ε 행렬은 다음과 같은 대각행렬(Diagonal matrix)로 나타낼 수 있다.

$$\theta_{\varepsilon} = \begin{vmatrix} \theta_{\epsilon1} & 0 & 0 & 0 & 0 & 0 \\ 0 & \theta_{\epsilon2} & 0 & 0 & 0 & 0 \\ 0 & 0 & \theta_{\epsilon3} & 0 & 0 & 0 \\ 0 & 0 & 0 & \theta_{\epsilon4} & 0 & 0 \\ 0 & 0 & 0 & 0 & \theta_{\epsilon5} & 0 \\ 0 & 0 & 0 & 0 & 0 & \theta_{\epsilon6} \end{vmatrix} \quad \text{(식 2-6)}$$

다음으로 잠재요인과 잠재요인을 연결하는 이론모델(Structural Model)을 나타내는 방법을 알아보자. 이론모델은 회귀분석이나 경로분석에서의 추정회귀식과 동일한 개념이라고 할 수 있다. 이론모델은 잠재요인인 ξ_1, ξ_2, η_1, η_2 간의 관계를 나타내는 모델이 이론모델에 해당한다.

$$\eta_1 = \gamma_{11} \cdot \xi_1 + \gamma_{12} \cdot \xi_2 + \zeta_1 \quad \text{(식 2-7)}$$

$$\eta_2 = \beta_{21} \cdot \eta_{1+}\zeta_2$$

앞의 식은 행렬식으로 나타낼 수 있다.

$$\begin{bmatrix} \eta_1 \\ \eta_2 \end{bmatrix} = \begin{vmatrix} 0 & 0 \\ \beta_{21} & 0 \end{vmatrix} \begin{vmatrix} \eta_1 \\ \eta_2 \end{vmatrix} + \begin{vmatrix} \gamma_{11} & \gamma_{12} \\ 0 & 0 \end{vmatrix} \begin{vmatrix} \xi_1 \\ \xi_2 \end{vmatrix} + \begin{vmatrix} \zeta_1 \\ \zeta_2 \end{vmatrix} \quad \text{(식 2-8)}$$

구조방정식모델은 다음과 같은 가정으로 분석이 이루어진다. LISREL명령어에서 사용하는 그리스-로마문자를 기준으로 나타내기로 한다.

- 잔차요인(ζ)과 잠재요인(ξ, η) 간에는 상관관계가 없다.
- 원인잠재요인(ξ)과 측정오차(δ) 사이에는 상관관계가 없다.
- 결과잠재요인(η)과 측정오차(ϵ) 사이에는 상관관계가 없다.
- 잔차요인(ζ)과 측정오차(δ, ϵ) 사이에는 상관관계가 없다.
- 결과잠재요인(η) 간의 대각선 원소는 0이다.

구조방정식모델에서 사용되는 그리스문자와 관련 내용을 표로 나타내면 다음과 같다.

| 표 2-2 | 구조방정식 그리스문자와 설명

표기		발음	내용
χ^2	X^2	chi-squared	우도비율
β	B	beta	내생요인→내생요인 경로표시
γ	Γ	gamma	독립요인과 측정변수 표시
δ	Δ	delta	독립요인의 측정변수 오차항
ϵ	E	epsilon	내생요인의 측정변수 오차항
ζ	Z	zeta	구조오차항
η	H	eta	내생요인
θ	Θ	theta	오차항 간의 관련성
λ	Λ	lambda	독립요인과 측정변수 간의 경로계수
ξ	Ξ	xi, ksi	독립요인
ϕ	Φ	phi	독립요인 간의 상관계수
ψ	Ψ	psi	내생잠재요인의 오차항 간의 상관관계

3.3 인과모델 종류

우리가 살고 있는 사회는 인과모델의 확장인 네트워크로 구성되어 있다. 개인, 기업, 병원, 은행, 신용회사, 정부 등 모든 사회경제주체들은 성장을 위해 노드(구조방정식모델에서는 '요인')끼리 연결이 이루어진다. 이 연결이 소위 링크(Link)이다. 링크는 구조방정식모델에서 경로계수이다. 각 경로계수에 해당하는 링크는 서로 다른 가중치를 갖는다. 연구자는 방향과 가중치 결과를 보고 의사결정의 근거로 삼을 수 있다.

연구자가 다양한 종류의 연구모델을 알고 있거나 차별적인 연구모델을 개발할 수 있는 역량을 가지고 있다면 이는 큰 은혜라고 할 수 있다. 연구주제에 따라 적용 가능한 다양한 종류의 모형을 알고 있다면 연구는 그만큼 수월해질 수 있다. 즉, 연구에 도움을 받을 수 있는 다양한 모델을 알고 있으면 직업, 재능, 경험에 상관없이 누구나 현업에서 큰 성과를 얻을 수 있다.

연구자는 무분별하게 외국 모델을 무조건 모방하기보다는 창조적으로 변용하여 현업에 적용시켜 보도록 노력해야 한다. 연구모델에 대한 이해를 위해서 몸으로 부대끼면서 현장의 호흡을 체득하고 독특한 연구모델을 개발하고 적용해 보는 것이 필요하다. 연구자는 이론과 객관적인 사실로 끊임없이 무장하고 현장의 생생한 목소리를 파악할 수 있는 소중한 경험의 기회를 가져야 한다.

우리 사회는 최근 각종 사회병리현상이 발생하고 있다. 자살, 이혼, 범죄, 게임폐해, 빈부격차 심화 등 다양하다. 이러한 원인은 경제적 성장을 위해서 너무 긴장한 탓에서 찾을 수 있다. 최근 이와 관련하여 사회병리경제학(social pathology economics)에 대한 관심이 커지고 있다. 사회병리경제학은 사회병리현상이 한 국가의 경제환경 변화와 어떤 관계가 있는지 연관성을 연구하고 이를 토대로 대책을 마련하는 사회과학의 한 부류라고 할 수 있다. 사회병리현상을 줄이기 위한 대응책 마련이 지속적으로 필요한 상황에서 연구자들은 사회병리경제학에 관심을 가질 필요가 있다.

구조방정식모델에 관심을 갖는 연구자들은 주로 피쉬바인 확장모델, 서비스 이익사슬모델(SPC : Service Profit Model), 미국 고객만족모델(ACSI : America Customer Satisfaction Model) 등을 관심주제에 맞게 변형해서 사용하고 있다.

중국 춘추시대 제나라의 명재상이었던 안자(晏子)에게서 유래된 귤화위지(橘化爲枳)라는 고사가 있다. 현재 일상에서 귤화위지(橘化爲枳) 고사의 의미는 "귤(橘)이 변해서(化) 탱자(枳)가 된다(爲)"라는 뜻으로 기후와 풍토가 다르면 동일한 것이라도 그 성질이 달라지는 것처럼 인간도 주위 환경의 변화에 따라서 생각과 행동이 달라질 수 있다는 의미이다. 연구자는 다양한 구조방정식 관련 연구모형을 토대로 하여 독창적인 연구모델을 구축해야 한다.

■ 피쉬바인 확장모델

피쉬바인의 확장모델은 개인의 태도와 주관적 규범은 행동의도에 영향을 미치고 행동의도는 행동에 영향을 미친다는 심리행동학적 원리를 이용하여 나타낸 것이다. 피쉬바인의 확장모델은 마케팅, 심리학, 사회학, 교육공학, 법학, 간호학, 의학, 스포츠경영 등 다양한 분야에서 이용하고 있다. 피쉬바인의 확장모델을 그림으로 나타내면 다음과 같다.

그림 2-8 피쉬바인의 행위확장모델

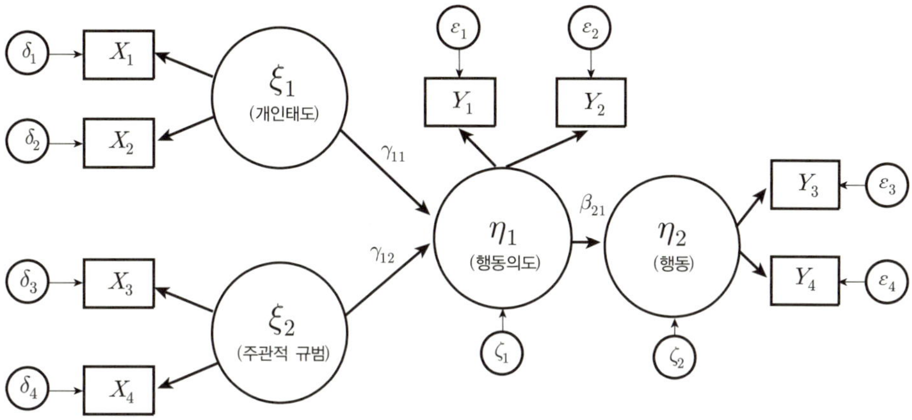

$$W_1AB(\xi_1)+W_2SN(\xi_2)=BI(\eta_1)\sim B(\eta_2) \quad \text{(식 2-9)}$$

여기서, W_i=가중치, $AB(\xi_1)$=개인태도, $SN(\xi_2)$=주관적 규범, $BI(\eta_1)$=행동의도, B=행동(η_2)

■ 서비스 이익사슬모델(Service Profit Model)

Heskett et al.(1994)은 경영전문잡지인 「HBR(Harvard Business Review)」에 서비스 이익사슬관련 연구를 발표하였다. 이 연구의 주된 내용은 다음과 같다. 조직내부 품질원천은 종업원 만족으로 종업원의 만족도는 충성도로 이어지고 생산성의 증대는 서비스품질과 업무역량이 향상되는 선순환 효과를 보여주고 있다. 특히 조직내부 종업원의 경쟁력은 고객의 서비스가치로 이어지고 서비스가치는 고객만족과 충성도로 차례로 연결됨을 알 수 있다. 서비스 이익사슬에서 서비스가치와 만족의 원천은 내부품질향상임을 알 수 있다. 개인이나 조직은 절대로 품질만은 양보할 수 없다. 소비자들이 특정 상품이나 서비스를 사는 이유는 왠지 특별해 보이기 때문이다. 최상의 품질은 서비스가치와 만족도로 이어지고 브랜드 이미지와 고객충성도에 영향을 미친다. 내부품질에 대한 헌신이 지속될 때 프리미엄 브랜드 이미지가 구축되고 소비자들은 기꺼이 지갑을 연다. 서비스 이익사슬을 그림으로 나타내면 다음과 같다.

그림 2-9 서비스 이익사슬모델

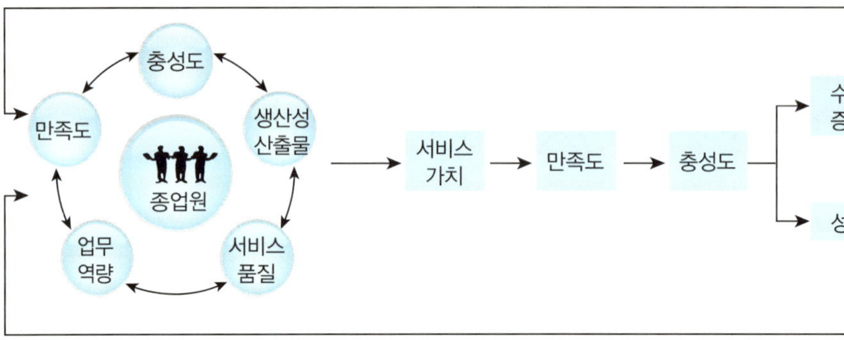

■ 미국 고객만족모델(ACSI : America Customer Satisfaction Model)

미국은 각 기관평가를 위해서 고객만족모델을 개발하여 매년 평가하여 발표하고 있다. 고객은 구매 전에 기대를 갖고 고객은 구매 후 품질을 인지하게 되고 고객은 가치를 인지하게 된다. 이어 고객만족 정도를 평가한다. 이 고객만족은 고객불평, 고객충성도와 연관되어 있음을 알 수 있다.

세상에는 수많은 연구모델이 존재할 수 있다. 어찌보면 현재 지구상에 존재하는 사람들의 수 이상 만큼, 즉 70억 개 이상의 모델이 존재한다고 볼 수 있다. 그러나 이 수많은 연구모델이 모두 사회현상을 완벽하게 설명할 수는 없다. 통계학자 Box(1979)의 유명한 이야기는 다음과 같다. "모든 면에서 들어맞는 모델은 존재하지 않는다. 하지만 어떤 면에서 유용하게 적용될 수 있는 모델은 있다(All models are wrong; Some models are useful. This frame work is helpful for understanding, at least in part)." 연구자는 이 이야기를 항상 생각해 봐야 할 것이다. 모든 연구모델이 완벽할 수 없는 만큼 연구자는 끊임없이 당면문제를 해결하기 위해서 끊임없이 노력을 해야 한다.

그림 2-10 ACSI모델

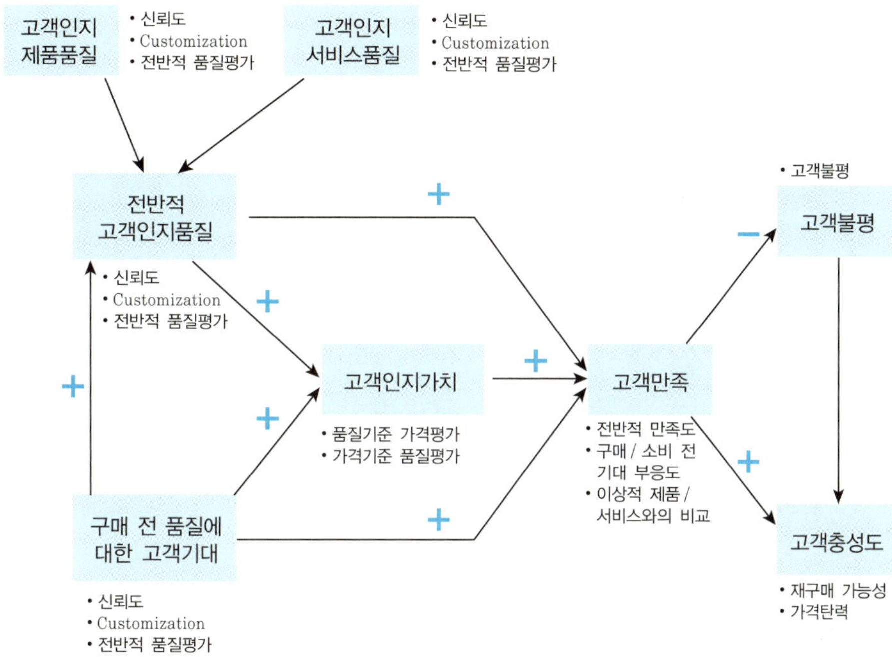

자료 : http://www.theacsi.org/images/stories/images/about/model_lg.gif

■ 고객만족모델

미국 Northwestern's Kellogg Graduate School of Management의 Dawn Iacobucci 교수와 그의 동료교수는 "상이한 고객만족경로(Different Paths to Satisfaction" 연구결과를 발표했다(Regina Fazio Maruca, 2000). 문화와 종교적으로 다른 아시아, 라틴아메리카, 북유럽, 남유럽 등은 유사한 경로를 보이는 경우도 있지만 서로 상이한 결과를 보이는 경우도 있었다. 여기서는 아시아인을 대상으로한 경로 도형을 나타내기로 한다.

연구결과는 항상 시간, 방법, 장소에 따라 달라질 수 있으므로 연구자들은 "상이한 고객만족경로(Different Paths to Satisfaction" 연구결과를 토대로 응용연구를 할 수 있다. 스스로 해보면 나름 의미가 있을 것이다.

그림 2-11 고객만족모델 - 아시아

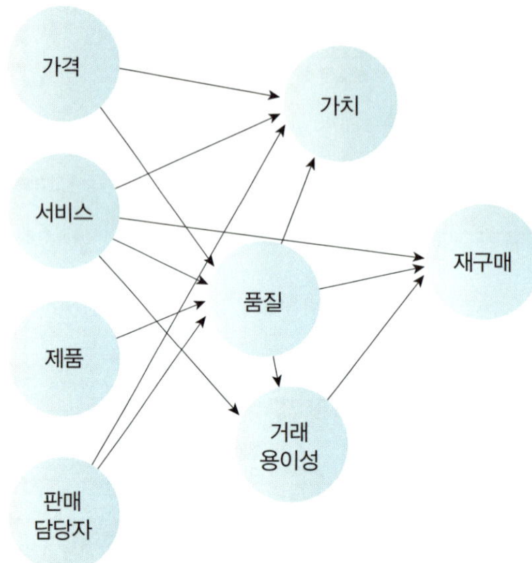

■ 사회경제지수와 생활만족도모델

국민의 삶의 만족도 척도인 사회경제지수(Socio-Economic Index)는 삶의 만족도와 관계가 있다. 다양한 모델이 있는데 여기서는 일반적인 모델을 소개하기로 한다. 실업률, 인프레이션율, 성장률, 이자율이 생활만족도에 미치는 영향을 알아보기 위한 모델이다.

그림 2-12 사회경제지수와 생활만족도모델

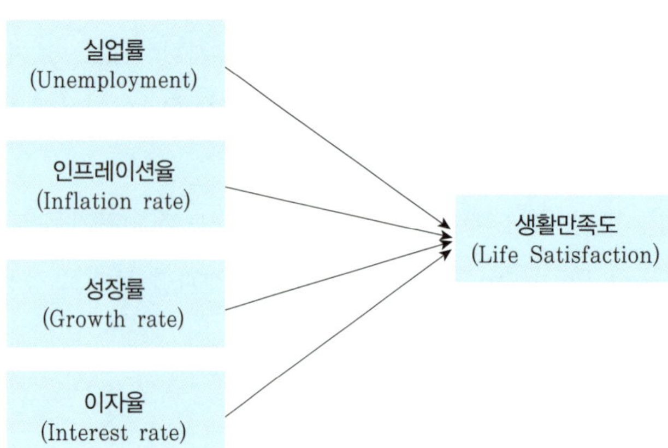

제 4 절 설문지 제작방법

연구자는 1차자료와 2차자료를 이용해서 분석을 실시할 수 있다. 1차자료는 연구자가 스스로 조사한 것이다. 연구자는 통상적으로 설문조사를 통해서 연구를 한다. 2차자료는 연구자가 직접조사한 자료가 아니라 연구소, 정부, 기관이 조사한 통계자료를 이용하는 경우이다.

구조방정식모델과 관련하여 연구자들은 대부분 설문조사를 실시하게 된다. 설문지 작성방법을 살펴보면 다음과 같다.

- 너무 복잡하게 만들지 않는다.
- 복잡한 설문은 분석과정에서 연구자 자신을 지치게 만든다.
- 기존 설문문항을 참고하여 신뢰성과 타당성을 확보한다.
- 구조방정식모델 분석에 사용할 문항은 척도를 일관되게 통일할 필요가 있다. 리커트 5점척도로 시작했으면 5점척도로, 7점이면 7점척도로 통일해야 한다. 구조방정식모델에서는 양적변수(등간척도와 비율척도)화해서 분석한다.

앞에서 제시한 연구모델과 관련한 설문문항의 예시를 나타내면 다음과 같다.

그림 2-13 연구모형

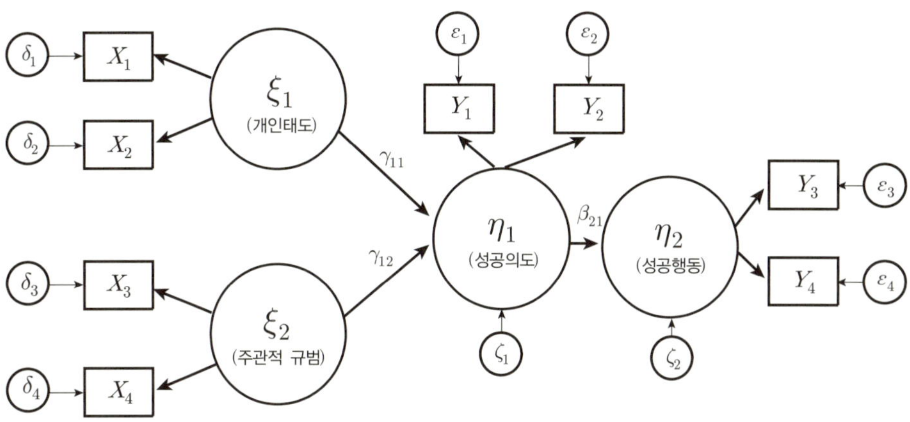

표 2-3 설문지 기본 예시

[개인태도(ξ_1)]

문항	매우 동의못함	보통	매우 동의함
성공의 가능에 대한 신념(X_1)	①-----②-----③-----④-----⑤		
성공이 갖는 중요성(X_2)	①-----②-----③-----④-----⑤		

[주관적 규범(ξ_2)]

문항	매우 동의못함	보통	매우 동의함
성공에 대한 자기규율(X_3)	①-----②-----③-----④-----⑤		
성공을 위한 자기희생(X_4)	①-----②-----③-----④-----⑤		

[성공의도(η_1)]

문항	매우 동의못함	보통	매우 동의함
성공에 대한 의도(Y_1)	①-----②-----③-----④-----⑤		
성공의도가 높음(Y_2)	①-----②-----③-----④-----⑤		

[성공행동(η_2)]

문항	매우 동의못함	보통	매우 동의함
작은 성공이 잦음(Y_3)	①-----②-----③-----④-----⑤		
끊임없는 성과도출(Y_4)	①-----②-----③-----④-----⑤		

제 5 절 검정력

5.1 검정력이란?

다변량통계분석에서 통계적 검정력(statistical power)은 중요하다. 검정력은 통계적 추론과정, 변수들 사이의 관계에 의해서 계산된다. 여기서는 통계적 검정력의 계산과정을 자세히 알아보기로 한다.

연구자들은 표본추출을 통하여 통계적 추론을 한다. 통계적 추론 중에서도 가설

검정을 수행한다. 가설설정(hypothesis test)은 모수에 대한 약간의 지식을 가지고 있는 경우로서, 모수에 대해 특정 가설을 세운 후에 표본에서 계산된 통계량을 기초하여 “모수는 특정한 값에 일치하는가?”라는 가설의 채택 여부를 결정하는 것을 말한다.

연구자가 가설검정을 시행할 때 두 가지 오류를 범할 수 있다. 실제로 진실한 가설(H_0)을 기각시키는 경우와 거짓된 가설을 채택하는 경우가 그것이다. 예를 들면, 무죄의 피의자를 유죄로 선고한다든지, 유죄의 피의자를 무죄로 선고하는 경우이다. 전자의 경우를 1종오류(type I error)라고 부른다. 또는 α오류라고 부른다. 후자의 경우는 2종오류(type II error)라고 하며 β오류로 나타낸다. 이 오류를 쉽게 설명하기 위해서 귀무가설 검정에 대해 의사결정을 하는 경우를 표로 나타내면 다음과 같다.

표 2-4 두 종류의 오류

실제 의사결정 \ 현실		현실: H_0 참	현실: H_0 차이 있음
통계적 의사결정	H_0 채택	$1-\alpha$	β 2종오류
	H_0 기각	α 1종오류	$1-\beta$ Power

1종오류와 2종오류는 역의 관계를 갖는다. 즉 1종오류 수준이 엄격하여 0에 가까워 진다면 2종오류는 증가한다. 1종오류가 적어지는 것은 통계적 검정의 검정력을 줄어들게 된다. 연구자는 1종오류 수준과 통계적 검정력 사이의 균형을 이루도록 노력해야 한다.

가설검정을 할 때 연구자는 자신의 연구가설을 내세우면서 기존의 귀무가설을 기각시키고 싶어할 것이다. 따라서 H_0이 거짓일 때 이를 기각하는 확률은 큰 의미를 가지고 있으며 이를 검정력이라고 한다. 거짓된 H_0를 채택할 확률이 β이므로 $1-\beta$는 검정력(power)이 된다.

5.2 검정력 계산방법

통계적 검정력(statistical power)은 α수준만의 함수가 아니다. 통계적 검정력은 효과크기(effect size), α수준, 표본크기 등에 의해서 결정된다.

■ 효과크기(effect size)

통계적 유의성 확률은 통계적 고려에 근거하여 계산되는 것이 아니라 효과크기에 의해서 결정된다. 효과크기는 연구자가 관찰관계(차이 또는 상관)가 의미있는지 여부를 판단하는 데 도움을 준다. 예를 들어, 효과크기는 두 집단 또는 변수 간 상관관계 차이를 말한다. 만약, 다이어트프로그램 제공회사가 체중 10kg 감량할 수 있는 프로그램을 개발하였다고 하자. 여기서 10kg이 효과크기가 된다. 또 다른 예를 들어보자. 어느 대학에서 개설한 MBA프로그램을 홍보하면서 "이 MBA프로그램을 이수하면 참여학생의 50%는 연봉을 2,000만원 이상 증가시킬 수 있다"고 주장한다고 한다. 여기서 50%는 효과크기이다. 효과크기는 비교의 용이성 정보제공을 위한 표준화 정도라고 할 수 있다. 효과크기 중에서 평균차이는 표준편차에 관한 것이다. 효과의 크기가 0.5라는 것은 평균차이가 표준편차의 $\frac{1}{2}$이라는 것이다. 상관관계에서 효과크기는 변수 사이의 실제 상관계수에 근거한다.

■ Alpha(α)

α는 1종오류의 최대치이다. α수준이 보다 엄격하다면 통계적 검정력은 줄어든다. 예를 통하여 자세히 알아보자.

예제 2-1

나빈제약회사에서 새로운 진통제를 개발했다고 하자. 이 회사의 연구팀에서는 새로운 약의 효과가 기존 것보다 좋다고 주장한다. 기존 진통제 효과는 평균 10시간, 표준편차는 6시간 동안 지속되는 것으로 알려져 있다. 이들의 주장을 확인하기 위해서 50명의 환자를 대상으로 새 진통제의 효과를 조사한 결과 평균 지속시간이 12시간으로 기록되었다. 이 자료에 의해 새로운 진통제의 효과는 더 좋다고 할 수 있는가? $\alpha = 0.05$에서 검정하여 보자.

[풀이]

이 내용을 가설검정하는 순서는 다음과 같다. 이 내용은 새로운 주장이 평균보다 크기 때문에 오른쪽꼬리검정에 해당한다.

① H_0 : $\mu \leq 10$

H_1 : $\mu > 10$

② $\alpha = 0.05$, 오른쪽검정, $Z_{0.05} = 1.65$

③ **그림 2-14 | 오른쪽꼬리검정**

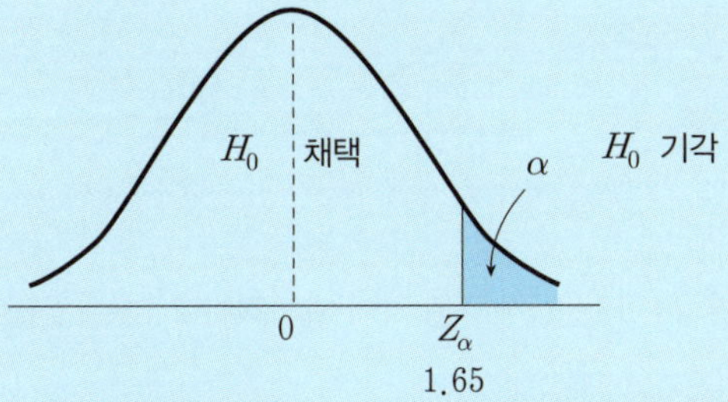

Z ≤ 1.65이면 H_0채택, Z> 1.65이면 H_0가 기각됨을 나타낸다. 여기서 표본평균통계량을 계산하고 이를 표준화하는 과정을 식으로 나타내면 다음과 같다.

$$X_\alpha = \mu + (Z_\alpha)(\frac{\sigma}{n}) \quad \text{(식 2-10)}$$

$$= 10 + 1.65\frac{6}{\sqrt{50}}$$

$$= 11.4$$

$$Z = \frac{\overline{X} - \mu}{\sigma / \sqrt{n}} \quad \text{(식 2-11)}$$

$$= \frac{11.4 - 12}{6/\sqrt{50}} = -0.7\text{이다.}$$

즉, 귀무가설(H_0)이 채택되어 “진통제 효과는 평균 10시간이거나 이하인 것”으로 나타났다. 여기서 β를 계산하면 다음과 같다. β확률은 부록을 보고 판단하면 된다.

$\beta = p(\overline{X} \leq 11.4) = p(Z \leq -0.7) = 0.2420$

그림 2-15 가설분포와 실제분포

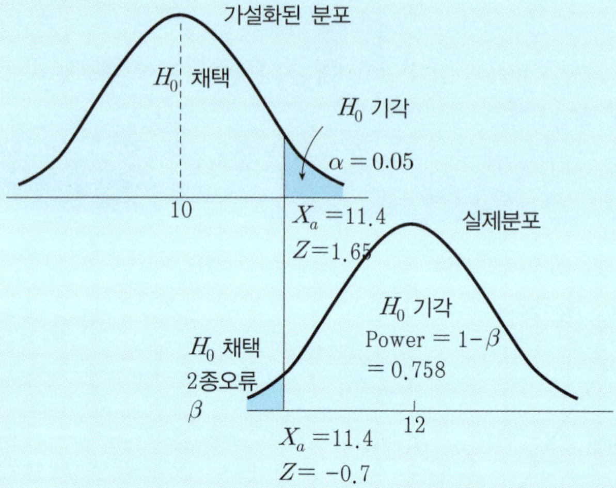

여기서, 모집단의 평균이 12와 같다면 24.2%는 "새로운 약이 효과적이다"라는 것을 인정하지 않을 비율이다.

즉, 통계적 검정력(power)$=1-\beta=1-0.2420=0.758$이다.

만약, 실제 약효과가 13이라고 한다면, 검정력은 어느 정도가 되는지 알아보자.

$$Z=\frac{\overline{X}-\mu}{\sigma/\sqrt{n}} \quad \text{(식 2-12)}$$

$$=\frac{11.4-13}{6/\sqrt{50}}=-1.89$$

$\beta=p(\overline{X}\leq 11.4)=p(Z\leq -1.89)=0.0294$이다.

그림 2-16 가설분포와 실제분포

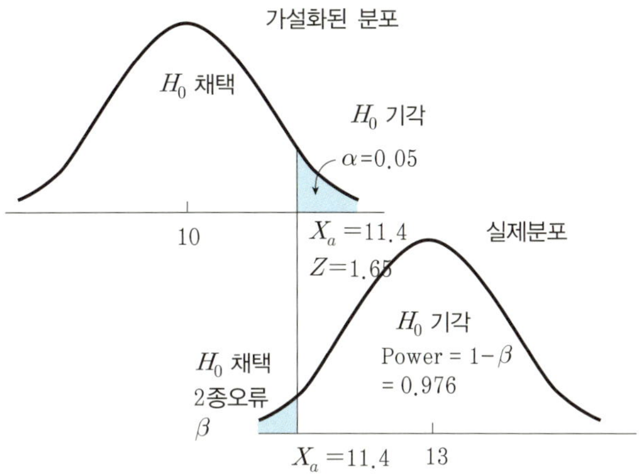

검정력(power)은 $1-\beta$이다. 따라서, 검정력은 $1-0.0294=0.9706$이다.

만약, 모집단평균이 13으로 같다면, 97.06%는 새로운 약이 효과적이라는 결론을 내릴 수 있다. 다시 말하면 진실한 모평균이 가설화된 평균 10으로부터 멀리 분포되었음을 나타낸다. 검정크기의 증가는 β를 감소시킨다.

표본크기

주어진 α수준에서 증가된 표본크기는 통계검정을 증가시킨다. 즉, 표본크기는 통계 검정력(power)의 크기가 커짐을 의미한다. 다시 말해, 표본크기 증가는 통계 검정력을 높여준다.

코헨(Cohen, 1988)은 $\alpha=0.05$수준에서 통계적 검정력(power)은 80%가 적당하다고 주장하였다. 검정력은 α, 표본크기, 효과크기 등의 요인에 의해서 결정된다. 이를 표로 나타내면 다음과 같다.

표 2-5 표본크기, 유의수준, 효과크기 비교

표본크기	$\alpha = 0.05$		$\alpha = 0.01$	
	효과크기		효과크기	
	작음(0.2)	중간(0.5)	작음(0.2)	중간(0.5)
20	0.095	0.338	0.025	0.144
40	0.143	0.598	0.045	0.349
60	0.192	0.775	0.067	0.549
80	0.242	0.882	0.092	0.709
100	0.290	0.940	0.120	0.823
150	0.411	0.990	0.201	0.959
200	0.516	0.998	0.284	0.992

자료 : BMDP Statistical Software, Inc.(1991), SOLO Power Analysis, Los Angeles

연구자는 필요 α수준과 각 그룹의 표본크기를 결정해야 한다. 효과크기는 통상 작은 경우(0.2)와 보통(0.5)수준으로 정할 수 있다. 연구자는 효과크기, 표본크기, 유의수준을 고려하여 검정력을 결정하면 된다. 연구자는 원하는 유의수준에서 0.80 이상의 검정력이 되도록 해야 한다. 보다 엄격한 $\alpha = 0.01$의 경우, 희망검정력을 갖기 위해서는 보다 많은 표본을 필요로 한다. 거꾸로 이야기하면 보다 덜 엄격한 α수준 선택에 의해서 검정력을 높일 수 있다. 원하는 검정력은 효과크기가 작을수록 큰 표본크기가 필요하다. 검정력 증가는 표본크기 증가에 의하여 결정된다.

참·고·문·헌

- 에단 라지엘(1999), 맥킨지는 일하는 방식이 다르다, 김영사
- 짐 콜린스, 모튼 한센 지음, 김영철 옮김(2012), 위대한 기업의 선택(Great By Choice), 김영사
- Cohen, J.(1988), Statistical Power Analysis for Behavioral Sciences, 2nd ed. Hillsdale, NJ: Lawrence Erlbaum Publishing.
- Ed Leamer(1982), Let's take the con out of economics, American Economic Review.
- James L. Heskett, Thomas O. Jones, Gary W. Loveman, W. Earl Sasser, Jr., and Leonard Scj;esomger(1994), Putting the Service Profit Chain to work, March-April, pp.164-174.
- George, E. P., "Robustness in the Strategy of Scientific Model Building" (May 1979) in *Robustness in Statistics: Proceedings of a Workshop* (1979) edited by RL Launer and GN Wilkinson.
- Regina Fazio Maruca(2000), Mapping the World of Customer Satisfaction, Harvard Business Review, May-June, p.30.

연·습·문·제

01. 다음을 연구모형으로 만들어 보고 서로 토론해 보자.

> 미국 애리조나주립대학의 노화연구팀이 2012년 7월 늙은 벌에게 젊은 벌의 임무인 유충 돌보기를 하게 했더니 새로운 것을 배우는 능력이 향상됐다는 연구결과를 「실험 노인학」이란 저널에 발표했다. 연구진은 “사회적 경험이 뇌에 영향을 미친 것”이라고 추정했다. 의미있는 일을 하면 젊어진다는 실험 결과는 단순히 장수하기보다 평생 젊게 살고 싶은 이들에게 자연이 주는 힌트일 것이다.

02. 현재 위치에서 가장 관심을 갖고 있는 연구주제는 무엇인가? 이 연구주제로 인과분석을 위한 연구모델을 구축해 보자.

Easy **SEM** with *SmartPLS*

LISREL

Part 2

Easy SEM with SmartPLS

읽는 시간을 따로 떼어 두어라, 그것은 지혜의 샘이기 때문이다.
웃는 시간을 따로 떼어 두어라, 그것은 영혼의 음악이기 때문이다.
사랑하는 시간을 따로 떼어 두어라, 그것은 인생이 너무 짧기 때문이다.
-로버트 브라우닝-

Easy **SEM** with *SmartPLS*

3 Chapter

리스렐 프로그램 소개

Chapter 3

리스렐 프로그램 소개

제 1 절 구조방정식모델 프로그램

구조방정식모델링(SEM : Structural Equation Modelling) 분석을 위한 최초의 프로그램은 LISREL이다. LISREL(LInear Structural RELationship)은 스웨덴 웁살라(Uppsala)대학의 Karl G. Jöreskog & Dag Sörbom에 의해서 개발되었다.

LISREL은 행렬과 그리스로마 문자에 기초하여 구성한 프로그램이라서 구조방정식모델을 처음 접하는 사람들이 사용하기에 다소 어려운 것이 사실이다. 여러 차례의 프로그램 개선이 있은 다음 초보자도 쉽게 사용할 수 있게 되었다. 여러 가지 운용방법이 있는데 초보자들은 SIMPLIS방법을 사용하면 쉽게 구조방정식모델을 이해할 수 있고 실행할 수 있다.

LISREL은 최초 3.0버전을 시작으로 현재까지 계속 버전 업되고 있다. [표 3-1]은 리스렐의 버전별 특징을 정리해 놓은 것이다.

최근 출시된 LISREL9는 비정규분포성 가정하에서 자동적으로 강력한 표준오차 추정이 가능하다. 또한 점근적인 공분산행렬을 계산할 필요가 없다. 데이터 중에서 결측치가 있는 경우, LISREL9 이상에서는 FIML를 사용하여 모형을 추정한다. EM이나 MCMC에 의해서 결측값을 대체하거나 대체 데이터에 근거하여 모델을 분석한다. 이 모든 작업은 연속적이고 서열화된 변수인 경우에 가능하다. 현재 판매되고 있는 LISREL은 다양한 통계분석이 가능하고 시각적인 경로도형(path diagram)도 제공해 준다.

▌표 3-1▐ LISREL의 버전별 특징

버전	출시년도	특징
3	1976	ML추정법 이용
4	1978	다중집단분석 가능
5	1981	ML추정법 이외 ULS, GLS추정법 추가
6	1984	수정지수(M.I) 제공, 모델수정 용이
7	1988	PRELIS 추가, WLS와 DWLS추정법 추가
08	1993	경로도형 구축가능, SIMPLES 추가, 능형옵션(ridge option) 추가
8.71	2000	복합자료조사(Complex Survey Data), 다변량 질적자료 처리가능
9.12	2012	자동적으로 강력한 표준오차 추정가능, EM이나 MCMC에 의해서 결측값 대체, Logit, Probit, Complementary Log-log, Log-Log 분석가능

구조방정식모델 분석을 위한 학생용 버전은 분석가능한 변수가 15개 이내로 제한되어 있다. 누구나 LISREL 홈페이지에 쉽게 접근하여 관련 정보를 습득할 수 있다(http://www.ssicentral.com).

제2절 리스렐 실행

"백문이 불여일견(百聞以不如一見)"이라는 말이 있다. 백번 들어서 무엇하겠는가? 한번 보는 것이 최고이다. 이제는 백문이불여일견이 아니라 백문이불여일타(百聞以不如一打)의 정신으로 직접 자판을 눌러보고 프로그램을 실행해 보아야 한다.

다음 LISREL 관련 예제를 실행해 보기 바란다. 이를 통해서 LISREL 프로그램에 자신감을 갖기를 바라는 마음이다. 연구모형은 교육정도(Education), 부모의 수입정도(달러기준)가 자녀의 토익점수(Toeic)에 미칠 것이라는 연구가설을 설정하였다. 이것을 그림으로 나타내면 다음과 같다.

그림 3-1 ▌ 연구모형

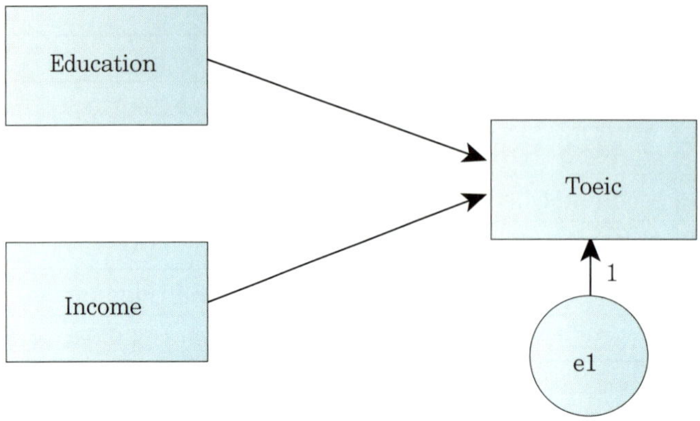

연구가설을 검정하기 위해서 20개 가구를 대상으로 조사한 자료는 다음과 같다.

그림 3-2 ▌ 조사자료

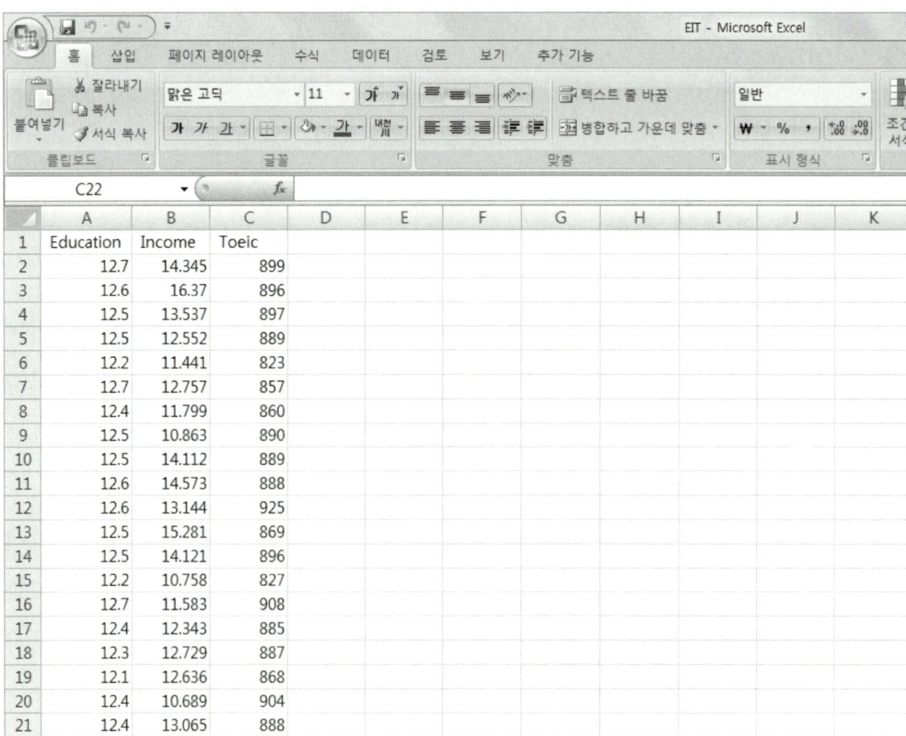

	A	B	C
1	Education	Income	Toeic
2	12.7	14.345	899
3	12.6	16.37	896
4	12.5	13.537	897
5	12.5	12.552	889
6	12.2	11.441	823
7	12.7	12.757	857
8	12.4	11.799	860
9	12.5	10.863	890
10	12.5	14.112	889
11	12.6	14.573	888
12	12.6	13.144	925
13	12.5	15.281	869
14	12.5	14.121	896
15	12.2	10.758	827
16	12.7	11.583	908
17	12.4	12.343	885
18	12.3	12.729	887
19	12.1	12.636	868
20	12.4	10.689	904
21	12.4	13.065	888

[데이터] EIT.txt

1단계 데이터 → 데이터분석 → 상관분석 단추를 눌러 세 변수(교육정도, 부모의 수입정도, 토익점수) 간의 상관행렬을 구한다.

그림 3-3 ▌ 상관행렬

	A	B	C	D
1		Education	Income	Toeic
2	Education	1.000		
3	Income	0.433	1.000	
4	Toeic	0.589	0.310	1.000

2단계 위 회색 부분의 상관계수를 마우스로 지정하고 복사(Ctrl+C)한다. 이어 보조프로그램 → 메모장을 누른다. 이어 앞에서 복사한 상관행렬을 붙여넣기(복사 : Ctrl+V)한다.

그림 3-4 ▌ 메모장에 상관행렬 복사하기

3단계 여기서, 다시 상관행렬 범위를 마우스로 지정한다. 이어 복사(Ctrl+C)하기를 누른다. 이렇게 하는 이유는 리스렐 프로그램을 입력하면서 나중에 복사한 데이터를 리스렐 프로그램에 붙여넣기를 하기 위해서이다.

4단계 컴퓨터에 설치된 리스렐 프로그램 아이콘( )을 두 번 클릭하여 불러온다. 그러면 다음과 같은 화면을 얻을 수 있다.

그림 3-5 ▎ 리스렐 첫 화면

5단계 File단추를 누른다. 이어 New(Ctrl+N)단추를 누르면 다음과 같은 화면을 얻을 수 있다.

그림 3-6 ▎ 새로 만들기(N) 화면

6단계 Syntax Only를 지정하고 확인 단추를 누른다. 이어 다음과 같이 명령어를 입력한다. 여기서는 원천 데이터를 상관행렬로 전환한 후 명령문창에 입력하는 방식을 채택하기로 한다. 데이터 입력방식은 앞에서 미리 구해서 얻은 상관행렬을 붙여넣기(Ctrl+V)하는 방식을 따랐다.

그림 3-7 | 리스렐 명령문 입력

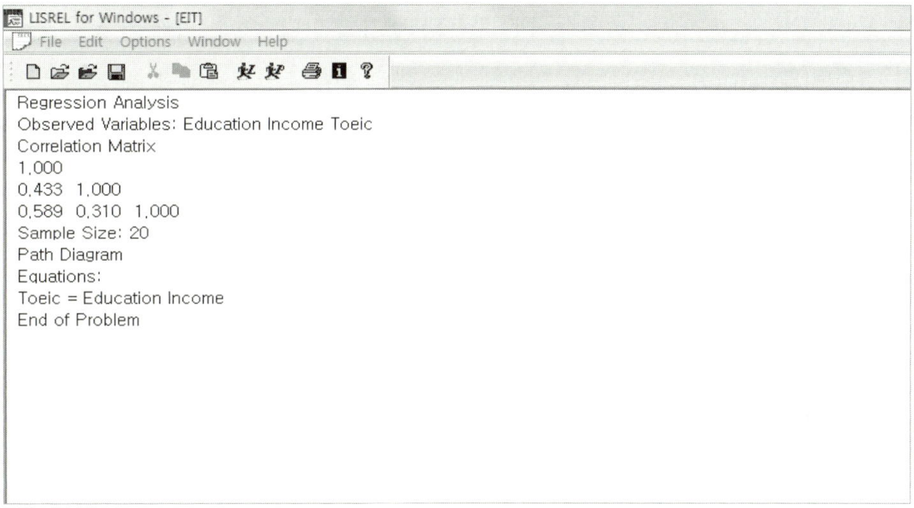

[데이터] EIT.Ls

그림 3-8 | 리스렐 명령어 설명

```
Regression Analysis                              …… ①
Observed Variables: Education Income Toeic       …… ②
Correlation Matrix                               …… ③
1.000
0.433   1.000
0.589   0.310   1.000
Sample Size: 20                                  …… ④
Path Diagram                                     …… ⑤
Equations:                                       …… ⑥
Toeic = Education Income
End of Problem                                   …… ⑦
```

첫 번째행(①)은 제목줄로 여기서는 'Regression Analysis'라는 제목을 달았다. 두 번째행(②)은 변수명 입력창으로 여기서는 분석하고자 하는 변수를 각각 나타냈다. 세 번째행(③)은 데이터 입력창이다. 앞에서 밝힌 것처럼, 사전에 EXCEL창에서 구한 상관행렬을 메모장에 복사한 후 다시 LISREL창에 옮기는 방법을 사용하였다. 일곱 번째행(④)은 유효표본크기(sample size)를 나타내는 영역이다. 여덟 번째행(⑤)은 경로방정식을 그림으로 나타내는 명령어를 입력한 것이다. 이 명령어는 'Path Diagram'이다. 줄여서 'PD'로 나타내기도 한다. 아홉 번째행(⑥)은 방정식 명령어(Equations:)이다. 열 번째행에는 해당 수학식을 나타냈다. 마지막 열한 번째행(⑦)에는 프로그램 명령어가 끝났음을 나타내는 명령어(End of Problem)이다.

7단계 리스렐 프로그램을 실행하기 위해서 (Run LISREL)단추를 누른다. 그러면 다음과 같은 결과물을 얻을 수 있다.

그림 3-9 | 리스렐 분석결과

LISREL Estimates (Maximum Likelihood)

Structural Equations

Toeic = 0.560*Educatio + 0.0676*Income, Errorvar.= 0.649 , R^2= 0.351

Standerr	(0.195)	(0.195)	(0.200)
Z-values	2.873	0.347	3.244
P-values	0.004	0.728	0.001

[결과해석] 교육정도(Education)는 TOEIC(점수)에 유의한 영향을 미치는 것으로 나타났다($P=0.004<\alpha=0.05$). 그러나 소득(Income)은 TOEIC(점수)에 유의한 영향을 미치지 않는 것으로 나타났다($P=0.728>\alpha=0.05$). 이 결과가 주는 시사점은 교육정도를 높여주는 것이 TOEIC(점수)를 높일 수 있는 대안임이라는 사실이다.

연 · 습 · 문 · 제

01. LISREL프로그램이 갖는 장점은 무엇이라고 생각하는가?

02. 책읽기(BR : Book Reading)와 신문읽기(NR : Newspaper Reading)가 학생의 성적(Credit)에 미치는 영향을 알아보기 위해 100명의 학생을 조사하였다. 다음의 연구모형을 LISREL 프로그램을 통해서 분석해 보자.

[연구모형]

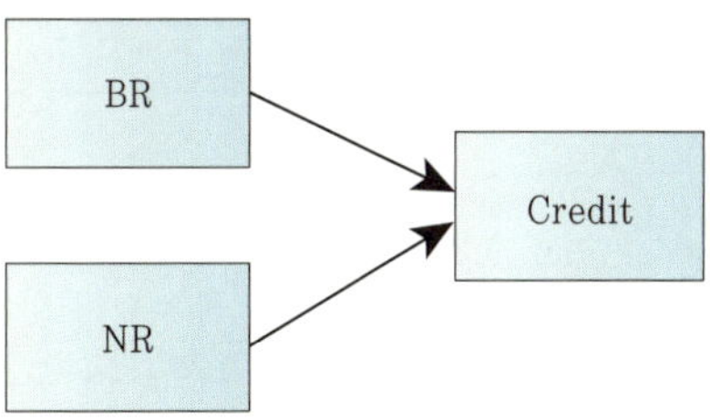

[상관행렬]

	BR	NR	Credit
BR	1.000		
NR	0.485	1.000	
Credit	0.771	0.459	1.000

미래를 예측하는 가장 좋은 방법은 미래를 창조하는 것이다
(The best way to predict the future is to create it).
-피터 드러커-

Easy **SEM** with *SmartPLS*

4
Chapter

회귀분석

Chapter

4 회귀분석

통계를 다루다보면 두 개 혹은 그 이상의 여러 변수 사이의 관계를 분석하여야 할 때가 있다. 서로 관계를 가지고 있는 변수들 사이에는 다른 변수(들)에 영향을 주는 변수(들)가 있는 반면에 영향을 받는 변수(들)도 있다. 전자를 독립변수(independent variable 또는 predictor variable)라고 하며, 후자를 종속변수(dependent variable 또는 response variable)라고 한다. 예컨대, 광고액과 매출액의 관계에서, 전자는 후자에 영향을 미치므로 독립변수가 되고, 후자는 종속변수가 된다.

회귀분석(regression analysis)은 독립변수가 종속변수에 미치는 영향력 크기를 조사하여 독립변수의 일정한 값에 대응하는 종속변수 값을 예측하는 기법을 의미한다. 광고액과 매출액 사이에서 어떤 관계가 있을 때, 일단 광고액의 수준이 결정되면 회귀분석을 통하여 매출액을 예상할 수 있다.

회귀분석은 세 가지의 주요 목적을 갖는다. 첫째, 기술적인 목적을 갖는다. 변수들, 즉 광고액과 매출액 사이의 관계를 기술하고 설명할 수 있다. 둘째, 통제목적을 갖는다. 예를 들어, 비용과 생산량 사이의 관계 혹은 결근율과 생산량 사이의 관계를 조사하여 생산 및 운영관리의 효율적인 통제에 회귀분석을 이용할 수 있다. 연구자는 선택과 집중원리에 의해 유의한 변수를 강화하는 전략을 채택할 수 있다. 셋째, 예측의 목적을 갖는다. 기업에서 생산량을 추정함으로써 비용을 예측할 수 있으며 광고액을 앎으로써 매출액을 예상할 수 있다.

회귀분석은 단순회귀분석(simple regression analysis)과 중회귀분석(multiple regression analysis)으로 나눈다. 이에 대한 구분방법은 다음 표를 참조하면 쉽게 이해할 수 있다.

| 표 4-1 | 회귀분석의 종류

구분	독립변수	종속변수
단순회귀분석	1	1
중회귀분석	多	1
일반선형분석	多	多

제 1 절 회귀분석

단순회귀분석(simple regression analysis)의 목적은 두 변수, 즉 하나의 독립변수와 종속변수 사이의 관계를 알아내는 것이다. 단순회귀분석을 이해하기 위해서 광고액에 따른 매출액에 관한 예를 들어보자. 광고액이 매출을 결정한다고 가정하고, 어느 회사의 10개월간 자료를 정리하였다.

| 표 4-2 | 광고액과 매출액

가구	광고액(억원)	매출액(억원)
1	25	100
2	52	256
3	38	152
4	32	140
5	25	150
6	45	183
7	40	175
8	55	203
9	28	152
10	42	198

1.1 산포도 그리기

두 변수 사이의 관계를 알아보기 위해서 연구하는 회귀분석에서 우리는 종속변수인 매출액이 독립변수인 광고액의 변화에 따라 어떻게 조직적으로 변하는가를 알고자 한다. 앞의 [표 4-2]의 상태에서 추세를 파악하기가 곤란하므로, 대략적인 관계를 나타낼 수 있도록 관찰치들을 좌표평면에 그려본다. 관찰치들을 좌표평면에 나타낸 그림을 산포도(scatter diagram)라고 하는데, 이 산포도는 회귀분석의 필수적인 첫 단계이다. [표 4-2]의 자료를 이용하여 산포도를 나타내면 다음 [그림 4-1]과 같다.

그림 4-1 ▌ 산포도

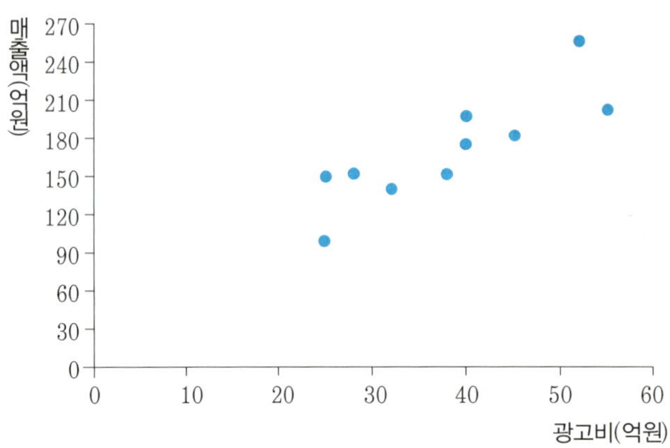

위 그림에서 광고액을 X축에 표시하고 매출액을 Y축에 표시하였다. 우리는 이 산포도를 통하여 두 변수 간의 관계를 대체로 한눈에 파악할 수 있다. 즉, 광고액이 많을수록 매출액은 증가한다. 그리고 그 추세를 어느 정도 정확하게 추정하기 위해서 산포도 위에 일차직선을 그을 수 있다. 이 선을 회귀선(regression line)이라고 한다. 이 회귀선을 나타내면 [그림 4-2]와 같다.

이 그림에서 자료의 관찰치들이 직선모양의 회귀선에 거의 몰려 있음을 알 수 있다. 이 회귀선을 이용하면 광고액과 매출액 사이의 관계를 함수적으로 파악할 수 있을 것이다.

그림 4-2 ▌ 산포도와 선형회귀직선

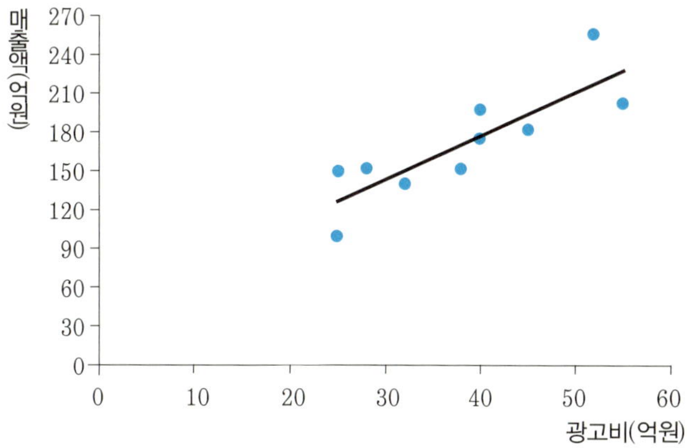

또 다른 예를 들어보자. 만일 나이와 체중 사이의 관계를 연구한다고 하자. 이 경우에 체중은 종속변수이고 나이는 독립변수라고 생각할 수 있다. 그런데 어느 정도 나이가 들 때까지는 체중이 증가하나 일정한 나이가 되면 어느 기간만큼은 거의 일정하게 유지된다고 볼 수 있다. 이것에 대한 산포도와 회귀선을 직선으로 나타내는 것은 바람직하지 못하다. 오히려 [그림 4-3]에서 보는 바와 같이 회귀선은 곡선(curve)으로 나타내 줌으로써 나이와 체중 사이에서 곡선관계(curvilinear relationship)를 보여주는 회귀모형이 타당할 것이다. 만일 회귀직선으로 모형을 확정한다면 두 변수 사이의 관계를 올바르게 표시한다고 볼 수 없다. 관찰치들이 회귀모형 주위에 적절하게 몰려 있어야 하기 때문이다. 이와 같이 회귀모형의 선택은 관찰치들의 산포도에 따라 이루어지므로 산포도는 상당히 중요하다고 하겠다.

그림 4-3 ▌ 나이와 체중관계

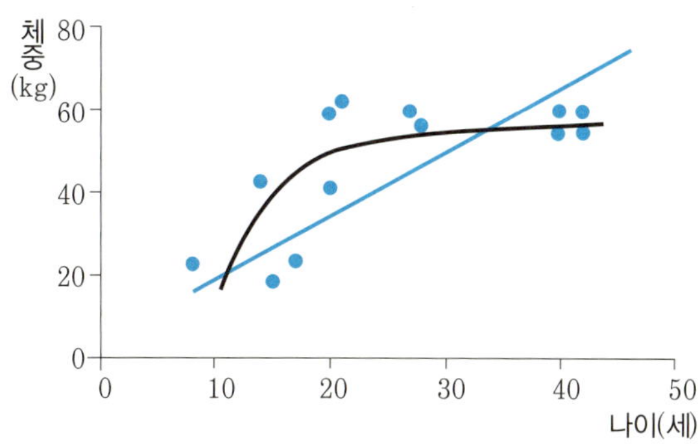

회귀모형에는 두 가지 특징이 나타난다. 첫째, 표본추출된 관찰치들의 모집단에는 각 X수준에 대하여 Y의 확률분포가 있다. 둘째, 이 확률분포들의 평균은 X값에 따라 변한다. 이것을 설명하기 위하여 회귀직선의 경우를 그림으로 나타내면 아래와 같다. 이해를 돕기 위해서 Y축은 수평, X축은 수직으로 나타내었다.

그림 4-4 회귀직선모형의 그림

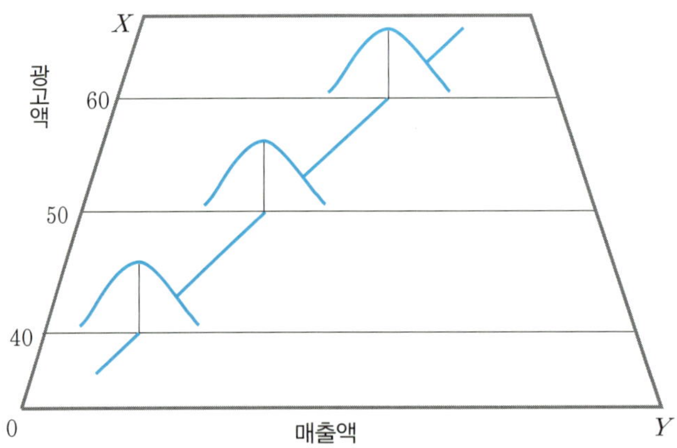

위 그림은 예를 들어 광고액이 $X = 40$(억원)일 때 매출액 Y의 확률분포를 나타내고 있다. [표 4-2]에서 보인 실제 매출액 175(억원) 확률분포에서 임의 채택된 것으로 간주된다. 그리고 다른 광고액의 경우에서도 매출액의 확률분포를 나타내고 있다. 그림에서 보는 바와 같이 회귀직선은 확률분포의 평균치들을 지나가고 있다. 사실, 변수 X가 회귀한다는 것은 평균값에 몰리는 경향이 있다는 것을 뜻한다. 우리는 여기서 확률분포의 평균치는 X의 수준에 대하여 조직적인 관계를 가지고 있음을 알 수 있다. 이 조직적인 관계를 X에 대한 Y의 회귀함수라고 부른다. 그리고 이 회귀함수의 그림을 회귀선이라고 부른다.

이제 모집단에 대한 단순회귀의 선형모형을 세워보자.

단순회귀직선모형

$$Y_i = \beta_0 + \beta_1 X + \epsilon_i \qquad \text{(식 4-1)}$$

여기서, Y_i = i번째 반응치

β_0 = 절편 모수

β_1 = 기울기 모수

X_i = 이미 알려진 독립변수의 i번째 값

ϵ_i = 오차이며 분포는 $N(0, \sigma^2)$

$Cov(\epsilon_i, \epsilon_j) = 0$ (단 $i \neq j$)

독립변수가 2개 이상이고 종속변수가 1개 이상인 중회귀직선모형의 기본틀은 단순회귀직선모형과 다르지 않다. 즉, 단순회귀직선모형에 독립변수의 수에 따른 기울기와 해당변수의 곱이 추가되는 형태를 보인다.

다음으로 회귀모형의 가정을 정리하면 다음과 같다.

회귀모형의 가정

① X는 확률변수가 아니라 확정된 값이다.

② 모든 오차는 정규분포를 이루며, 평균이 0, 분산은 σ^2으로 X값에 관계없이 동일하다. 즉, $\epsilon_i \sim N(0, \sigma^2)$

③ 서로 다른 관찰치의 오차는 독립적이다.
즉, $Cov(\epsilon_i, \epsilon_j) = 0$ (단 $i \neq j$)

④ $Y \sim N(\beta_0 + \beta_1 X, \sigma^2)$

따라서,

$$E(Y_i) = E(\beta_0 + \beta_i X_i + \epsilon_i) = \beta_0 + \beta_i X_i + E(\epsilon_i) \qquad \text{(식 4-2)}$$
$$= \beta_0 + \beta_1 X_i$$

그러므로 i번째에 있는 X의 값이 X_i라 하면, 종속변수 Y_i는 평균이

$E(Y_i) = \beta_0 + \beta_1 X_i$인 확률분포에서 나온 것이다.

선형회귀모형 $E(Y_i) = \beta_0 + \beta_1 X_i$에서 β_0는 절편이고 β_1은 기울기이다. 직선의 모형은 β_0와 β_1의 값에 따라 달라지며, 이 값들은 모집단을 완전히 파악하지 않으면 알 수 없는 계수들이다. 두 변수 간의 관계를 알기 위해서는 우리는 두 계수를 구해야 한다. 주어진 표본 관찰치들로부터 구해진 회귀직선을(편의상 i를 생략)

$$\widehat{Y} = b_0 + b_1 X \qquad \text{(식 4-3)}$$

라 하면 b_0와 b_1은 각각 β_0와 β_1의 추정치가 된다. 표본에 대하여 회귀모수 β_0와 β_1의 좋은 추정량을 발견하기 위해서 최소자승법(least square method)을 이용할 수 있다.

최소자승법이란 잔차(residual)제곱의 합을 최소화시키는 b_0와 b_1의 값을 구하는 방법을 말한다. 여기서 잔차란 실제 관찰치 Y_i와 예측치 $\widehat{Y}_i$(Y-hat으로 읽음) 사이의 차이값을 뜻하므로, 잔차 e_i는

$$e_i = Y_i - \widehat{Y}_i \qquad \text{(식 4-4)}$$

이다. 변수들 사이의 관계를 정확하게 기술하거나 예측을 하려면 이 잔차는 최소가 되어야 할 것이다. 이것을 위해서 잔차제곱의 합을 최소화한다면 같은 목적을 이룰 수 있다. 따라서 $\sum_{i=1}^{n} e_i^2$을 최소화시키는 b_0와 b_1의 값을 구하면 된다. (식 4-5)를 Q라 놓으면,

$$Q = \sum_{i=1}^{n} e_i^2 = \sum_{i=1}^{n} (Y_i - \widehat{Y}_i)^2 = \sum_{i=1}^{n} (Y_i - b_0 - b_1 X_i)^2 \qquad \text{(식 4-5)}$$

이 된다. 위 식을 b_0와 b_1에 대하여 편미분하고 그 결과를 0으로 놓으면,

$$\frac{\partial Q}{\partial b_0} = 2\sum_{i=1}^{n}(Y_i - b_0 - b_i X_i)(-1) = 0$$

$$\frac{\partial Q}{\partial b_1} = 2\sum_{i=1}^{n}(Y_i - b_0 - b_i X_i)(-X_i) = 0 \qquad \text{(식 4-6)}$$

의 두 식을 얻으며, 이것을 정리하면,

$$\sum Y_i = nb_0 + b_1 \sum X_i$$

$$\sum X_i Y_i = b_0 \sum X + b_1 \sum X_i^2 \qquad \text{(식 4-7)}$$

이 얻어지며, 이 두 식을 정규방정식(normal equation)이라고 한다. 이 정규방정식을 b_0와 b_1에 대하여 풀면 다음과 같다.

회귀직선모형의 기울기와 절편

$$b_1 = \frac{n\sum X_i Y_i - (\sum X_i)(\sum Y_i)}{n\sum X_i^2 - (\sum X_i)^2} = \frac{\sum (X_i - \overline{X})(Y_i - \overline{Y})}{(X_i - \overline{X_i})^2}$$

$$b_0 = \frac{1}{n}(\sum Y_i - b_1 \sum X_i) = \overline{Y} - b_1 \overline{X} \qquad \text{(식 4-8)}$$

예제 4-1

앞의 [표 4-2]에서 주어진 자료를 근거로 최소자승법을 이용하여 회귀직선을 구해 보아라.

[풀이]

가구수	광고액(X_i)	매출액(Y_i)	$X_i \cdot Y_i$	X_i^2
1	25	100	2,500	625
2	52	256	13,312	2,704
3	38	152	5,776	1,444

4	32	140	4,480	1,024
5	25	150	3,750	625
6	45	183	8,235	2,025
7	40	175	7,000	1,600
8	55	203	11,165	3,025
9	28	152	4,256	784
10	42	198	8,316	1,764
합계	$\sum X_i = 382$	$\sum Y_i = 1{,}709$	$\sum X_i Y_i = 68{,}790$	$\sum X_i^2 = 15{,}620$

이것을 이용하여 기울기와 절편을 구하면

$$b_1 = \frac{n\sum X_i Y_i - (\sum X_i)(\sum Y_i)}{n\sum X_i^2 - (\sum X_i)^2} = \frac{(10)(68{,}790) - (382)(1{,}709)}{(10)(15{,}620) - (382)^2} = 3.412$$

$b_0 = \overline{Y} - b_1\overline{X} = 170.9 - (3.412)(38.2) = 40.562$이다. 따라서 회귀식은 $\widehat{Y} = 40.562 + 3.412X$가 된다.

기울기가 3.412이므로 광고액이 1억원씩 증가함에 따라 매출액이 3.412억원씩 증가한다고 말할 수 있다. Y절편은 40.562이므로 광고액이 0일 때 매출액 40.562억원인 셈이 된다. 그러나 이것은 현실적으로 불가능한 이야기이므로 절편의 수치는 의미가 없다고 본다. 만일 광고액이 30억원인 경우에 매출액은 $\widehat{Y} = 40.562 + 3.412(30) = 142.992$ (억원)이라고 추정할 수 있다. 여기서 우리는 회귀모형의 적용범위를 제한하여야 할 필요성을 갖는다. 이 제한은 조사계획에 의하거나 또는 얻어진 자료의 범위에 의하여 결정된다. 이 문제의 경우를 보면 광고액이 25억~55억원 사이에서 매출액이 결정되어야 할 것이다. 만일에 이 범위를 넘어간다면 회귀함수의 모양은 달라지게 되어 그 신뢰성은 매우 의심스러운 것이 된다.

위에서 얻어진 회귀선에서 잔차를 구하려면 $e_i = Y_i - \widehat{Y}_i = Y_i - (40.562 + 3.412X_i)$ 공식을 이용한다. 예컨대, 25억원의 경우 잔차는 100−(40.562+3.412×25)= −25.862가 된다.

1.2 회귀식의 精度

앞에서 주어진 자료를 바탕으로 회귀모형을 일차함수로 나타낸 후에 최소자승법에 의하여 회귀직선을 구하는 방법을 설명하였다. 그러나 회귀선만으로 관찰치들을 어느 정도 잘 설명하고 있는지 여부를 알 수 없다. 회귀선의 정도, 즉 회귀선이 관찰자료를 어느 정도로 설명하는지를 추정하여야 한다.

회귀선의 정도를 추정하는 방법으로는 추정의 표준오차(standard error the estimate), 결정계수(coefficient determination) 두 가지가 있다. 먼저, 추정의 표준오차는 다음과 같은 식으로 계산한다.

$$S_{y.x} = \sqrt{\frac{\sum(Y_i - \hat{Y}_i)^2}{n-2}} = \sqrt{\frac{\sum e_i^2}{n-2}} \qquad \text{(식 4-9)}$$

이 값이 0에 가까울수록 회귀식이 독립변수 X와 종속변수 Y의 관계를 적절하게 설명한다고 볼 수 있다.

예제 4-2

앞의 [표 4-2]의 표본자료에 대하여 추정의 표준오차를 구하라.

[풀이]

앞의 [표 4-2]에서 잔차를 구한 다음 각각 제곱하여 합을 구한 후에 자유도 10−2=8로 나누면

$$S_{y \cdot x}^2 = \frac{\sum e_i^2}{n-2} = \frac{4,339.647}{10-2} = 542.456$$

이 된다. 따라서 ϵ_i의 표준편차 σ에 대한 추정의 표준오차는 다음과 같다.

$$S_{y \cdot x} = \sqrt{\frac{4,339.647}{8}} = 23.291$$

추정의 표준오차는 척도에 따라 값이 달라질 수 있어 해석이 어려운 경우가 많다. 이 문제를 어느 정도 해결해 주는 방법으로 결정계수(coefficient of determination)가 있다. 결정계수는 종속변수의 변동 중 회귀식에 의해 설명되는 비율을 의미한다. 결정계수를 구하기 전에 먼저 필요한 개념을 소개하기로 한다.

관찰치 Y_i의 총편차는 다음과 같이 두 부분으로 나눌 수 있다.

$$\underset{(\text{총편차})}{(Y_i - \overline{Y})} = \underset{(\text{설명 안되는 편차})}{(Y_i - \widehat{Y}_i)} + \underset{(\text{설명되는 편차})}{(\widehat{Y}_i - \overline{Y})} \qquad (\text{식 } 4\text{-}10)$$

등식 오른쪽의 첫 번째 편차는 회귀선에 의해서 나타낼 수 없으므로 이것을 설명 안되는 편차라 부른다. 두 번째 편차는 회귀선으로 나타낼 수 있기 때문에 설명되는 편차라고 부른다. 관찰치 Y_i는 회귀선으로로는 표현할 길이 없으며, 추정치 $\widehat{Y}_i$는 회귀선에 의해 계산이 가능하며, 그리고 회귀선은 평균치 $\overline{Y}$를 지나기 때문이다. 이와 같이 총편차는 설명 안되는 편차와 설명되는 편차로 나눌 수 있다. 이것을 그림으로 나타내면 [그림 4-5] 총편차의 구분과 같다.

그림 4-5 | 총편차의 구분

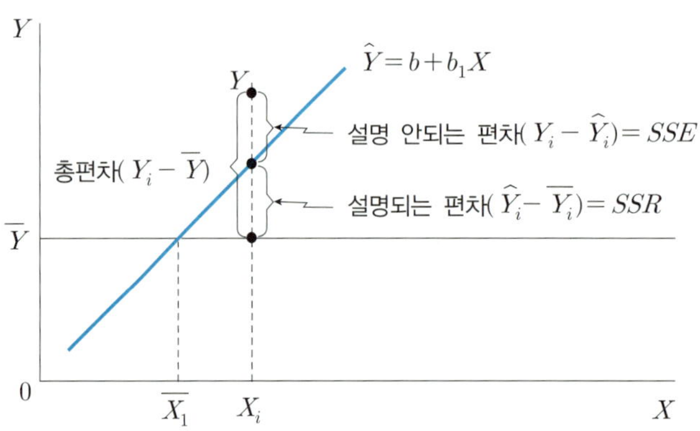

(식 4-10)의 양변을 제곱한 후에 모든 관찰치에 대하여 합하면,

$$\begin{aligned} \Sigma(Y_i - \overline{Y})^2 &= \Sigma[Y_i - \widehat{Y}_i) + (\widehat{Y}_i - \overline{Y})]^2 \\ &= \Sigma(Y_i - \widehat{Y}_i)^2 + (\Sigma\widehat{Y}_i - \overline{Y})^2 + 2\Sigma(Y_i - \widehat{Y}_i)(\widehat{Y}_i - \overline{Y}) \end{aligned}$$

이다. 여기에서 오른쪽 마지막 항은 잔차의 성질에 의하여

$2\sum e_i(\hat{Y}_i - \overline{Y}) = 2(\sum \hat{Y}_i e_i - \overline{Y}\sum e_i) = 0$이므로,

$$\sum(Y_i - \overline{Y})^2 = \sum(Y_i - \hat{Y}_i)^2 + \sum(\hat{Y}_i - \overline{Y})^2 \quad \text{(식 4-11)}$$

(총변동) (설명 안되는 변동) (설명되는 변동)

이 된다.

위 식에서 $\sum(Y_i - \overline{Y})^2$은 총변동(total variation : SST), $\sum(Y_i - \hat{Y}_i)^2$은 설명 안되는 변동(unexplained variation : SSE) 그리고 $\sum(\hat{Y}_i - \overline{Y})^2$은 설명되는 변동(explained variation : SSR)이라고 부른다. 특히 설명 안되는 변동은 잔차에 의한 제곱합(sum of squares due to residual error : SSE), 설명되는 변동은 회귀에 의한 제곱합(sum of squares due to regression : SSR)이라고도 한다. 따라서 (식 4-11)은

$$SST = SSE + SSR \quad \text{(식 4-12)}$$

이 된다.

이제 표본결정계수는 다음과 같이 정의된다.

표본결정계수

$$r^2 = \frac{SSR}{SST} = 1 - \frac{SSE}{SST} \quad \text{(식 4-13)}$$

이것은 총변동 중에서 회귀선에 의하여 설명되는 비율을 나타내며, r^2의 범위는 $0 \leq r^2 \leq 1$이다. 만일에 모든 관찰치들과 회귀선이 일치한다면 $SSE = 0$이 되어 $r^2 = 1$이 된다. 이렇게 되면 X와 Y 사이의 상관관계는 100% 있다고 본다. 왜냐하면 $r^2 = \pm\sqrt{r^2}$이 때문이다. r^2의 값이 1에 가까울수록 회귀선은 표본의 자료를 설명하는 데 유용성이 높다. 이와 반대로, 관찰치들이 회귀선에서 멀리 떨어져 있

게 된다면 SSE는 커지게 되며, r^2의 값은 0에 가까워진다. 이 경우에 회귀선은 쓸모없는 회귀모형이 되고 만다. 따라서 표본결정계수 r^2의 값에 따라 모형의 유용성을 판단할 수 있다.

예제 4-3

앞의 [표 4-2]의 자료에 대하여 회귀모형 $\hat{Y} = 40.562 + 3.412$를 구했을 때 결정계수를 계산하라.

[풀이]

총변동 SST를 구하면,

$$SST = \sum (Y_i - \overline{Y})^2 = (100 - 170.9)^2 + (256 - 170.9)^2 + \cdots + (198 - 170.9)^2$$
$$= 16{,}302.9$$

이다. 그리고 SSR을 구하면

$$SSR = SST - SSE = 16{,}302.900 - 4{,}339.647 = 11{,}963.253$$

이다. 따라서 표본결정계수

$$r^2 = \frac{SSR}{SST} = \frac{11{,}963.253}{16{,}302.900} = 0.734$$

이다. 이 회귀선이 총변동 중에서 설명하는 부분은 73.4%이며 추정된 회귀선의 정도는 높은 편이다. 따라서 유용한 회귀모형이라고 할 수 있다. 경우에 따라 다르기는 하지만 총변동의 70% 이상을 설명할 수 있는 회귀모형은 유용한 것으로 생각할 수 있다.

1.3 회귀선의 적합성

회귀선이 통계적으로 유의한가(statistically significant)를 검정하는 것은 매우 중요하다. 회귀모형이 아무리 설명력이 높다하더라도 유의하지 못하면 소용이 없기 때문이다. 회귀선의 적합성(goodness of fit) 여부, 즉 주어진 자료에 적합(fit)시킨 회귀선이 유의한가는 분산분석(analysis of variance)을 통하여 알 수 있다. 이를 위해 분산분석표를 만들면 다음과 같다.

▎표 4-3 ▎ 단순회귀의 분산분석표

원천	제곱합(SS)	자유도(DF)	평균제곱(MS)	F
회귀	$SSR=\sum(\hat{Y}-\overline{Y})^2$	k	$MSR=\dfrac{SSR}{k}$	$\dfrac{MSR}{MSE}$
잔차	$SSE=\sum(Y-\hat{Y})^2$	$n-(k+1)$	$MSE=\dfrac{SSE}{n-k-1}$	
합계	$SST=\sum(Y-\overline{Y})^2$	$n-1$		

(k는 독립변수의 수이며, 그 값은 1이다)

위 표에서 평균제곱은 제곱합을 각각의 자유도로 나눈 것이다. 통계량 MSR/MSE는 자유도(k, $n-(k+1)$)의 F분포를 한다고 알려져 있다. 회귀의 평균제곱 MSR이 잔차의 평균제곱 MSE보다 상대적으로 크다면 X와 Y의 관계를 설명하는 회귀선에 의하여 설명되는 부분이 설명 안되는 부분보다 크기 때문이다.

회귀선의 검정에 대한 귀무가설과 대립가설은 다음과 같다.

H_0 : 회귀선은 유의하지 못하다. 또는 $\beta_1=0$

H_1 : 회귀선은 유의하다. 또는 $\beta_1 \neq 0$

F값을 구한 후에 부록의 F분포표를 이용한 유의수준 α에서 임계치 $F_{(\alpha;1,\ n-2)}$를 비교하여서 $F>F_{(\alpha;1,\ n-2)}$이면 회귀선은 유의하다고 결론을 내린다.

예제 4-4

앞 [표 4-2]의 자료에서 얻어진 회귀선의 분산분석표를 작성하고 유의수준 5%에서 그 회귀선이 유의한지 여부를 검정하라

[풀이]

분산분석표를 만들면 다음과 같다.

원천	제곱합(SS)	자유도(DF)	평균제곱(MS)	F	$F(0.05)$	$F(0.01)$
회귀 잔차	11,963.253 4,339.647	1 8	11,963.253 542.455	22.054	5.32	11.26
합계	16,302.900	9				

유의수준 $\alpha = 0.05$에서 $F > F_{(0.05)}$이므로 "H_0 : 회귀선은 유의하지 못하다"라는 귀무가설을 기각시킨다. 따라서 회귀선 $\hat{Y} = 40.562 + 3.412X$는 유의하다고 결론을 내릴 수 있다.

회귀모형이 통계적으로 유의하면 계속해서 모집단의 회귀모형에 대하여 추론을 하여야 한다. 만약 분산분석에서 회귀선이 유의하지 않다고 결론이 내려지면 그 회귀모형은 폐기되어야 한다.

1.4 회귀모형의 추론

앞절에서 개발된 회귀모형의 가정이 모두 성립하며 회귀선이 유의하다고 하자. 그런데 이 회귀선은 단지 표본에서 도출된 것이다. 우리는 표본에서 구한 표본회귀선의 방정식으로부터 모집단 회귀선을 추정해야 하는데, 이것을 회귀분석의 통계적 추론(statistical inference)이라고 한다.

단순회귀분석의 모집단 회귀모형을

$$Y_i = \beta_0 + \beta_1 X_i + \epsilon_i \qquad \text{(식 4-14)}$$

여기서, β_0, β_1 =모수

X_i =알려진 상수

ϵ_i =독립적이며, $N(0, \sigma^2)$

$Cov(\epsilon_i, \epsilon_j) = 0$ (단 $i \neq j$)

이라고 하자. 실제 모집단에 속해 있는 관찰치를 모두 얻는 것은 불가능하므로, 모집단으로부터 n개의 관찰치를 추출하여서 표본회귀직선

$$\widehat{Y}_i = \beta_0 + \beta_1 X_i \qquad \text{(식 4-15)}$$

을 추정하는 것이다. 여기서 $\widehat{Y}_i$는 Y_i, b_0는 β_0 그리고 b_1은 β_1의 점추정량들이다. 이 추정량들은 평균과 분산을 가지고 있으므로 모수들에 대한 구간추정과 가설검정을 할 수 있는 통계적 근거를 마련해 준다.

(1) β_1의 신뢰구간 추정

일반적으로 (식 4-15)의 회귀모형 기울기 β_1의 추정에 관하여 관심을 가지는 경우가 많다. 우리가 관심을 갖는 β_1에 대한 가설검정은 다음과 같다.

$$H_0 : \beta_1 = 0$$

$$H_1 : \beta_1 \neq 0$$

만약 귀무가설이 기각되지 않으면, 독립변수가 종속변수를 예측하는 데 도움이 되지 못하는 것을 나타낸다. 위의 가설검정을 위한 검정통계량은 다음과 같은 분포를 따른다.

가설검정통계량 t분포

$\dfrac{b_1 - \beta_1}{S_{b_1}}$은 $t(n-2)$분포를 한다. (식 4-16)

n개의 표본에서 $n-2$의 자유도를 가지게 된 이유는 β_0, β_1의 두 모수가 추정되어야 하기 때문에 2개의 자유도를 잃게 된 것이다.

그리고 β_1에 대한 신뢰구간은 다음과 같다.

β_1의 신뢰구간

$$\beta_1 \in b_1 \pm t\left(\frac{\alpha}{2},\ n-2\right) \cdot S_{b_1} \qquad \text{(식 4-17)}$$

여기서, $S_{b_1} = \sqrt{\dfrac{MSE}{\sum(X_i - \overline{X})^2}}$, $MSE = \dfrac{\sum(Y_i - \widehat{Y}_i)^2}{n-2}$

위의 식에서 σ^2을 아는 경우에는 MSE 대신에 σ^2을 대치할 수 있으며 표본의 크기가 충분히 큰 경우에는 t 대신에 Z를 쓰면 된다.

예제 4-5

앞의 자료에서 기울기 β_1의 95% 신뢰구간을 구하라.

[풀이]

$$S_{b_1}^2 = \frac{MSE}{\sum(X_i - \overline{X})^2} = \frac{542.455}{1,027.6} = 0.528$$

여기서 $\sum(X_i - \overline{X})^2 = \sum X_i^2 - \dfrac{(\sum X_i)^2}{n} = 15,620 - \dfrac{(382)^2}{10} = 1,027.6$이다. 그리고 $S_{b_1} = 0.727$이며 $t\left(\dfrac{0.05}{2},\ 10-2\right) = 2.306$이다. 따라서 기울기 모수의 신뢰구간은 $\beta_1 \in 3.412 \pm (2.306)(0.727) = [1.736, 5.088]$이다. 그러므로 광고액을 1억원 증가시키면 95% 신뢰수준에서 매출액은 1.736~5.088(억원) 사이로 증가한다. 그러나 이 숫자는 X의 주어진 자료의 범위 25~55 사이에서만 타당하다고 본다. 이 범위를 넘어서는 경우에는 신뢰구간의 적용이 적절하지 못할 수도 있다.

(2) β_0의 신뢰구간추정

회귀선의 절편인 β_0의 추론은 흔한 경우가 아니다. 이것에 대한 추론은 그 모형의 기울기가 0인 경우에 하게 된다. β_0의 신뢰구간은 다음과 같다.

β_0의 신뢰구간

$$\beta_0 \in b_0 \pm t(\frac{\alpha}{2}, n-2) \cdot S_{b_0} \qquad \text{(식 4-18)}$$

여기서, $S_{b_0} = \sqrt{\frac{MSE}{n\sum(X_i - \overline{X})^2}}$, $MSE = \frac{\sum(Y_i - \widehat{Y}_i)^2}{n-2}$

예제 4-6

앞의 자료에서 절편 β_0의 95% 신뢰구간을 구하라.

[풀이]

$$S_{b_0} = \sqrt{542.455 \times \frac{15,620}{(10)(1,027.6)}} = 28.715$$

$$\beta_0 \in 40.562 \pm (2.306)(28.715) = 40.562 \pm 66.217$$

$$\therefore -22.655 \le \beta_0 \le 106.779$$

이 경우에 비록 Y절편의 신뢰구간을 구하였지만 의미는 없다고 본다. 왜냐하면 X수준의 통계자료를 보면 $X=0$은 그 범위 안에 포함되어 있지 않기 때문이다.

(3) $E(\widehat{Y}_h)$의 신뢰구간추정

회귀분석의 중요한 목적 중의 하나는 Y확률분포의 평균을 추정하는 것이다. 독립변수(X)의 어떤 수준치를 X_h라 하면 X_h는 회귀모형의 범위 안에 있는 값이다. $X = X_h$일 때 평균반응치를 $E(Y_h)$라고 하면 $\widehat{Y}_h$는 이것의 점추정량이다.

$$\widehat{Y}_h = b_0 + b_1 X_h$$

이제 $\widehat{Y}_h$의 표본분포에 대하여 알아보자. $\widehat{Y}_h$의 표본분포는 정규적이며, 기대치와 분산은 다음과 같다.

$\overline{Y_h}$의 기대치와 분산

$$E(\widehat{Y_h}) = E(Y_h)$$

$$Var(\widehat{Y_h}) = \sigma^2 \left[\frac{1}{n} + \frac{(X_h - \overline{X})^2}{\sum (X_i - \overline{X})^2} \right] \qquad \text{(식 4-19)}$$

만일 σ^2의 값을 모르는 경우 (식 4-19)에서 $\widehat{Y_h}$분산의 추정치,

$$Var(\widehat{Y_h}) = MSE \left[\frac{1}{n} + \frac{(X_h - \overline{X})^2}{\sum (X_i - \overline{X})^2} \right]$$

을 얻을 수 있다.

(식 4-16)에서와 마찬가지로 통계량 $\dfrac{\widehat{Y_h} - E(\widehat{Y_h})}{S\widehat{y_h}}$는 자유도 $n-2$를 가진 t분포를 한다. 따라서 X의 주어진 값 X_h에 대한 $E(\widehat{Y_h})$의 신뢰구간은 다음과 같다.

X의 주어진 값 X_h에서 $E(\widehat{Y_h})$의 신뢰구간

$$E(\widehat{Y_h}) \in \widehat{Y_h} \pm t\left(\frac{\alpha}{2},\ n-2\right) \cdot S_{\widehat{Y_h}} \qquad \text{(식 4-20)}$$

여기서, $S_{\widehat{y_h}} = \sqrt{MSE \left[\frac{1}{n} + \frac{(X_h - \overline{X})^2}{\sum (X_i - \overline{X})^2} \right]}$

표본이 충분히 큰 경우에는 t값 대신에 Z값을 대치하면 된다. 왜냐하면 표본의 크기가 증가할수록 분포는 표준정규분포에 가까워지기 때문이다.

예제 4-7

앞의 예제에서 광고액이 30억원인 경우와 50억원인 경우에 매출액에 대한 95% 신뢰구간을 구하라.

[풀이]

① $X_h = 30$인 경우

$$\widehat{Y_h} = 40.562 + 3.412X = 40.562 + 3.412(30) = 142.922$$

$$S_{\hat{y_h}} = \sqrt{542.455 \cdot \left[\frac{1}{10} + \frac{(30-38.2)^2}{1,027.6}\right]} = 9.473$$

$$t(\frac{0.05}{2}, 8) = 2.306 \text{이므로}$$

$$E(\widehat{Y_h}) = 142.922 \pm (2.306)(9.473)$$

$$= 142.922 \pm 21.845$$

따라서 광고액이 30억원인 경우 매출액 규모는 121.077~164.767억원임을 예측할 수 있다.

② $X_h = 50$인 경우

$$\widehat{Y_h} = 40.562 + 3.412X = 40.562 + 3.412 \times 50 = 211.162$$

$$S_{\hat{y_h}} = \sqrt{542.455 \cdot \left[\frac{1}{10} + \frac{(50-38.2)^2}{1,027.6}\right]} = 11.303$$

$$E(\widehat{Y_h}) = 211.162 \pm (2.306)(11.303)$$

$$= 211.162 \pm 26.065$$

따라서 광고액이 50억원인 경우 매출액의 규모는 185.097~237.227억원임을 예측할 수 있다.

위의 두 가지 예에서 보면 X의 값이 평균에 가까울수록 신뢰구간이 작게 나타난다. 이것은 X의 값이 $\overline{X}$에 가까울수록 $E(\widehat{Y_h})$의 값을 비교적 정확하게 예측할 수 있다는 의미를 갖는다. 이것을 그림으로 나타내면 [그림 4-6]과 같다. 평균에서 잘룩한 모양의 영역을 얻게 되는데 이것을 신뢰대(confidence band)라고 한다.

그림 4-6 신뢰대

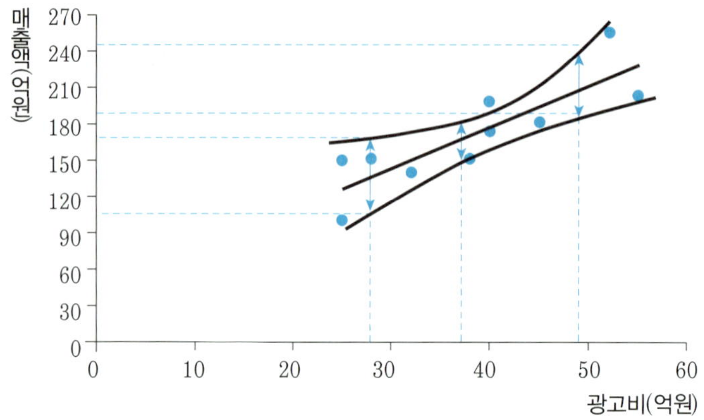

지금까지 설명한 회귀분석 절차를 요약하면 다음과 같다.

회귀분석의 절차

① 산포도를 그려서 자료변동의 대략적인 추세를 살펴본다.
② 회귀모형의 형태를 결정한다. 일반적으로 곡선보다는 직선의 선형모형이 많이 이용된다.
③ 회귀모형의 계수와 정도를 구한다.
④ 회귀모형이 통계적으로 유의한가를 검정한다.
⑤ 유의한 회귀모형에 대하여 추론을 한다.

1.5 상관계수

우리는 표본 관찰치들로부터 구해진 회귀직선 $\widehat{Y}_i = b_0 + b_1 X_i$을 얻을 수 있다. 이때 X_i는 주어진 값이고 Y_i만이 확률변수라고 가정하였다. 여기서 오차 $Y_i - \widehat{Y}_i$의 크기를 평균개념에 의해서 회귀의 표준오차로 측정하였다. 그러나 상관분석에서는 X, Y 두 변수를 모두 확률변수로 가정하며 두 변수의 선형관계가 얼마나 강한가 하는 것을 지수로 측정하게 된다. 두 변수의 선형관계의 방향과 정도를 나타내는 측정치를 상관계수(correlation coefficient)라고 하는데, 모집단의 상관계수 ρ

(rho)는 다음과 같다.

$$\rho = \frac{\sigma_{xy}}{\sigma_x \sigma_y}, \quad - \leqq \rho \leqq 1 \qquad \text{(식 4-21)}$$

여기서, σ_{xy}는 X와 Y 두 변수의 공분산이며, σ_x와 σ_y는 각각 X와 Y의 표준오차이다.

이제 $\sum(X_i - \overline{X}) = \sum X_i^*$, $\sum(Y_i - \overline{Y}) = \sum Y_i^*$이라고 하자. 모집단 상관계수는 표본상관계수를 나타내는

$$r = \frac{\sum X_i^* Y_i^*}{\sqrt{\sum X_i^{*2}}\sqrt{\sum Y_i^{*2}}} \qquad \text{(식 4-22)}$$

에 의하여 추정된다. 최소자승법에 의하여 얻어진 회귀직선의 기울기

$$b_1 = \frac{\sum X_i^* Y_i^*}{\sum X_i^{*2}} \qquad \text{(식 4-23)}$$

이므로, (식 4-21)과 (식 4-22)에서

$$r = b_1 \frac{\sqrt{\sum X_i^{*2}}}{\sqrt{\sum Y_i^{*2}}} = b_1 \frac{S_x}{S_y} \qquad \text{(식 4-24)}$$

또는

$$b_1 = r \frac{\sqrt{\sum Y_i^{*2}}}{\sqrt{\sum X_i^{*2}}} = r \frac{S_y}{S_x}$$

여기서 알 수 있는 것은 b_1가 일정하다고 할 때 Y에 비해 X의 표준편차가 클수록 상관관계는 커진다고 할 수 있다.

(식 4-22)에서 알 수 있는 바와 같이, 상관계수는 결정계수의 제곱근의 값이며, 그 부호는 기울기의 것과 같음을 알 수 있다. 예제에서 보면 결정계수 $r^2 = 0.734$이므로 표본상관계수 $r = +0.857$이 되어 광고액(X)과 매출액(Y) 사이의 관계는 매우 강한 양의 상관관계가 있다고 말할 수 있다.

1.6 회귀모형의 타당성

회귀모형이 정해졌을 때, 누구도 이것이 적절하다고 쉽게 단언할 수 없다. 따라서, 본격적인 회귀분석을 하기 전에 자료분석을 위한 회귀모형의 타당성을 검토하는 것은 중요하다.

첫째, 결정계수 r^2이 지나치게 작아서 0에 가까우면 회귀선은 적합하지 못하다.

둘째, 분산분석에서 회귀식이 유의하다는 가설이 기각된 경우에는 다른 모형을 개발하여야 한다.

셋째, 적합결여검정(lack-if-fit test)을 통하여 모형의 타당성을 조사한다.

넷째, 잔차(residual)를 검토하여 회귀모형의 타당성을 조사한다.

여기서는 잔차의 분석에 대해서만 설명한다. 무엇보다도 회귀모형이 타당하려면 잔차들이 X축에 대하여 임의(random)로 나타나 있어야 한다. [그림 4-7] 잔차 산포도 중에서 (a)만이 전형적인 산포도를 보이고 있어 회귀직선은 타당하다고 할 수 있다. 나머지는 무엇인가의 조치를 취하여야 한다.

그림 4-7 잔차의 산포도

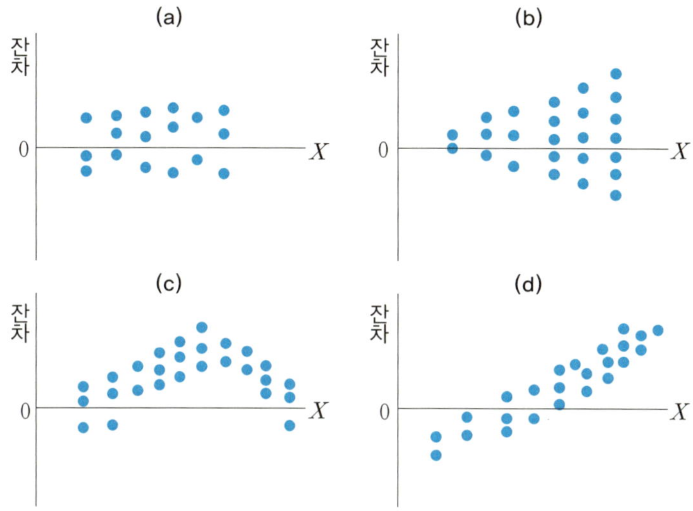

제 2 절 회귀분석 예제

(주)사랑과 존경 기업의 인사담당자는 종업원 직무만족요인에 영향을 미치는 요인 찾기에 관심을 갖고 있다. 인사담당자는 직무만족(Y1)은 동료관계(X1), 근무환경(X2)에 의해서 좌우된다는 경험적인 사실과 이론에 근거하여 연구모형을 구축하였다. 종업원 150명을 대상으로 조사한 결과를 상관행렬로 계산하여 나타냈다. 1) 리스렐 프로그램으로 회귀분석을 실시하여라. 2) 분석결과를 제대로 해석하고 3) 결과를 중심으로 관련 시사점을 제시하여라.

그림 4-8 | 연구모형

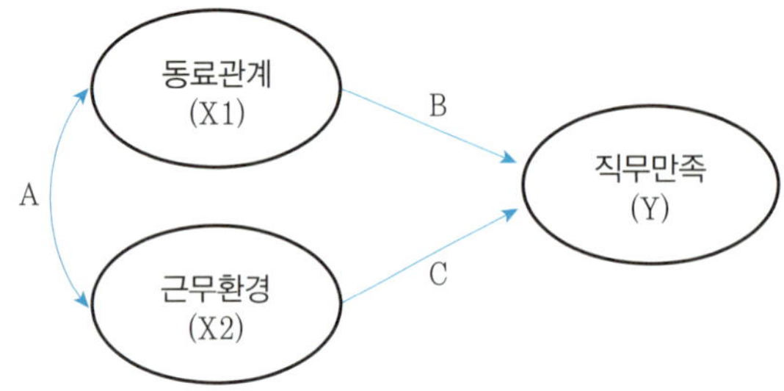

[상관행렬]

	X1	X2	Y
X1	1.00		
X2	0.50	1.00	
Y	0.60	0.70	1.00

2.1 리스렐 분석하기

1단계 컴퓨터에 설치된 리스렐 프로그램 아이콘( )을 두 번 클릭하여 불러온다. 그러면 다음과 같은 화면을 얻을 수 있다.

그림 4-9 | 리스렐 첫 화면

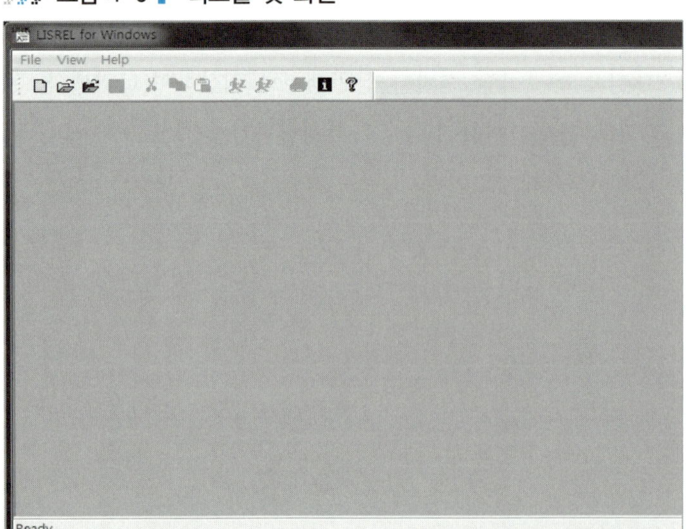

2단계 File단추를 누른다. 이어 New(Ctrl+N)단추를 누르면 다음과 같은 화면을 얻을 수 있다.

그림 4-10 | 새로 만들기(N) 화면

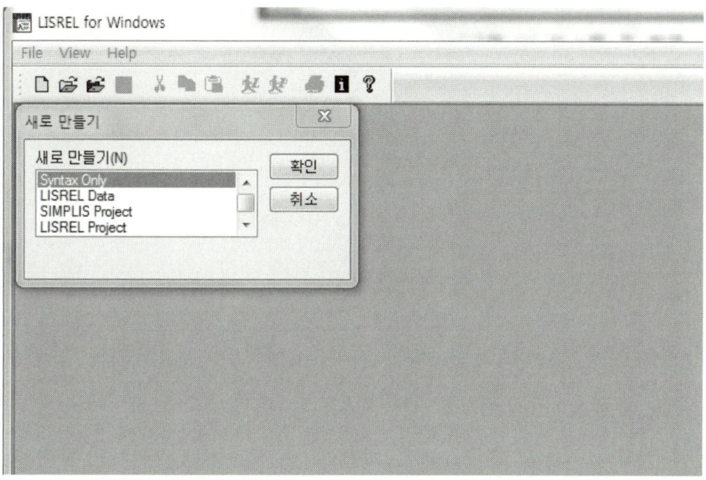

3단계 Syntax Only를 지정하고 [확인] 단추를 누른다. 그리고 다음과 같은 명령어를 입력한다.

그림 4-11 | 명령문 입력하기

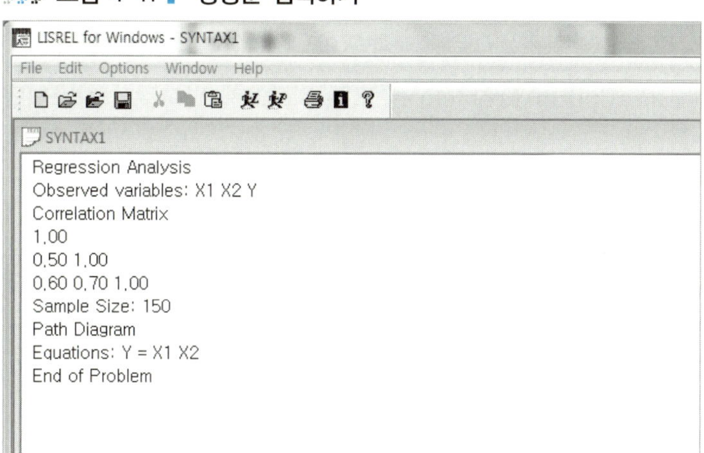

4단계 문장이 제대로 입력되었는지 확인해 본다.

```
Regression Analysis                          ...... ①
Observed variables: X1 X2 Y                  ...... ②
Correlation Matrix                           ...... ③
1.00
0.50 1.00
0.60 0.70 1.00
Sample Size: 150                             ...... ④
Path Diagram                                 ...... ⑤
Equations: Y = X1 X2                         ...... ⑥
End of Problem                               ...... ⑦
```

첫 번째행(①) 'Regression Analysis'는 제목줄이다. 제목줄은 생략해도 무방하다. 두 번째행(②)의 'Observed variables: X1 X2 Y'는 측정변수를 나타낸다. 세 번째행(③)은 상관행렬(Correlation Matrix)을 나타낸다. 입력자료가 상관행렬 자료일 경우는 'Correlation Matrix' 공분산 자료인 경우는 'Covariance Matrix'로 표시하면 된다. 일곱 번째행(④)은 유효표본수(Sample Size)를 나타내는 경우에 사용된다. 여기서는 유효표본이 150명임을 알 수 있다. 여덟 번째행(⑤)의 'Path Diagram'은 분석결과가 경로도로 표현되도록 할 경우에 사용하는 명령문이다. 'PD'로 줄여서 나타낼 수도 있다. 아홉 번째행(⑥)은 연구모형을 수학적인 방정식으로 표시한 것이다. 'Y = X1 X2'는 Y는 X1과 X2의 함수임을 알 수 있다.

마지막 열 번째행(⑦)의 'End of Problem'은 모든 프로그램 명령문이 마감되었음을 나타낸다.

5단계 File단추를 누르고 Save 또는 Save As단추를 눌러 저장한다. 여기서는 'regression'이라는 파일명으로 저장한다.

그림 4-12 명령문 저장화면

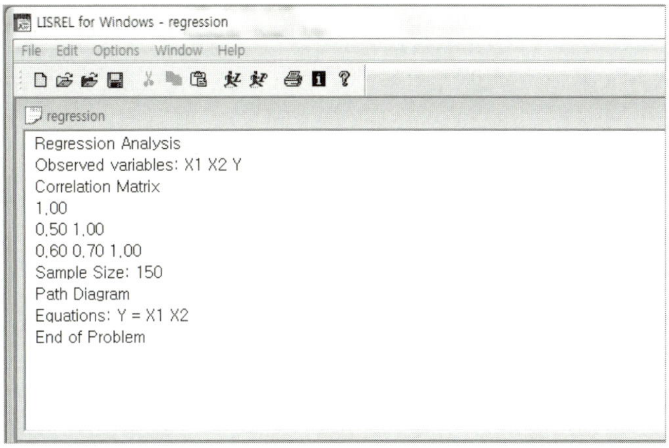

[데이터] regression.LS

6단계 리스렐 프로그램을 실행하기 위해서 (Run LISREL)단추를 누른다. 결과물을 얻을 수 있다.

2.2 결과해석

1) 리스렐 프로그램을 실행하면 먼저 다음과 같은 그림화면을 얻을 수 있다.

그림 4-13 결과 그림창

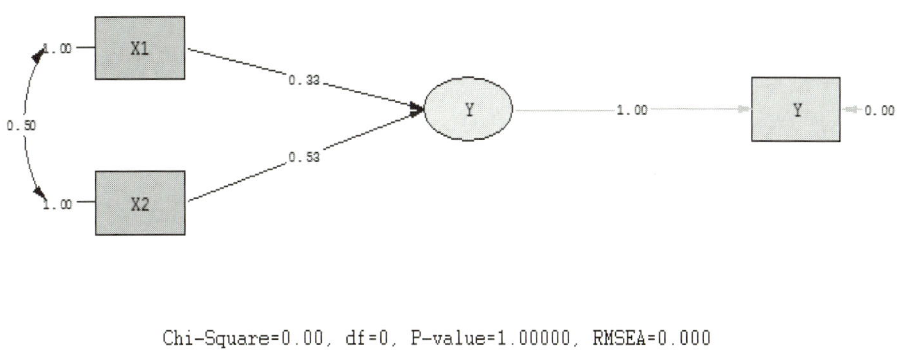

[결과해석] 카이자승 통계량(Chi-Square)=0, 자유도(df)=0이다. 이에 대한 유의확률(P-value)은 1이다. RMSEA=0.000(0.05 이하이면 적합함)임을 알 수 있다.

앞에서 입력한 상관행렬 자료를 토대로 결과물을 살펴보면, X1과 X2의 상관계수(A)는 0.5임을 알 수 있다. X1과 Y의 상관계수(0.6)는 B+AC이다. X2와 Y의 상관계수 0.7은 C+AB이다. A=0.5를 대입하고 연립방정식을 풀면 B=0.33, C=0.53임을 알 수 있다.

2) 세부 결과정보를 알아보기 위해서 결과창 누른다. 모형의 적합도를 확인하기 위해서 전반적인 적합도 통계량(Goodness of Fit Statistics)을 확인한다.

그림 4-14 전반적인 적합도 통계량

```
Goodness of Fit Statistics
Degrees of Freedom for (C1)-(C2)                    0
Maximum Likelihood Ratio Chi-Square (C1)            0.0 (P = 1.0000)
Browne's (1984) ADF Chi-Square (C2_NT)              0.00 (P = 1.0000)
The Model is Saturated, the Fit is Perfect !
```

[결과해석] 전반적인 적합도를 나타내는 통계량을 살펴보면, 자유도(Degrees of Freedom for (C1)-(C2))는 0이다. 이는 정보의 수(C1)에서 미지수(또는 경로계수의 숫자, 선의 숫자, C2)를 뺀 값이다. 정보의 수는 상관행렬의 개수(6)이다. 미지수는 변수 Y전까지 연결된 선의 개수, 6개를 말한다. 따라서 모형은 자유도가 0(6-6)이므로 완전 포화모형(The Model is Saturated, the Fit is Perfect!)임을 알 수 있다.

3) 이어 각 경로계수의 유의성을 판단하기 위해서 구조방정식(Structural Equations)의 결과물을 확인한다.

그림 4-15 구조방정식모형과 유의성 여부

```
LISREL Estimates (Maximum Likelihood)
Structural Equations
   Y = 0.333*X1 + 0.533*X2, Errorvar.= 0.427, R² = 0.573
Standerr  (0.0614)   (0.0614)            (0.0491)
```

Z-values	5.431	8.689	8.689
P-values	0.000	0.000	0.000

[결과해석] 리스렐의 추정방법이 다변량 정규분포성(Maximum Likelihood)을 가정으로 운용되었음을 알 수 있다. 구조방정식모형은 Y = 0.333*X1 + 0.533*X2이다. 오차분산량은 42.7%이고 설명력(R^2)은 57.3%임을 알 수 있다. X1(동료관계)의 표준오차(Standerr)는 0.0614이다. Z통계량(Z-values)은 5.431이다. 이에 대한 유의확률은 0.000이다. 유의확률이 $\alpha = 0.05$보다 작기 때문에 동료관계가 직무만족을 결정하는 유의한 변수임을 알 수 있다. 또한 X2(근무환경)변수도 $\alpha = 0.05$ 수준에서 유의한 변수임을 알 수 있다.

연·습·문·제

01. 회귀분석의 기본개념과 목적을 설명하라.

02. 다음 연구모델은 사회경제지수(Socio-Economic Index)가 삶의 만족도에 어떠한 영향을 미치는지 알아보기 위해서 회귀분석을 실시하기로 한다. 연구모형과 상관행렬을 나타낸 것이다. LISREL 프로그램으로 회귀분석을 실시한 뒤 분석결과를 설명하라.

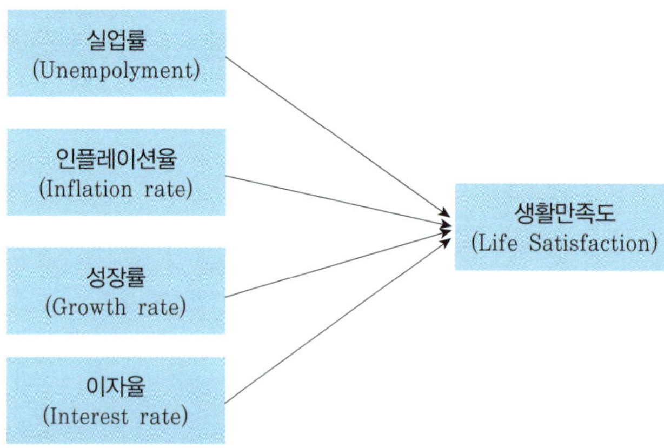

	Life Satisfaction(#1)	Unemployment (#2)	Inflation rate (#3)	Growth rate (#4)	Interest rate (#5)
#1	1				
#2	−0.138	1			
#3	−0.187	0.021	1		
#4	−0.174	−0.150	−0.358	1	
#5	−0.174	0.247	0.842	−0.341	1

知止而后有定 定而后能靜 靜而后能安 安而后能慮 慮而后能得

머물 곳을 안 뒤에 방향을 정할 수 있고, 방향을 정한 후에 고요해진다.
고요해진 후에 편안해지며 편안해진 후에 고요할 수 있으며 고요해진 후에 편안해지며,
편안해진 후에 생각할 수 있고, 생각을 하고 난 뒤에 얻을 수 있다.
-대학-

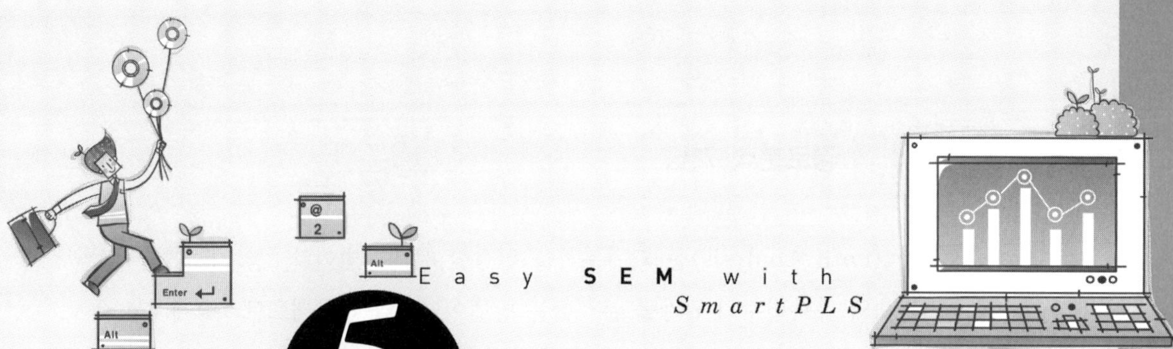

Easy **SEM** with *SmartPLS*

5 Chapter

경로분석 (Path Analysis)

Chapter 5

경로분석(Path Analysis)

제 1 절 경로분석 개념

경로분석(Path Analysis)은 회귀분석을 연장한 분석방법이다. 경로분석은 다양한 독립변수와 종속변수의 관계를 분석하는 방법이다. 일반 통계프로그램에서는 독립변수가 여러 개이고 종속변수가 하나인 경우에만 회귀분석이 가능하다. 아니면 복잡한 연구모형의 분석은 2단계 최소자승법(2-Stage Least Squared)을 이용할 수 있다. 2단계 최소자승법은 회귀분석방법을 연속적으로 이용하는 방법이다. 경로분석은 회귀분석의 대체가 아닌 회귀분석의 보완적인 분석방법이다. 반면에 구조방정식 모델분석 프로그램에서는 독립변수가 여러 개이고 종속변수도 여러 개인 경우에 분석이 가능하다. 이러한 이유로 경로분석을 동시방정식모형(Simultaneous Equation Model)이라고도 부른다.

연구자는 논리적인 배경과 경험적인 사실에 의해서 경로도형 모형을 구축하는 것이 중요하다. 경로분석 모형구축에서 심각하게 고민해 봐야 할 사항은 변수 간의 시간적인 우선순위이다. 경로분석은 측정변수 간의 경로설정은 하나하나에 혼신의 힘을 쏟아야 한다. 아무리 좋은 분석결과가 나왔다고 하더라도 논리적인 구조가 엉성하면 훌륭한 연구로 인정받을 수 없다. 연구자는 책읽기와 논문읽기를 통해서 이론을 축적하고 실생활의 경험을 통해서 탄탄한 경로모형을 구축할 필요가 있다.

다음 예시는 그간 학생들을 가르치면서 저자가 경험한 사실을 그림으로 형상화해 놓은 것이다. 학생들의 읽기부족은 학력저하, 사회진출에 대한 두려움을 가져온다. 개념파악능력부족은 학력저하, 사회화능력부족 등을 가져온다. 또한 학력저하는 사회진출두려움, 사회화능력부족을 가져오는 것을 확인하였다.

그림 5-1 | 경로분석모형

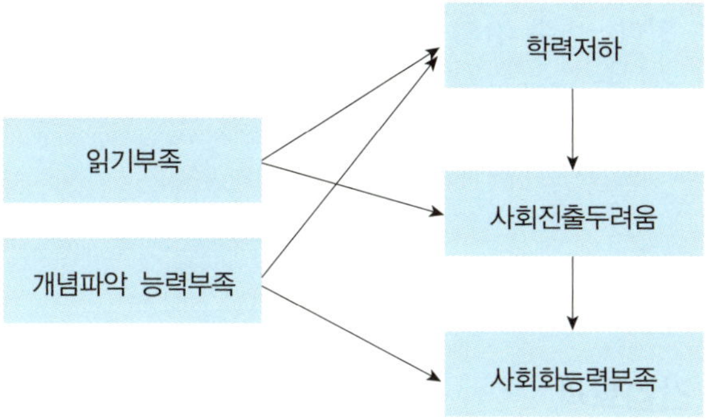

이 연구모형을 실증분석하려면 우선 직접조사를 실시해야 한다. 이를 위해서는 설문지를 작성하여야 한다. 회귀분석의 연장인 경로분석에서는 정량적인(등간척도, 비율척도) 독립변수와 정량적인 종속변수(등간척도, 비율척도)를 이용한다.

경로분석에는 공분산행렬이나 상관행렬 자료가 이용된다. 공분산행렬은 편차제곱의 합을 말한다. 상관행렬은 공분산을 해당 변수의 표준편차로 나눈 값이다. 즉 상관행렬에 나타난 상관계수는 공분산을 표준화한 값이라고 생각하면 된다. 표준화한 값의 평균은 0이고 표준편차는 1이다.

제2절 경로분석 기본가정

경로분석은 기본가정에서 출발한다. 첫째, 변수들 간의 연결(구조)은 선형적(linear)이고 부가적(additive)이다. 이는 변수들 간의 연결구조는 직선적이고 다음 변수의 경로계수는 앞의 영향력을 받는 것을 말한다. 둘째, 경로분석에서 하나의 측정변수가 잠재요인이 된다. 하나의 측정변수가 여러 측정변수를 대변하는 잠재요인임을 가정한다. 셋째, 경로분석에서는 측정오차가 없다. 경로분석에서는 측정오차가 없음을 가정하기 때문에 측정오차 사이의 상관성도 없다. 측정오차는 연구자가 추상적인 설문지를 만드는 경우에 발생한다. 추상적인 내용이 담긴 설문지에 응답자들이 부정확한 답변을 할 가능성이 높다. 연구자는 제대로 된 설문지를 제작해야 한다. 즉, 변수의 측정이 완벽함을 나타낸다. 넷째, 변수와 변수 연결경로는 전진방향이고 후행하는 경로연결은 없다. 변수 간의 연결은 앞방향으로 진행하며 화살표로 연결하고 후행하는 경우는 없다. 이것은 한번 진행한 화살표는 역방향으로 진행할 수 없음을 의미한다.

제 3 절 직접효과와 간접효과

3.1 직접효과

경로분석에서는 총효과(간접효과, 직접효과)에 대한 언급이 중요하다. 경로분석에서 총효과는 직접효과와 간접효과의 합을 말한다. 직접효과(direct effect)는 독립변수가 종속변수의 증감에 영향을 미치는 경우를 의미한다. 다음 그림에서 직접효과는 a, b, c가 해당한다.

그림 5-2 직접효과

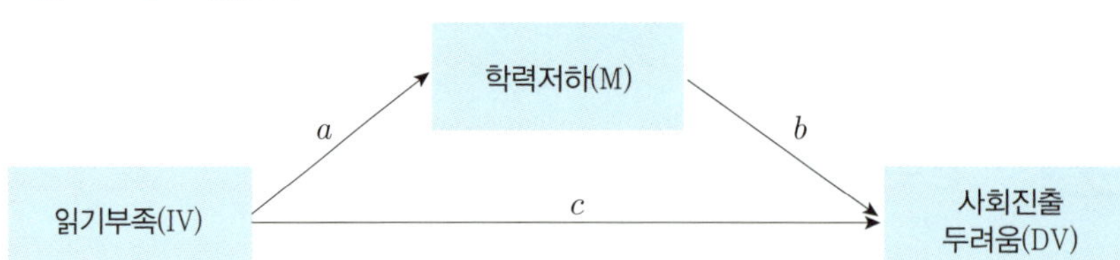

각각의 직접경로는 다음과 같다. 읽기부족(IV)이 학력저하(M)에 미치는 영향을 나타내는 경로 'a'이다. 학력저하(M)는 사회진출두려움(DV)에 영향을 미친다. 해당 경로는 'b'이다. 읽기부족(IV)은 사회진출두려움(DV)에 영향을 미친다. 해당경로는 'c'이다.

3.2 간접효과

1) Baron, Kenney의 방법

간접효과(indirect effect)는 독립변수의 효과가 하나 이상의 매개변수(mediator variable), 매개요인(mediator factor)에 매개되어 종속변수나 종속요인에 영향을 미치는 경우를 말한다.

앞의 [그림 5-2]에서 보면, 읽기부족(IV)은 학력저하(M)를 거쳐 사회진출두려움(DV)에 유의한 영향을 미치는 것으로 나타났다. 학력저하(M)는 읽기부족(IV)과 사회진출두려움(DV) 사이에서 매개변수임을 알 수 있다. 여기서, a와 b의 곱($a \times b$)이 간접효과의 크기이다.

읽기부족(IV)과 사회진출두려움(DV)의 상관계수의 크기, 즉 총효과는 다음과 같다.

$$
\begin{array}{ll}
\text{직접효과}: & c \\
\quad + & \\
\text{간접효과}: & a \times b \\
\hline
\text{총효과}: & c + (a \times b)
\end{array}
\qquad (\text{식 } 5\text{-}1)
$$

Baron, Kenney(1986)가 제시하는 간접효과(IV → M → DV)의 유의성을 검정하는 방법을 알아보기로 한다. 우선 매개효과 또는 간접효과는 변수 또는 요인 사이의 유의한 관련성이 있어야 한다. 이론적으로 학력저하(M)변수가 읽기부족(IV)과 사회진출두려움(DV)변수 사이의 관계를 완벽하게 설명할 수 있으면 완전매개(complete mediation)라고 한다. 만약에 학력저하(M)변수가 읽기부족(IV)과 사회진출두려움(DV)변수 사이의 관계를 설명할 수 없으면 부분매개(partial mediation)라고 부른다.

분석자는 매개효과가 존재한다면 완전매개(complete mediation)가 존재하는지 부분매개(partial mediation)가 존재하는지 몇 가지 방법으로 확인해야 한다. 우선, 경로계수 'c'가 0에 가까운 수로 완전매개한다면, 구조방정식모델은 경로 a, b에 의해서만 설명됨을 알 수 있다. 다시 말하면 독립변수(IV)와 종속변수(DV) 사이에는 직접경로가 없음을 나타낸다. 만약, 읽기부족(IV)변수 → 학력저하(M)변수 → 사회진출두려움(DV)변수 간의 경로를 나타내는 모형(1번모형)적합도가 우수하다면 학력저하(M)변수는 매개역할을 하는 것을 지지하게 되는 것이다. 추가적으로 1번모형은 읽기부족(IV)과 사회진출두려움(DV)변수 사이 'c'경로 추가 시 모형(2번모형)과 비교하여야 한다. 2번모형의 적합도 증가정도($\Delta\chi^2$) 유의하다면 완전매개는 지지받지 못한다. 1번모형과 2번모형이 유사한 χ^2를 보인다면 매개효과가 있다고 설명한다.

매개효과의 검정은 구조방정식모델이나 다중회귀분석의 일반선형모델(GLM : general linear model)에서 적용할 수 있다.

1단계 개별경로가 통계적으로 유의해야 한다. 읽기부족(IV)이 학력저하(M)에 미치는 영향을 나타내는 경로 'a'가 유의해야 한다. 학력저하(M)는 사회진출두려움(DV)에 영향을 미치는 경로는 'b'가 유의해야 한다. 읽기부족(IV)은 사회진출두려움(DV)에 영향을 미치는 경로 'c'도 유의해야 한다.

2단계 1번모형(읽기부족(IV) → 학력저하(M) → 사회진출두려움(DV))과 2번모형(읽기부족(IV) → 학력저하(M) → 사회진출두려움(DV), 읽기부족(IV)→ 사회진출두려움(DV) 동시연결)을 비교해야 한다. 1번모형과 비교하여 전체 경로를 모두 연결한 2번모형을 비교할 때,

- 학력저하(M)는 읽기부족(IV)과 사회진출두려움(DV)의 경로 c가 여전히 유의하거나 변화가 없다면 매개효과는 지원되지 않는다. 경험적으로 보면, 간접효과가 0.08 이하인 경우는 통계적으로 유의하지 않을 정도로 미미함을 알 수 있다.
- 학력저하(M)변수가 예측변수로 추가되었을 때, 경로 c가 줄어들었으나 유의정도는 남아 있다면 부분매개(partial mediation)를 한다고 한다.
- 학력저하(M)변수가 예측변수로 추가되었을 때, 경로 c가 통계적으로 유의하지 않을 때 완전매개(full mediation)를 한다고 한다.

2) Sobel검정

독립변수(요인)가 매개(변수)요인을 통해 종속변수(요인)에 미치는 효과, 즉 간접

효과($a \times b$)의 통계적 유의성은 간접효과를 간접효과의 표준오차(Sab)의 비율, 즉 일종의 검증통계치 Z를 사용한다. Sobel 검정은 변수가 정규분포를 따른다는 가정을 만족하는 경우에 사용한다. 이것을 일명 '소벨 테스트(Sobel test)'라고 한다.

그림 5-3 ▌ 매개변수

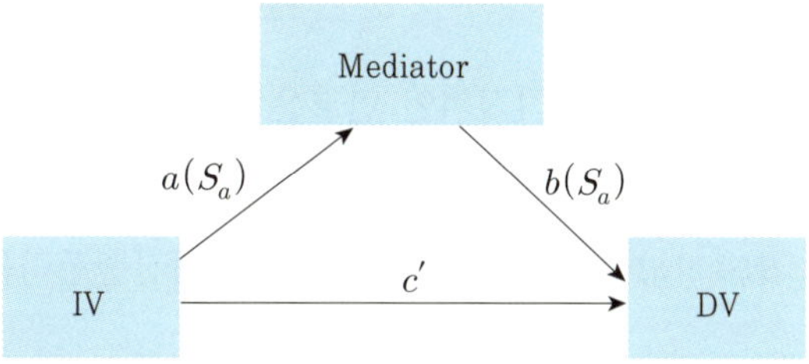

여기서, IV는 독립변수, DV는 종속변수, Mediator는 매개변수, a, b, c는 비표준화계수, S_a, S_b는 표준오차를 나타낸다.

분석자는 Sobel 통계량을 구해서 다음과 같은 방법에 의해서 매개효과를 검정한다.

$$\text{Z통계량} = \frac{a \times b}{\sqrt{(b_2 \times S_a^2) + (a_2 \times S_b^2)}} \qquad (\text{식 } 5\text{–}2)$$

첫째, 점추정을 이용할 때는 |Z|가 ±1.96보다 크면 간접효과는 유의수준 5%에서 통계적으로 유의한 것이다($p < \alpha = 0.05$). 분석자는 http://quantpsy.org/sobel/sobel.htm을 방문하여 쉽게 간접효과의 유의확률을 계산할 수 있다. 분석자는 아래 Input란에 해당자료를 입력하고 Calculate 단추를 누르면 된다. 그러면 자동적으로 p-value를 구할 수 있다.

그림 5-4 ▌ Sobel검정 p-value 계산하기

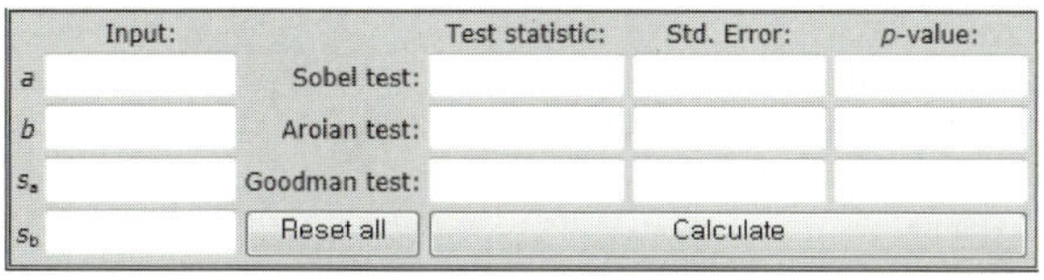

둘째, 신뢰구간을 이용하는 구간추정을 이용할 수도 있다. 신뢰구간을 구하는 식, $a \times b \pm 1.96 \cdot S_{ab}$을 이용하여 구하였을 경우, 그 신뢰구간 안에 0이 들어가 있지 않으면 간접효과는 유의수준 5%에서 통계적으로 유의한 것이다.

3.3 의사효과

의사효과(spurious effect)는 독립변수가 직접적인 연결은 없으나 제3의 변수에 의해서 동시에 영향을 받는 경우이다. 학력저하(M)와 사회진출두려움(DV) 간의 의사효과는 여기서, a와 c의 곱($a \times c$)이다. 학력저하(M)와 사회진출두려움(DV) 간의 총효과는 다음과 같다.

직접효과 : b (식 5-3)
+
의사효과 : $a \times c$

총효과 : $c + (a \times c)$

제 4 절 리스렐 프로그램 실행

4.1 예제

읽기부족은 생각의 부족, 말의 부족, 행동부족을 가져온다. 읽기부족(IV), 학력저하(M), 사회진출두려움(DV) 등의 관계를 알아보기 위해서 학생 10명을 조사한 자료이다. 이에 대한 자료와 연구모형은 다음과 같다.

표 5-1 데이터 조사

IV	M	DV
3	3.2	4
4	3.5	4

2	2.5	3
5	4.1	4
3	3.6	3
4	3.7	4
1	2	2
2	2	2
3	3.5	3
4	3.9	4

그림 5-5 | 연구모형

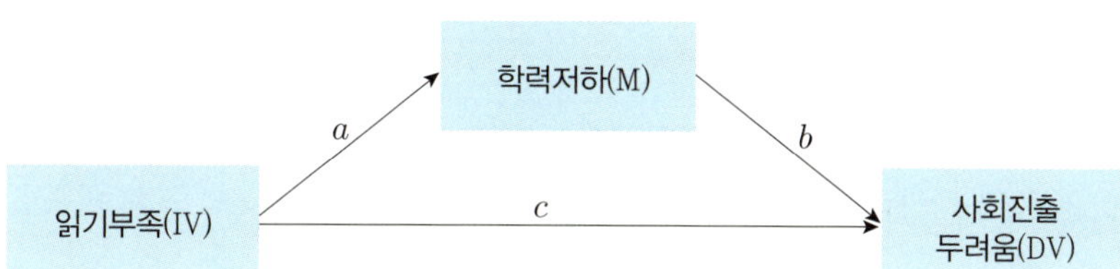

4.2 리스렐 실행

1단계 데이터를 EXCEL창에 입력한다.

그림 5-6 | EXCEL창 입력

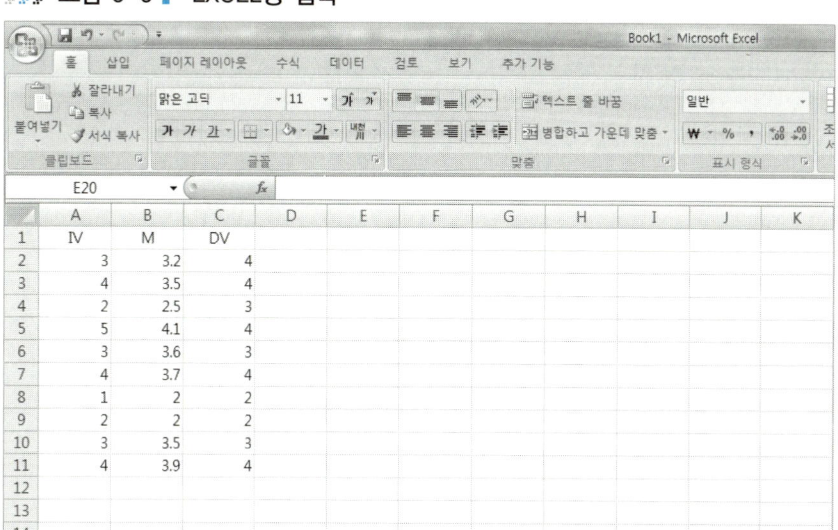

2단계 EXCEL창에서 데이터 → 데이터분석 → 상관분석을 지정한다. IV(읽기부족), M(학력저하), DV(사회진출두려움)를 지정하고 상관분석을 실시한다. 상관분석 결과의 범위를 지정하고 복사한다.

그림 5-7 ▌ 상관행렬

	IV	M	DV
IV	1.000		
M	0.923	1.000	
DV	0.868	0.847	1.000

3단계 LISREL 프로그램을 실행한다. File → New → Syntax Only창을 누른다. 이어 다음과 같은 명령문을 입력한다.

그림 5-8 ▌ 총효과 산출 명령문

```
Path Analysis
Observed variables: IV M DV
Correlation Matrix
1
0.923 1
0.868 0.847 1
Path Diagram
Equations: DV = IV M
           M = IV
Sample Size: 10
Lisrel output: EF
End of Problem
```

[데이터] total effect.LS

여기서, Lisrel output : EF(Effect)는 총효과(직접효과+간접효과)를 산출하기 위한 명령문이다.

4단계 (Run Lisrel)단추를 눌러 실행한다. 그러면 다음과 같은 결과가 산출된다.

4.3 결과해석

그림 5-9 ▌ 경로분석

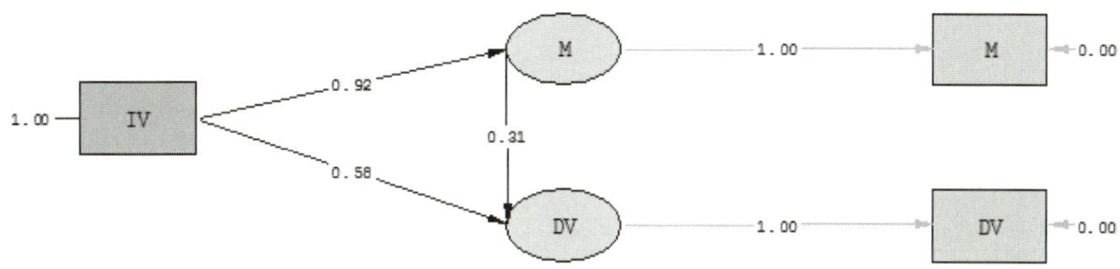

Chi-Square=-0.00, df=0, P-value=1.00000, RMSEA=0.000

[결과해석] 경로분석 결과, 각 경로별 표준화 계수가 나와 있다. 경로분석에서 카이자승(χ^2)=0, 자유도(df)=0, 이에 대한 유의확률(P-value)은 1임을 알 수 있다.

그림 5-10 ▌ 총효과와 간접효과

```
                    Total and Indirect Effects
 Total Effects of X on Y
         IV
 ---------
 M       0.923   ←——— 경로계수
        (0.115)  ←——— 표준오차
         7.995   ←——— Z값

 DV      0.868
        (0.149)
         5.827

 Indirect Effects of X on Y
 IV
 ---------
 M        - -
```

```
DV      0.286
       (0.349)
        0.819

Total Effects of Y on Y
         M          DV
    ---------   --------
M        - -        - -

DV      0.310       - -
       (0.376)
        0.824
```

[결과해석] 상관분석의 내용과 LISREL 결과분석 내용을 정리하면 다음 표와 같다.

표 5-2 총효과 분해

	IV-M	M-DV	IV-DV
총효과(상관계수)	0.923	0.847	0.868
직접효과	0.923	0.310	0.58
간접효과	–	–	0.286 ← 간접효과 (0.349) ← 표준오차 0.819 ← Z값
의사효과		0.537 (0.92×0.58)	

총효과는 세 변수의 상관계수와 동일하다. IV(읽기부족)–DV(사회진출두려움) 간의 간접효과는 0.2852(0.92×0.31)이다. 표준오차는 0.349이다. 간접효과 경로계수를 표준오차로 나눈 값이 Z값(0.819)이다. Z값이 ±1.96보다 작기 때문에 간접효과(매개효과)는 통계적으로 유의하지 않음을 알 수 있다. 즉, 간접효과는 유의하지 않다는 귀무가설을 채택하게 된다.

H_0 : 간접효과는 유의하지 않다.

H_1 : 간접효과는 유의하다.

참·고·문·헌

• Baron, R. M., Kenney, D. A.(1986), The Moderator-Mediator Variable Distinction in Social Psychological Research: Conceptual, Strategic and Statistical Considerations, *Journal of Personality and Social Psychology* 51, 1173-1182.

연 · 습 · 문 · 제

01. 경로분석의 개념과 경로분석의 기본가정을 설명하여라.

02. 아래 내용을 연구모형화 해보고 각자 토론해 보자.

> 자녀의 비만은 부모로부터 대물림된다는 연구 결과가 나왔다. 그러나 '유전적 요인'보다는 '부모의 나쁜 생활습관'이 자녀 비만에 더 큰 영향을 미치는 것으로 나타났다. 인제대 백병원 가정의학과 강재헌 교수팀은 14일 발표한 논문에서 "초등학교 1~4학년 1,504명을 2008년과 2010년에 잇따라 조사해 체질량지수(BMI)에 영향을 주는 요소를 추적한 결과 이 같은 결과를 도출했다"고 말했다. 자녀 비만은 유전적 요인이 30% 정도고, 나머지 70%는 잦은 군것질, 수면 부족 등 환경적 요인이라는게 강 교수 설명이다. 체질량지수는 몸무게(㎏)를 키(m)의 제곱으로 나눈 값으로, 비만 정도를 나타내는 지표다.
>
> 논문에 따르면 비만은 고학년으로 올라갈수록 유전적 요인보다는 생활습관에 영향을 더 많이 받았다. 1학년 학생은 부모 체질량지수 정도만 학생 비만에 영향을 끼쳤지만, 4학년은 부모 체질량지수 외에도 ▲ 짧은 수면시간 ▲ 고지방식 섭취 등이 비만에 영향을 끼쳤다. 유전적 요인 가운데에서는 특히 어머니가 비만일 경우 아버지가 비만인 경우보다 자녀 비만도에 더 큰 영향을 미치는 것으로 조사됐다. 강재헌 교수는 "비만인 부모들은 자녀도 비만이 될 가능성이 크기 때문에 자녀들의 생활습관을 바로잡는 데 더 힘써야 한다"고 말했다.
>
> 자료 : 김성모(2013, 1, 15), 조선일보

목적없는 사람은 방향타 없는 배와 같다.
-토머스 칼라일(Thomas Carlyle)-

Easy **SEM** with *SmartPLS*

6
Chapter

모델의 적합도평가와 경로 간 유의성평가

Chapter

6 모델의 적합도평가와 경로 간 유의성평가

제 1 절 모델의 적합성평가

연구자는 자신이 수립한 연구모델이 실제자료와 일치하는지 여부를 판단하여야 한다. 연구모델과 실제자료와의 일관성 여부 판단이 모델 적합성 평가이다. 모델의 적합성 평가에 이어 연구자는 각 잠재요인 간의 유의성 평가를 하면 된다. 이 순서는 회귀분석의 결과해석 절차와 유사하다. 회귀분석에서는 전체 추정회귀식의 유의성을 F분포표(분산분석표)를 이용하여 판단한다. 이어 개별경로의 유의성은 t값(비표준화계수/표준오차)으로 한다. t값이 ±1.96보다 크면 해당 경로는 유의하다고 해석한다.

표 6-1 모형 적합성 및 경로 유의성 평가

회귀분석	구분	구조방정식모델	
F분포표 $P<\alpha=0.05$, R^2=0.4 이상	모델의 적합성	절대적합지수	χ^2, GFI(0.9 이상), AGFI(0.9 이상), RMR(0.05 이하), χ^2/df(3 이하)
		증분적합지수	NFI(0.9 이상), NNFI(0.9 이상)
		간명적합지수	AIC(낮을수록 모델의 설명력이 우수하며 간명성 높음)
t값 > ±1.96	경로의 유의성 평가	Z값 > ±1.96, t값 > ±1.96	

모형의 적합성을 평가하는 지표에 대해 학자마다 의견이 분분한 것이 사실이다. 그럼에도 불구하고 구조방정식모델에서 모형의 적합성을 인정받아야 논문화할 수

있는 길이 열리는 것이다. 모형으로서 가치를 인정받으려면 기본 필요조건을 만족해야 한다. 구조방정식모델 분석결과를 논문화하는 데 자주 사용하는 지수를 위주로 설명하기로 한다.

1.1 절대적합지수

절대적합지수(Asoult Fit Measure)는 표본공분산행렬과 연구모형에서 도출된 공분산행렬 간의 적합정도를 나타내는 지표이다.

■ χ^2통계량

연구모형의 적합지수를 절대지수로 나타내는 데 사용되는 지수이다. 여기에 해당하는 것은 χ^2통계량, GFI, AGFI, RMR, χ^2/df(3 이하) 등이 있다.

χ^2통계량은 모형의 적합성 판단에 사용되며, 다음 식에 의해서 계산된다.

$$\chi^2=(N-1)\cdot(S-\Sigma(\theta)) \qquad \text{(식 6-1)}$$

여기서, N=표본의 수, S=표본의 상관행렬, $\Sigma(\theta)$=모수상관행렬

χ^2의 귀무가설과 연구가설은 다음과 같이 설정한다.

H_0 : 연구모형은 모집단 자료에 적합하다.

H_1 : 연구모형은 모집단 자료에 적합하지 않다.

만약, χ^2통계량의 확률(p)이 $\alpha=0.05$보다 크면 연구모형은 적합하다는 귀무가설을 채택하게 된다. χ^2통계량의 확률(p)이 $\alpha=0.05$보다 작으면 귀무가설을 기각하고 "연구모형은 모집단 자료에 적합하지 않다"는 연구가설 채택하게 된다.

χ^2통계량은 오른쪽꼬리분포를 보인다. $\alpha=0.05$ 수준에서 χ^2통계량을 나타내면 다음 그림과 같다.

그림 6-1 카이자승통계량 가설채택 여부

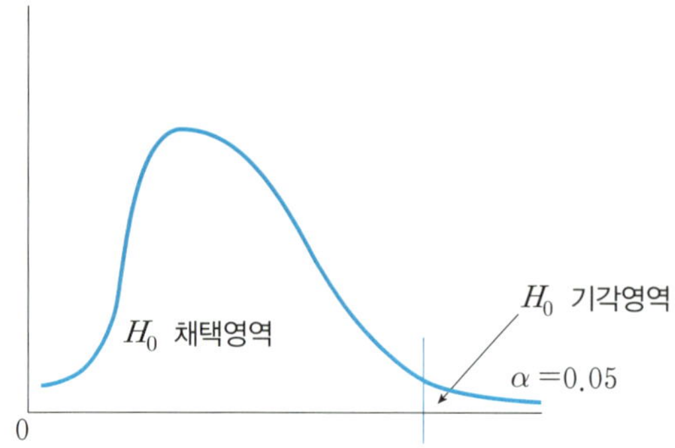

앞의 식에서 나타난 것처럼, 표본의 수(N)에 따라 민감하게 달라진다. 즉 표본의 수가 크면 카이자승의 값은 0보다 커지게 마련이다. 또한 χ^2통계량은 표본의 상관행렬과 모수상관행렬의 간극이 커질수록 큰 값을 갖는다. 이런 경우의 확률(p)은 $\alpha = 0.05$보다 작을 여지가 많다. 따라서 표본수가 너무 많다고 반드시 좋은 것도 아니다. 약 200개 정도면 적당하다.

■ 자유도(df)

구조방정식모델에서는 자유도(df : degree of freedom)가 도출된다. 자유도는 모형의 간명성 여부를 나타낸다. 자유도는 다음과 같은 식에서 계산된다.

자유도(df)=정보의 수−미지수의 수(경로계수의 수) (식 6-2)

정보의 수는 상관행렬이나 공분산행렬의 개수이다. 미지수란 연구자가 구조방정식모델에 나타낸 선이 숫자이다. 다음 그림을 통해서 설명하기로 한다.

그림 6-2 ▌ 자유도 계산

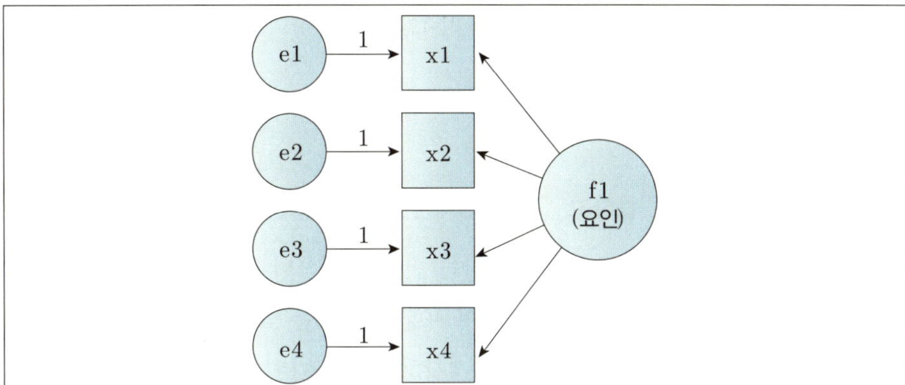

정보의 수$=\frac{k \cdot (k+1)}{2}=\frac{4 \cdot (4+1)}{2}=10$

	x1	x2	x3	x4
x1	1			
x2	*	1		
x3	*	*	1	
x4	*	*	*	1

미지수의 수(경로계수의 수, 화살표 개수의 숫자)=8

위의 그림에서 측정변수에 대한 상관행렬의 수가 정보의 수가 된다. 여기서는 10이다. 미지수 화살표의 숫자는 8이다. 따라서 여기서의 자유도는 2(정보의 수 10 − 미지수 8)이다.

■ GFI

적합도지수(GFI : Goodness of Fit Index)는 모형의 적합도를 평가하는 데 자주 사용한다. 적합도지수는 표본자료의 상관행렬과 모형추정 상관행렬을 이용한 모형의 설명력을 나타내는 지수이다. 이는 회귀분석에서 모형의 설명력을 나타내는 결정계수(R^2)와 유사하다.

$$GFI = 1 - \frac{F_k}{F_0} \qquad \text{(식 6-3)}$$

$$GFI = 1 - \frac{\text{모형적합 이후의 적합함수의 최소함수}}{\text{모형적합 전의 적합함수의 값}} \qquad \text{(식 6-4)}$$

여기서, F_k=자유도 k개를 사용한 모형($S-\Sigma_k$)의 최소함수치

F_0=모든 모수가 0(모든 관련이 없는)인 적합함수

$\frac{F_k}{F_0}$은 회귀분석에서 $\frac{SSE}{SST}$(설명불가능 영역/총합)과 유사하다. 연구모형은 $\frac{F_k}{F_0}$ 값이 작을수록 적합도가 높다고 할 수 있다.

적합도지수는 χ^2과 달리 표본의 크기와는 관련이 없으나 정규분포성에는 엄격하다. 정규분포성은 표본의 크기에 민감하여 표본의 크기는 약 200개 이상이면 적합하다. 통상적으로 GFI가 0.9 이상이면 적합하다고 판단할 수 있다.

■ AGFI

AGFI(Adjusted Goodness of Fit Index)는 회귀분석에서 조정된 R제곱과 같은 의미의 값이다.

$$AGFI = 1 - \left[\frac{k \cdot (k+1)}{2 \times df}\right](1 - GFI) \quad \text{(식 6-5)}$$

여기서, k=변수의 수, df=자유도, GFI=적합도지수

AGFI는 회귀분석의 조정된 결정계수라고 할 수 있다. AGFI는 0.9 이상이면 연구모형은 적합하다고 평가한다.

몬테카를로 시뮬레이션 결과, 앞에서 언급한 GFI와 마찬가지로 AGFI는 표본수에 따라 달라지는 것으로 나타났다. 즉, 소표본인 경우는 값들이 작아지고 대표본(n>100)인 경우는 커진다.

■ RMR

RMR(Root Mean Square Residual)은 입력 공분산행렬의 원소와 추정공분산행렬 원소의 평균제곱잔차 제곱근을 말한다. 이는 자료에 대한 기본 입력공분산행렬과 재생산공분산행렬 간의 원소차이를 나타낸 값이다. RMR이 0이라면 모든 잔차가 0이어서 완벽한 적합을 보임을 알 수 있다.

$$RMR = \sqrt{2\sum_{i=1}^{k}\sum_{j=1}^{k}\frac{(S_{ij}-R_{ij})^2}{k(k+1)}} \qquad \text{(식 6-6)}$$

여기서, S_{ij}=입력공분산의 i행 j열의 값(원소)
R_{ij}=모형으로 추정된 공분산 행렬의 i행 j열의 값(원소)
k =측정변수의 수

RMR값이 0.05 이하이면 연구모형은 적합하다고 판단할 수 있다. RMR값은 0에 가까울수록 적합모형이라고 판단할 수 있어 이 지표는 모형 간의 적합도 비교에 유용하게 사용된다.

■ χ^2/df

이 지표는 χ^2를 자유도(df)로 나눈 값이다. 이 지표는 자유도의 증감에 따른 χ^2 자료의 변화를 보여주는 것이다. 비율이 '1'에 가까울수록 제시된 모형과 자료 사이에는 높은 적합도를 보여준다. 일반적으로 500 이상의 표본에서 χ^2/df이 3 이하인 경우이면 모델의 적합도는 높다고 할 수 있다.

1.2 증분적합지수

증분적합지수는 기초모델(null model 또는 independent model)과 제안모델(proposed model) 간의 비교를 통해서 모델의 개선 정도를 파악하는 지수이다. 여기서 기초모델은 측정변수 사이에 공분산 또는 상관관계가 없는 모델로 독립모델이라도 불린다. 제안모델은 이론적인 배경하에서 연구자가 구축한 모델이라고 할 수 있다.

■ NNFI

NNFI(Non-Normed Fit Model)는 분자인 기초모델과 제안모델 간의 차이를, 분모인 기초모델에서 1을 차감한 비율로 비표준적합지수이다. NNFI를 Turker-Lewis Index라고도 부른다. NNFI가 0.9 이상이면 연구모델은 적합하다고 할 수 있다.

$$NNFI = \frac{\chi_0^2/df_0 - \chi_p^2/df_p}{\chi_0^2/df_0 - 1} \qquad \text{(식 6-7)}$$

여기서, χ_0^2 =기초모델의 카이자승치, df_0 =기초모델의 자유도

χ_p^2 =제안모델의 카이자승치, df_p =기초모델의 자유도

NNFI는 표본의 크기에 영향을 받지 않는 지수로 소표본이든 대표본이든 상관없이 거의 비슷한 값을 갖는다.

■ NFI

NFI(Normed Fit Index)는 표준적합지수이다. 분자인 기초모델의 χ_0^2과 제안모델 χ_p^2 간의 차이를 기초모델의 χ_0^2로 나눈 값이다. 0.9 이상이면 적합한 모델로 판단할 수 있다.

$$\text{NFI} = \frac{\chi_0^2 - \chi_p^2}{\chi_0^2} \qquad \text{(식 6-8)}$$

여기서, χ_0^2 =기초모델의 카이자승치, χ_p^2 =제안모델의 카이자승치

1.3 간명적합지수

간명적합지수(Parsimonious Fit Index)는 연구자가 제안모형의 적합성과 모형이 어느 정도 간단한지를 판단하는 지표이다. 간명적합지수는 PGFI, PNFI, AIC 등이 있다. PGFI와 PNFI는 높을수록 좋다. 반면에 AIC는 낮을수록 모형의 간단한 정도, 즉 간명성이 높다고 판단한다.

$$\text{AIC} = \chi^2 + 2r \qquad \text{(식 6-9)}$$

여기서, χ^2=제안모형의 카이자승 통계량, r=자유모수의 수

AIC는 경쟁모델을 비교하여 선택할 때 낮은 값을 판단기준으로 삼을 수 있어 유

용하다.

정리하면, 앞에서 언급한 지표들은 구조방정식모델 분석결과물로 논문작성이나 보고서 작성과정에 제시해야 할 것들이다. 즉, 전체적인 숲(연구모형)과 나무들(데이터)의 어울림 상태를 나타내는 절대적합지수와 증분적합지수를 언급하면 된다. 모델의 적합도와 간명성까지 비교하는 모델경쟁전략을 구사할 경우는 간명적합지수를 함께 판단하면 된다. 절대적합지수, 증분적합지수, 간명적합지수 등은 다음에서 다룰 확인요인분석이나 이론모형분석 단계에서 제시해야 하는 결과물이다.

제 2 절 구조방정식모델 분석 2단계

구조방정식모델은 통상적으로 2단계 접근법에 의해서 분석을 실시한다(Anderson, Gerbing, 1988). 1단계는 확인요인분석이다. 2단계는 이론모형분석이다.

그림 6-3 ▌ 구조방정식모델 분석 2단계

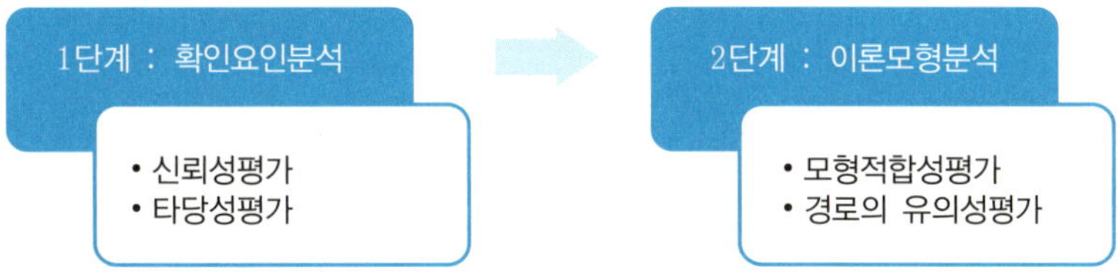

2.1 1단계 : 확인요인분석

요인분석은 탐색요인분석과 확인요인분석 두 종류가 있다. 탐색요인분석은 사전에 특별히 가정을 하지 않은 상태에서 정보의 손실을 최소화하는 방법이다. 탐색요인분석에서는 변수의 성격을 통해서 요인명칭을 찾아내고 분산분석, 회귀분석, 판별분석 등 2차 분석에 목적이 있다.

반면에 확인요인분석(CFA : Confirmatory Factor Analysis)은 측정모델이 어떤 변수에 의해 측정되어져 있는가를 확인하는 방법이다. 확인요인분석 단계에서 연구자는 신뢰성과 타당성을 평가하게 된다. 확인요인분석은 사전에 요인을 구성하는 변수들을 설정한다. 확인요인분석은 요인과 변수들의 관련성을 확인하는 절차이다. 이 분석을 통해서 신뢰성과 타당성을 언급할 수 있다.

그림 6-4 ▌ 탐색요인분석과 확인요인분석

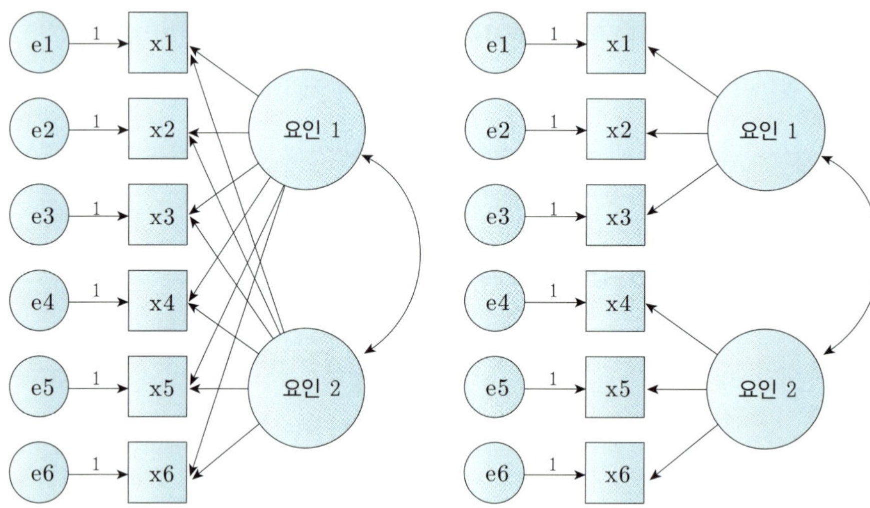

(a) 탐색요인분석　　(b) 확인요인분석

(1) 신뢰성

신뢰성은 측정문항의 일관성을 나타낸다. 신뢰성은 동일한 요인에 대해 측정을 반복하였을 때 동일한 값을 얻을 가능성을 말한다. 측정상에서 총분산은 참분산과 오차분산의 합이다. 신뢰성이란 총분산 중 참분산이 차지하는 비율이다. 논문화를 하는 과정에서 신뢰성을 구하는 방법은 두 가지가 있다. 한 가지는 SPSS 프로그램에서 Cronbach's alpha를 구하는 방법, 다른 한 가지는 구조방정식모델에서 표준적재치와 오차항을 통해서 신뢰성을 계산하는 방법이다. 먼저, Cronbach's alpha를 구하는 식을 나타내면 다음과 같다.

$$\alpha = \frac{k}{k-1}\left(1 - \frac{\sum_{i=1}^{k}\sigma_i^2}{\sigma_i^2}\right) \quad \text{(식 6-10)}$$

여기서, k=항목수, σ_y^2=전체 분산, σ_i^2=각 항목의 분산

Cronbach's alpha의 값이 0.7 이상이면 측정문항의 신뢰성은 높다고 평가할 수 있다.

구조방정식모델에서 확인요인분석에서 신뢰도는 측정변수와 요인 사이의 표준적재치와 오차항을 이용하여 계산한다. 이는 수렴타당성의 평가잣대로 이용된다. 개념신뢰도(CR : Construct Reliability)의 계산식은 다음과 같다.

$$CR = \frac{\left(\sum_{i=1}^{n}\lambda_i\right)^2}{\left(\sum_{i=1}^{n}\lambda_i\right)^2 + \left(\sum_{i=1}^{n}\delta_i\right)} \qquad \text{(식 6-11)}$$

여기서, $\left(\sum_{i=1}^{n}\lambda_i\right)^2$ =표준 요인부하량의 합, $\left(\sum_{i=1}^{n}\delta_i\right)$=측정오차의 합

개념신뢰도가 0.7 이상이면 신뢰도 또는 집중타당성이 높다고 해석할 수 있다. 여기서, 타당성(validity)을 설명하고 있는데 타당성은 연구자가 측정하고자 하는 본래의 개념이나 속성을 정확히 반영하여 측정하였는가의 문제이다. 구조방정식모델에서 타당성에 관한 내용을 자세히 서술해야 한다.

내용타당성(Content validity 또는 face validity)은 측정문항들이 잠재개념과 요인을 제대로 측정하였는가에 관한 것이다. 내용타당성은 다분히 주관적인 판단에 의존하기 때문에 전문가의 자문을 거쳐 판단하는 것이 바람직하다.

그림 6-5 ▌ 타당성

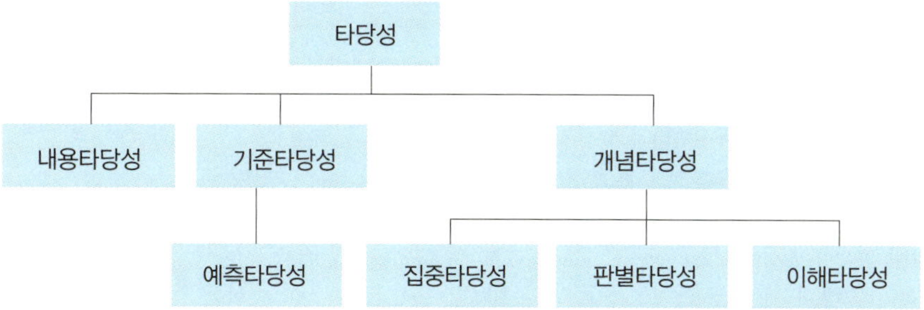

기준타당성(Criterion-related validity)은 예측타당성(predictive validity)과 동일한 내용이다. 한 요인이나 개념의 상태변화가 다른 요인이나 개념의 변화 정도를 예측할 수 있는 정도를 말한다. 연구자는 요인 간의 상관분석결과를 통해서 기준타당성 또는 예측타당성을 평가할 수 있다.

개념타당성(Construct validity)은 논리적이고 이론적인 배경하에서 측정하고자 하는 개념이 정확하게 측정되었는가에 관한 내용이다. 개념타당성은 집중타당성, 판별타당성, 이해타당성으로 판단할 수 있다.

집중타당성(Convergent validity)은 특정 개념을 측정하는 항목들이 한 방향으로 높은 분산비율을 공유하는 경우를 말한다. 집중타당성을 평가하는 방법은 요인부하량, AVE(평균분산추출), 개념신뢰도 등이 있다. 표준요인부하량 0.5 이상이면 문항은 집중타당성이 있다고 판단한다. 요인부하량이 낮은 문항은 삭제하는 것도 고려할 수 있다. 또한 AVE(Average Variance Extracted)는 요인부하량의 제곱합을 요인부하량의 제곱합과 오차분산의 합으로 나는 값이다. AVE값이 0.5 이상일 때 집중타당성이 높다고 판단한다. 이를 식으로 나타내면 다음과 같다.

$$AVE = \frac{\left(\sum_{i=1}^{n} \lambda_i^2\right)}{\left(\sum_{i=1}^{n} \lambda_i^2\right) + \left(\sum_{i=1}^{n} \delta_i\right)} \qquad \text{(식 6-12)}$$

여기서, $\sum_{i=1}^{n} \lambda_i^2$ =요인적재치의 제곱합, $\left(\sum_{i=1}^{n} \delta_i\right)$=측정오차의 합

판별타당성(Discriminant validity)은 요인을 구성하는 측정문항들이 다른 측정항목에 의해 오염되지 않은 정도이다. 즉, 판별타당성은 서로 상이한 개념을 측정하였을 경우, 상관계수가 낮은 경우를 말한다. 이를 구조방정식모델 결과로 판단하는 방법으로는 평균분산추출지수(AVE)와 각 요인의 결정계수를 비교하는 방법, 상관계수와 신뢰구간 사이에 상관계수가 1인 경우가 포함되는지 판단하는 방법, 비제약모델과 제약모델 간 비교하는 방법 등이 있다. 여기서는 Fornell과 Larcker (1981)이 제시한 평균분산추출지수(AVE)와 각 요인의 결정계수를 비교하는 방법

을 설명하기로 한다. 잠재요인의 AVE가 잠재요인 간의 상관계수의 제곱보다 크다면 완전판별타당성이 있다고 해석한다. 만약, AVE가 상관계수의 제곱(r^2)보다 작은 값이 있다면 부분판별타당성을 만족했다고 언급하고 그 다음 단계인 이론모델 분석을 실시하면 된다.

이해타당성(nomological validity)은 특정 개념과 또 다른 특정 개념 사이에 이론적인 연결을 통계적으로 설명할 수 있는지에 관한 것이다. 구조방정식모델에서는 개념과 개념 사이의 상관행렬을 통해서 상관 정도(힘의 크기), 방향성 등을 추론할 수 있다.

2.2 이론모형분석

이론모형분석(SM : Structural Model Analysis)단계는 잠재변수들 간의 영향관계를 파악하는 과정이다. 이때 연구자는 모형의 적합성과 각 경로 간의 유의성을 검정하게 된다. 회귀분석에서는 가설검정통계량으로 t분포를 사용한다. 리스렐 구조방정식모델에서는 σ^2(모분산)을 안다는 가정과 표본의 크기가 충분히 큰 경우($n > 30$)에 해당하므로 t분포 대신 z분포를 사용한다. z통계량은 t통계량의 확장이라고 생각하면 된다. 통계학의 가설검정이나 신뢰구간 추정문제 검정통계량은 일반적으로 표본의 크기와 모분산을 아는가 그렇지 못한가에 따라 달라진다.

표 6-2 검정통계량

모분산인지 여부 / 표본크기	모분산(σ^2)을 아는 경우	모분산(σ^2)을 모르는 경우
표본(n) $\geq$ 30	Z	Z
표본(n) $<$ 30	Z	t

경로계수의 유의성을 판단하기 위한 귀무가설과 연구가설은 다음과 같다.

H_0 : 경로계수는 유의하지 못하다. 또는 ($\beta_i = 0$)

H_1 : 경로계수는 유의하다. 또는 ($\beta_i \neq 0$)

귀무가설의 채택과 기각의 임계치는 95% 신뢰수준, 즉 1−신뢰수준, $\alpha=0.05$에서 ±1.96이다. z통계량이 ±1.96보다 작으면($p>\alpha=0.05$) 귀무가설을 채택하고 ±1.96보다 크면($p<\alpha=0.05$) 귀무가설을 기각하고 연구가설을 채택하게 된다.

그림 6-6 ▌ Z분포와 가설채택 여부

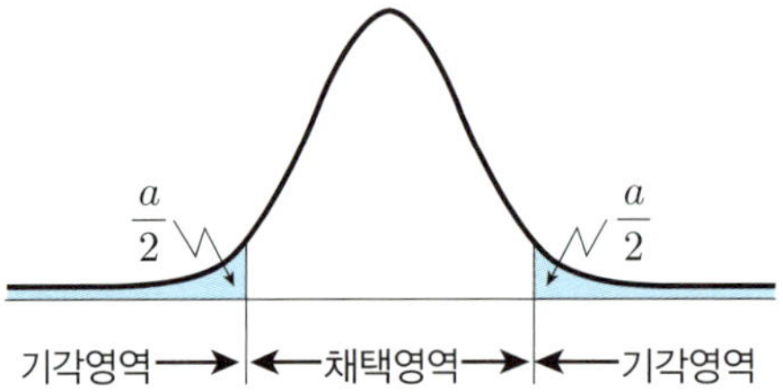

2.3 연구모형과 설문지 예

연구자는 연구모형과 연구가설에 근거한 설문지를 작성하여야 한다. 연구모형과 연구가설은 탄탄한 이론적 배경과 경험에 근거하여 설정하여야 한다. 석·박사 학위논문인 경우는 특히나 탄탄한 논리적 기반이 뒷받침되어야 한다.

구조방정식모델 분석용 설문은 리커트 5점 척도, 리커트 7점 척도 등의 등간척도나 비율척도로 구성하는 것이 바람직하다. 구조방정식모델의 경우는 독립요인과 종속요인이 양적변수(등간척도와 비율척도)로 구성해야 한다.

[연구가설] 성공과 관련한 이론적인 배경과 축적된 경험사실에 근거하여 다음과 같은 가설을 설정할 수 있다.

H_1 : 개인의 태도는 성공행동의도에 유의한 영향을 미칠 것이다.

H_2 : 주관적 규범은 성공행동의도에 유의한 영향을 미칠 것이다

H_3 : 행동의도는 성공행동에 유의한 영향을 미칠 것이다.

[연구모델] 연구자는 다음과 같은 연구모델을 설계할 수 있다.

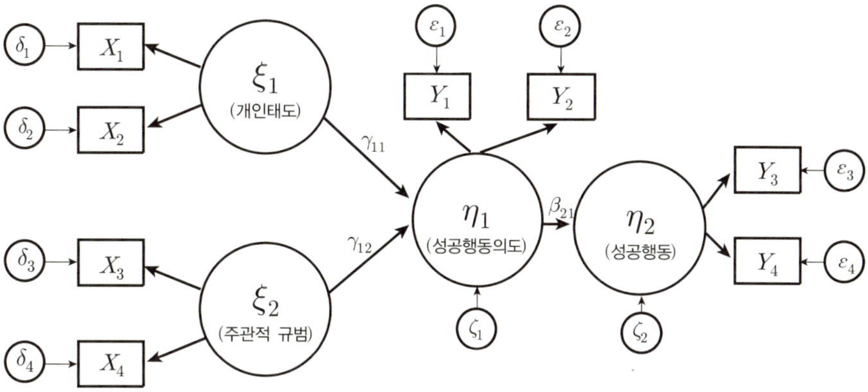

[설문지 구성] 연구모델을 토대로 다음과 같은 설문지를 작성할 수 있다.

[개인태도(ξ_1)]

문항	매우 동의못함	보통	매우 동의함
성공의 가능에 대한 신념(X_1)	①-----②-----③-----④-----⑤		
성공이 갖는 중요성(X_2)	①-----②-----③-----④-----⑤		

[주관적 규범(ξ_2)]

문항	매우 동의못함	보통	매우 동의함
성공에 대한 자기규율(X_3)	①-----②-----③-----④-----⑤		
성공을 위한 자기희생(X_4)	①-----②-----③-----④-----⑤		

[성공행동의도(η_1)]

문항	매우 동의못함	보통	매우 동의함
성공에 대한 의도(Y_1)	①-----②-----③-----④-----⑤		
성공의도가 높음(Y_2)	①-----②-----③-----④-----⑤		

[성공행동(η_2)]

문항	매우 동의못함	보통	매우 동의함
작은 성공이 잦음(Y_3)	①-----②-----③-----④-----⑤		
끊임없는 성과도출(Y_4)	①-----②-----③-----④-----⑤		

※ 성별(SEX) : ① 남자 ② 여자

제 3 절 LISREL 프로그램 운용

3.1 원천데이터 이용 LISREL 운용

1단계 연구자는 앞의 설문조사 자료에 대하여 521명(남자 246명, 여자 275명)을 조사하였다고 하자. 우선, 다음과 같이 Excel 프로그램에 데이터를 입력할 수 있다. 입력된 자료는 data.txt파일로 저장한다.

그림 6-7 데이터파일

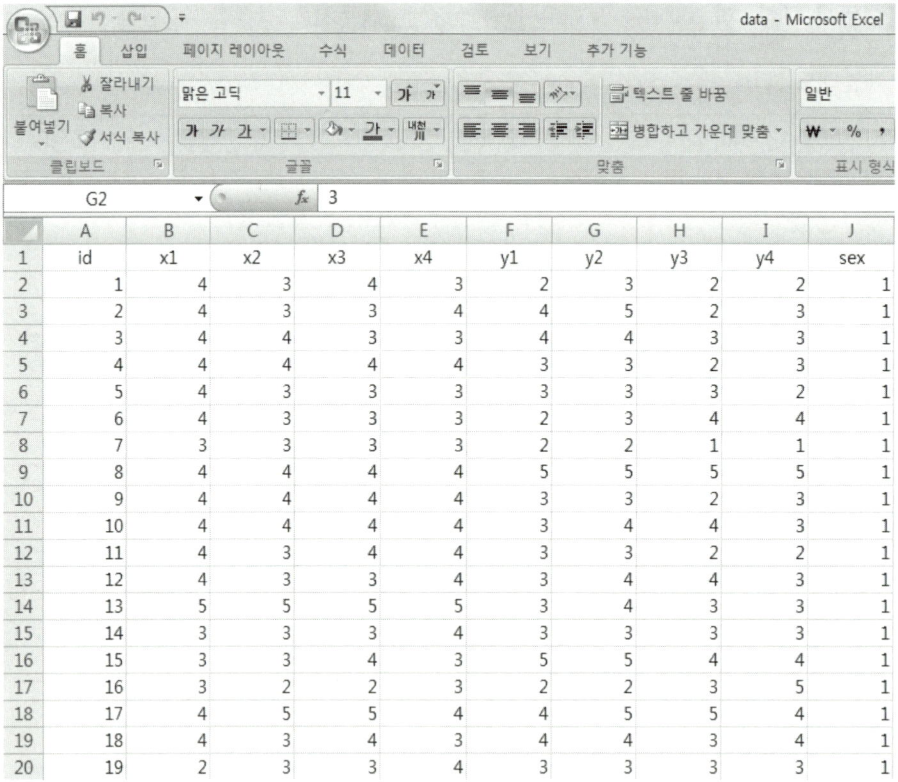

	A	B	C	D	E	F	G	H	I	J
1	id	x1	x2	x3	x4	y1	y2	y3	y4	sex
2	1	4	3	4	3	2	3	2	2	1
3	2	4	3	3	4	4	5	2	3	1
4	3	4	4	3	3	4	4	3	3	1
5	4	4	4	4	4	3	3	2	3	1
6	5	4	3	3	3	3	3	3	2	1
7	6	4	3	3	3	2	3	4	4	1
8	7	3	3	3	3	2	2	1	1	1
9	8	4	4	4	4	5	5	5	5	1
10	9	4	4	4	4	3	3	2	3	1
11	10	4	4	4	4	3	4	4	3	1
12	11	4	3	4	4	3	3	2	2	1
13	12	4	3	3	4	3	4	4	3	1
14	13	5	5	5	5	3	4	3	3	1
15	14	3	3	3	4	3	3	3	3	1
16	15	3	3	4	3	5	5	4	4	1
17	16	3	2	2	3	2	2	3	5	1
18	17	4	5	5	4	4	5	5	4	1
19	18	4	3	4	3	4	4	3	4	1
20	19	2	3	3	4	3	3	3	3	1

[데이터] data.txt

2단계 LISREL 프로그램에서 다음과 같은 확인요인모델의 분석을 실시하기로 하자.

그림 6-8 확인요인분석 모델

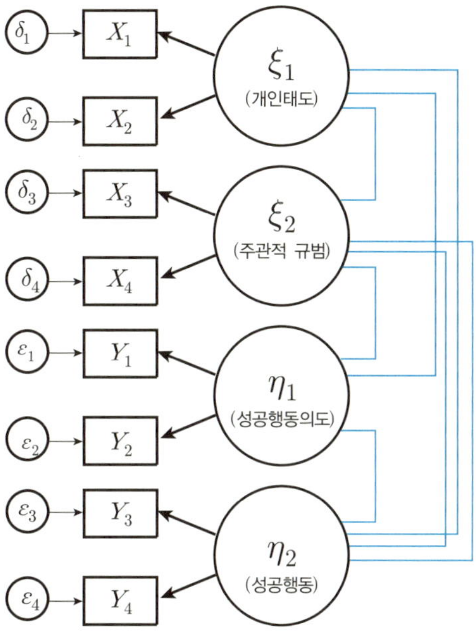

3단계 LISREL 프로그램을 실행한다.

그림 6-9 LISREL 프로그램 시작화면

4단계 File → Import Data... 단추를 누른다. 분석할 데이터가 저장되어 있는 경로에서 저장변수명과 확장자를 지정한다. 그러면 다음과 같은 그림이 나온다.

그림 6-10 | 변수지정창

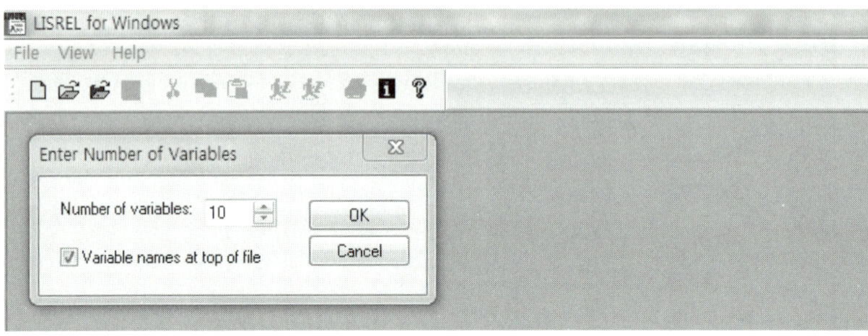

Number of variables:에서 10 는 불러올 변수의 숫자를 지정하는 것이다. 여기서는 10개의 변수를 지정하여 데이터 파일에 있는 모든 변수를 지정하였다. 이어 ☑ Variable names at top of file 을 클릭한다. 이 명령창은 파일 상단부에 변수명이 표시하는 기능을 하게 된다.

5단계 여기서 OK 단추를 클릭하면 다음과 같은 데이터창이 나타난다.

그림 6-11 | LISREL 데이터창

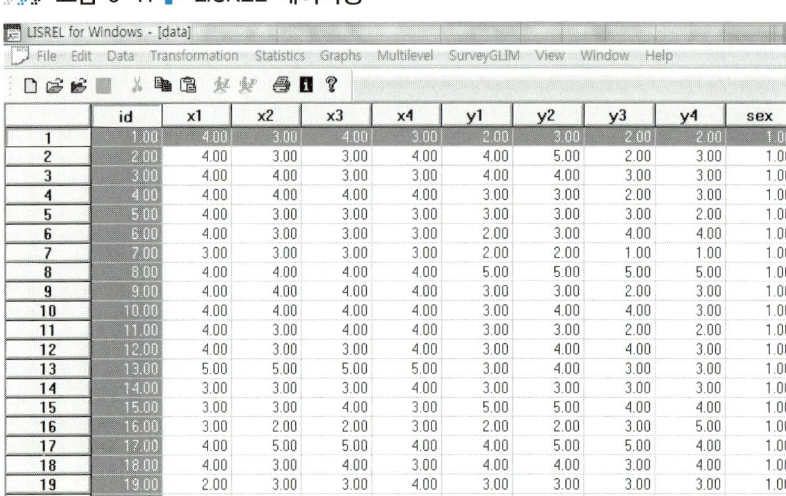

	id	x1	x2	x3	x4	y1	y2	y3	y4	sex
1	1.00	4.00	3.00	4.00	3.00	2.00	3.00	2.00	2.00	1.00
2	2.00	4.00	3.00	3.00	4.00	4.00	5.00	2.00	3.00	1.00
3	3.00	4.00	4.00	3.00	3.00	4.00	4.00	3.00	3.00	1.00
4	4.00	4.00	4.00	4.00	4.00	3.00	3.00	2.00	3.00	1.00
5	5.00	4.00	3.00	3.00	3.00	3.00	3.00	3.00	2.00	1.00
6	6.00	4.00	3.00	3.00	3.00	2.00	3.00	4.00	4.00	1.00
7	7.00	3.00	3.00	3.00	3.00	2.00	2.00	1.00	1.00	1.00
8	8.00	4.00	4.00	4.00	4.00	5.00	5.00	5.00	5.00	1.00
9	9.00	4.00	4.00	4.00	4.00	3.00	3.00	2.00	3.00	1.00
10	10.00	4.00	4.00	4.00	4.00	3.00	4.00	4.00	3.00	1.00
11	11.00	4.00	3.00	4.00	4.00	3.00	3.00	2.00	2.00	1.00
12	12.00	4.00	3.00	3.00	4.00	3.00	4.00	4.00	3.00	1.00
13	13.00	5.00	5.00	5.00	5.00	3.00	4.00	3.00	3.00	1.00
14	14.00	3.00	3.00	3.00	4.00	3.00	3.00	3.00	3.00	1.00
15	15.00	3.00	3.00	4.00	3.00	5.00	5.00	4.00	4.00	1.00
16	16.00	3.00	2.00	2.00	3.00	2.00	2.00	3.00	5.00	1.00
17	17.00	4.00	5.00	5.00	4.00	4.00	5.00	5.00	4.00	1.00
18	18.00	4.00	3.00	4.00	3.00	4.00	4.00	3.00	4.00	1.00
19	19.00	2.00	3.00	3.00	4.00	3.00	3.00	3.00	3.00	1.00
20	20.00	4.00	2.00	4.00	4.00	3.00	4.00	5.00	5.00	1.00

6단계 연구자는 적당한 경로를 지정하고 데이터를 저장한다. File → Save As... 창을 이용한다. 파일이름(N): 란에서 data, 파일형식(T)란에서는 LISREL Data의 확장자인 lsf로 저장됨을 알 수 있다.

그림 6-12 | LISREL Data.lsf로 저장하기

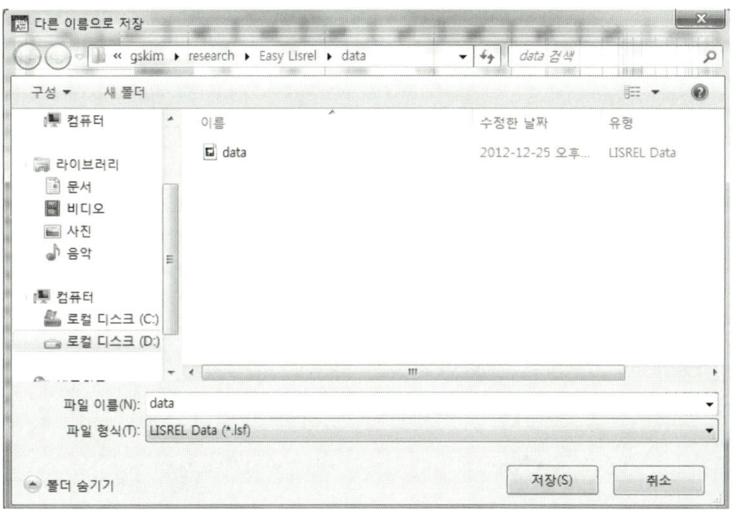

7단계 저장(S) 단추를 누른다. 그러면 데이터가 리스렐파일로 저장되었음을 확인할 수 있다. 이어 연구자는 File → New(Ctrl+N) → Syntax Only단추를 차례로 누른다. 이어 다음과 같은 명령어를 입력한다.

그림 6-13 | 확인요인분석 명령문 입력창

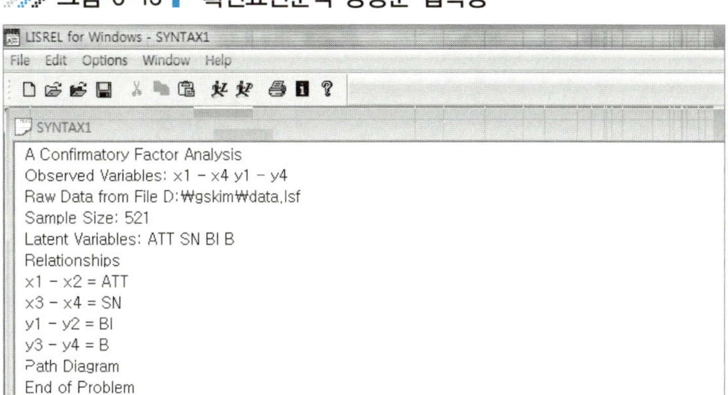

```
A Confirmatory Factor Analysis                     ...... ①
Observed Variables: x1 - x4 y1 - y4                ...... ②
Raw Data from File D:₩gskim₩data.lsf               ...... ③
Sample Size: 521                                   ...... ④
Latent Variables: ATT SN BI B                      ...... ⑤
Relationships                                      ...... ⑥
x1 - x2 = ATT
x3 - x4 = SN
y1 - y2 = BI
y3 - y4 = B
Path Diagram                                       ...... ⑦
End of Problem                                     ...... ⑧
```

위의 명령어를 설명하면 다음과 같다.

- A Confirmatory Factor Analysis : 첫 번째행은 제목을 입력하는 것으로 의무사항은 아니다. 분석의 특성을 나타내는 제목을 표시하면 된다.
- Observed Variables: x1 - x4 y1 - y4 : 두 번째행은 측정변수(Observed Variables)를 표시한 것이다. x1 하고 하이픈(-)을 한 것은 연속해서 x4번까지 이어진다는 뜻이다. y1 - y4도 y1, y2, y3, y4가 연속해서 이어짐을 나타낸다.
- Raw Data from File D:₩gskim₩data.lsf : 리스렐 데이터가 저장되어 있는 경로를 나타낸다. 확장자가 .lsf임을 알 수 있다.
- Sample Size: 521 : 유효표본의 숫자가 521임을 알 수 있다.
- Latent Variables: ATT SN BI B : 잠재요인 명칭을 나타낸 것이다.
- Relationships

  x1 - x2 = ATT

  x3 - x4 = SN

  y1 - y2 = BI

  y3 - y4 = B : 측정변수와 잠재요인의 관계를 수식으로 나타낸 것이다. x1과 x2는 개인의 태도(ATT)와 관련이 있고, y3과 y4는 행동(B)과 관련이 있음을 알 수 있다.

- Path Diagram : 정상적으로 프로그램이 작동하였을 경우, 경로도형이 도출되도록 하는 명령어이다. 약어로 PD로 나타낼 수 있다.
- End of Problem : 모든 명령어 입력이 끝났음을 나타내는 문장이다.

8단계 File → Save As...단추를 지정하고 파일이름(N):란 CFA, 파일형식(T):란은 Syntax Only를 지정하고 저장한다.

그림 6-14 ▌ 확인요인분석 명령문 저장창

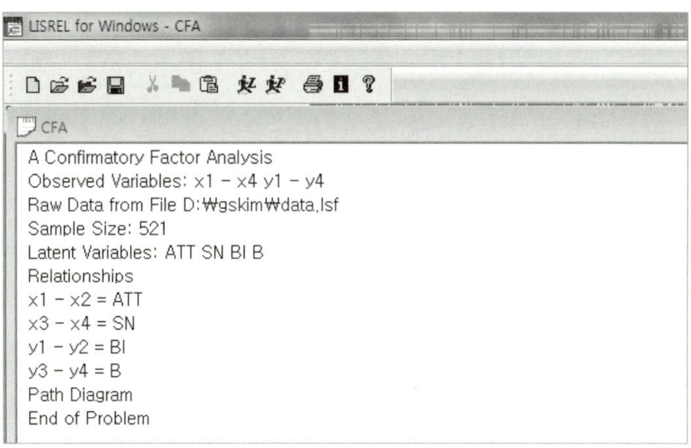

[데이터] CFA.LS

9단계 (Run LISREL)단추를 눌러 실행한다. 그러면 결과물을 얻을 수 있다.

3.2 상관행렬을 이용한 LISREL 실행하기

연구자는 원천데이터 불러오기 방법으로 LISREL 프로그램으로 실행할 수도 있지만 EXCEL 프로그램에서 공분산행렬이나 상관행렬로 전환을 시킨 다음 LISREL 프로그램을 운용할 수도 있다.

EXCEL에서 구해지는 공분산행렬이나 상관행렬은 무응답치(Missing Value)에 대하여 List Wise(목록별 삭제)방법으로 계산됨을 연구자는 알아야 한다. 여기서 목록별 삭제라 함은 한 사람(case)이 모형에 포함되는 측정변수에 하나라도 답변을 하지 않으면 개체(case)는 상관행렬 계산에서 제외되는 것을 말한다.

1단계 연구자는 Excel 프로그램에서 입력한 데이터를 불러온다.

그림 6-15 ▌ Excel 데이터창

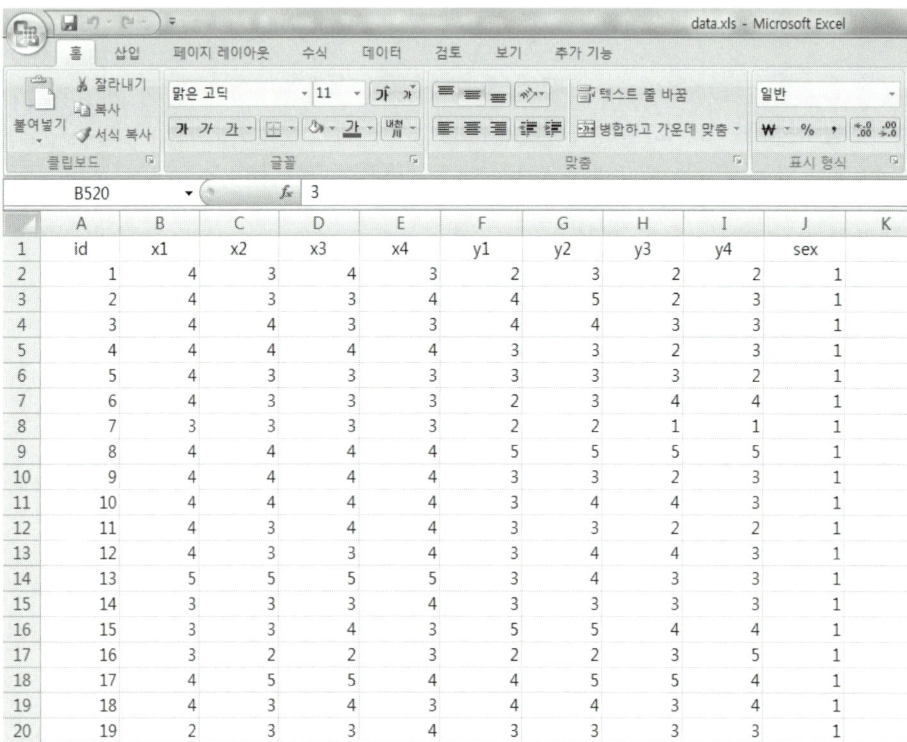

	A	B	C	D	E	F	G	H	I	J	K
1	id	x1	x2	x3	x4	y1	y2	y3	y4	sex	
2	1	4	3	4	3	2	3	2	2	1	
3	2	4	3	3	4	4	5	2	3	1	
4	3	4	4	3	3	4	4	3	3	1	
5	4	4	4	4	4	3	3	2	3	1	
6	5	4	3	3	3	3	3	3	2	1	
7	6	4	3	3	3	2	3	4	4	1	
8	7	3	3	3	3	2	2	1	1	1	
9	8	4	4	4	4	5	5	5	5	1	
10	9	4	4	4	4	3	3	2	3	1	
11	10	4	4	4	4	3	4	4	3	1	
12	11	4	3	4	4	3	3	2	2	1	
13	12	4	3	3	4	3	4	4	3	1	
14	13	5	5	5	5	3	4	3	3	1	
15	14	3	3	3	4	3	3	3	3	1	
16	15	3	3	4	3	5	5	4	4	1	
17	16	3	2	2	3	2	2	3	5	1	
18	17	4	5	5	4	4	5	5	4	1	
19	18	4	3	4	3	4	4	3	4	1	
20	19	2	3	3	4	3	3	3	3	1	

2단계 데이터창을 열고 데이터 분석 창을 클릭한다. 만약 데이터창에 데이터분석창이 없다고 당황할 필요가 없다. 연구자는 당황하지 말고 다음 순서에 따라 데이터분석창을 생성시킬 수 있다. 먼저 Excel창의 왼쪽 상단의 (Office 단추)를 누른다. 엑셀옵션(I)단추를 누른 다음, 추가기능을 누른다.
이어 이동(G)... 단추를 누른다. 이어 ☑ 분석 도구 단추를 지정하고 확인 단추를 누른다. 그러면 데이터창에 데이터 분석 창이 생성됨을 알 수 있다.

3단계 데이터분석창에서 상관분석을 누르면 다음과 같은 화면을 얻을 수 있다.

그림 6-16 ▌ 상관분석창

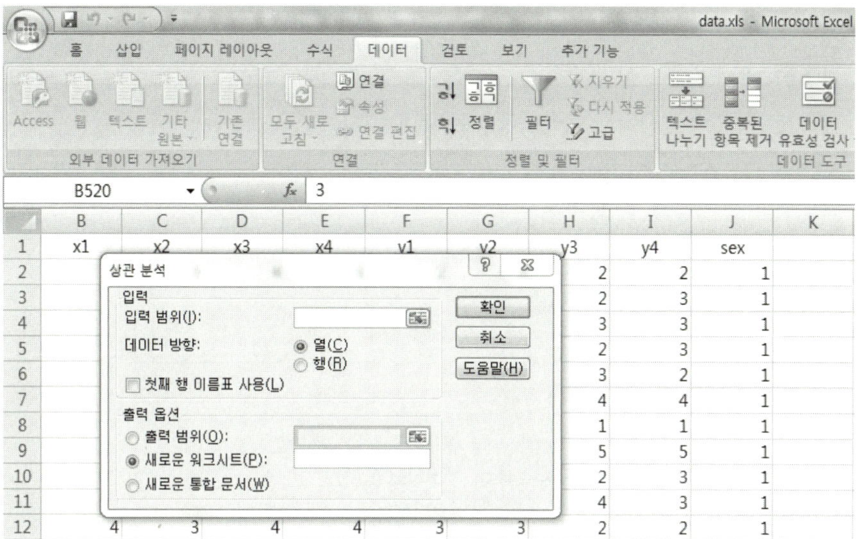

4단계 입력 범위(I):에 입력할 데이터 범위를 지정한다. ☐ 첫째 행 이름표 사용(L) 은 범위를 정할 때 문자(변수명)도 지정한 경우를 표시하기 위해서 나타낸 것이다. 여기서는 $B$1:$I$522까지 범위를 지정하였다. 변수명도 지정하였기 때문에 ☑ 첫째 행 이름표 사용(L) 도 지정하기로 한다.

그림 6-17 ▌ 상관분석 데이터 지정

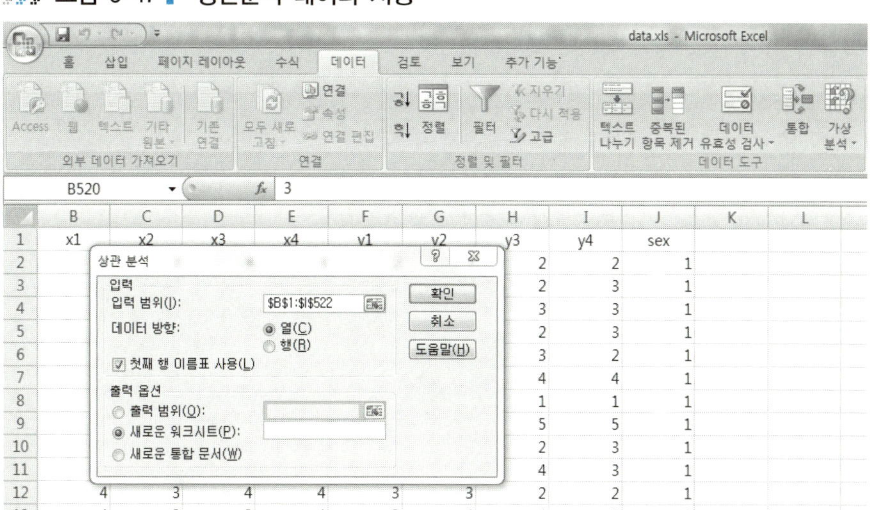

5단계 [확인] 단추를 눌러 다음의 상관행렬을 구할 수 있다.

그림 6-18 | EXCEL 상관행렬

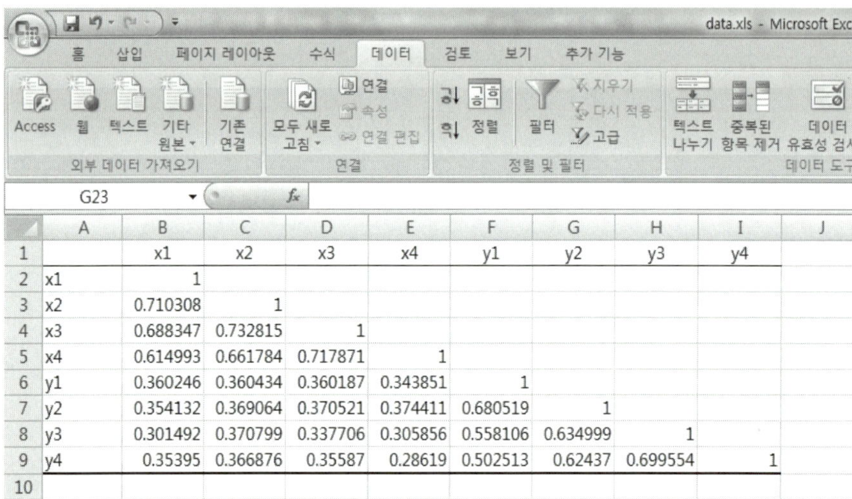

	A	B	C	D	E	F	G	H	I	J
1		x1	x2	x3	x4	y1	y2	y3	y4	
2	x1	1								
3	x2	0.710308	1							
4	x3	0.688347	0.732815	1						
5	x4	0.614993	0.661784	0.717871	1					
6	y1	0.360246	0.360434	0.360187	0.343851	1				
7	y2	0.354132	0.369064	0.370521	0.374411	0.680519	1			
8	y3	0.301492	0.370799	0.337706	0.305856	0.558106	0.634999	1		
9	y4	0.35395	0.366876	0.35587	0.28619	0.502513	0.62437	0.699554	1	
10										

6단계 소수점 셋째자리로 상관계수를 정리한다. 이어 상관행렬 계수값을 모두 마우스로 지정한다. 이어 복사하기(Ctrl+C)를 누른다. 이어 프로그램 시작 → 모든 프로그램 → 보조프로그램 → 메모장을 누른다. 이어 붙여넣기(Ctrl+V)를 실행한다.

그림 6-19 | 메모장에 데이터 복사하기

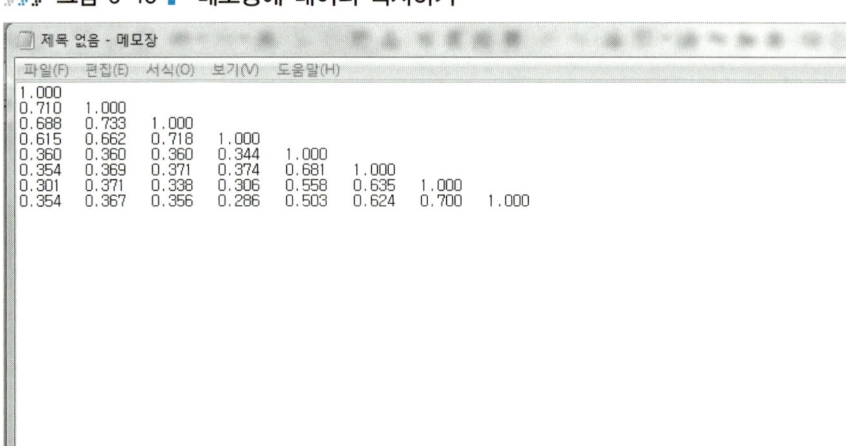

```
1.000
0.710  1.000
0.688  0.733  1.000
0.615  0.662  0.718  1.000
0.360  0.360  0.360  0.344  1.000
0.354  0.369  0.371  0.374  0.681  1.000
0.301  0.371  0.338  0.306  0.558  0.635  1.000
0.354  0.367  0.356  0.286  0.503  0.624  0.700  1.000
```

7단계 이어 메모장의 모든 데이터 범위를 마우스로 설정한다. 그런 다음 데이터 복사하기(Ctrl+C)를 누른다. 연구자는 LISREL 프로그램을 실행시킨다. LISREL 프로그램상에서 File → New(Ctrl+N) → Syntax Only단추를 차례로 누른다. 리스렐창에 데이터 붙여넣기(Ctrl+V)를 실행한다. 그러면 다음 그림을 얻을 수 있다.

그림 6-20 ▎ LISREL 프로그램에 데이터 옮기기

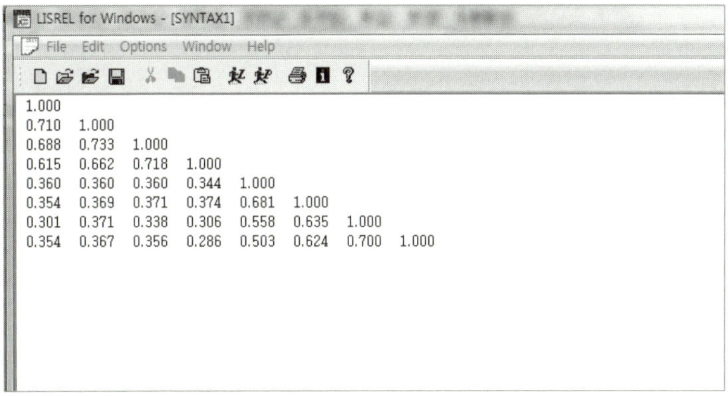

```
LISREL for Windows - [SYNTAX1]
File  Edit  Options  Window  Help
1.000
0.710  1.000
0.688  0.733  1.000
0.615  0.662  0.718  1.000
0.360  0.360  0.360  0.344  1.000
0.354  0.369  0.371  0.374  0.681  1.000
0.301  0.371  0.338  0.306  0.558  0.635  1.000
0.354  0.367  0.356  0.286  0.503  0.624  0.700  1.000
```

8단계 다음과 같은 명령어를 입력한다.

그림 6-21 ▎ LISREL 프로그램에서 명령문 입력

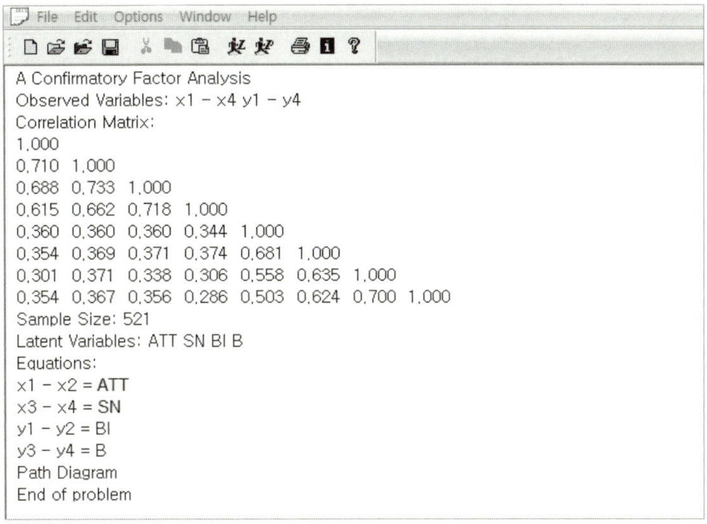

```
File  Edit  Options  Window  Help
A Confirmatory Factor Analysis
Observed Variables: x1 - x4 y1 - y4
Correlation Matrix:
1.000
0.710  1.000
0.688  0.733  1.000
0.615  0.662  0.718  1.000
0.360  0.360  0.360  0.344  1.000
0.354  0.369  0.371  0.374  0.681  1.000
0.301  0.371  0.338  0.306  0.558  0.635  1.000
0.354  0.367  0.356  0.286  0.503  0.624  0.700  1.000
Sample Size: 521
Latent Variables: ATT SN BI B
Equations:
x1 - x2 = ATT
x3 - x4 = SN
y1 - y2 = BI
y3 - y4 = B
Path Diagram
End of problem
```

이 명령문은 앞에서 다룬 내용과 유사하나 상관행렬을 직접 구해서 나타냈다는 점이 차이가 있다. 따라서 연구자는 상관행렬에 해당하는 Correlation Matrix 명령어를 사용하면 된다. 입력자료가 공분산행렬일 경우는 Covariance Matrix가 된다.

9단계 LISREL 명령어 파일을 저장한다. 이어 (Run LISREL)단추를 눌러 결과물을 얻을 수 있다.

3.3 결과해석

그림 6-22 상관행렬

Correlation Matrix

	x1	x2	x3	x4	y1	y2	y3	y4
x1	1.000							
x2	0.710	1.000						
x3	0.688	0.733	1.000					
x4	0.615	0.662	0.718	1.000				
y1	0.360	0.360	0.360	0.344	1.000			
y2	0.354	0.369	0.371	0.374	0.681	1.000		
y3	0.301	0.371	0.338	0.306	0.558	0.635	1.000	
y4	0.354	0.367	0.356	0.286	0.503	0.624	0.700	1.000

[결과해석] 확인요인분석을 위한 각 변수 간 상관행렬 입력자료가 나타나 있다.

그림 6-23 기본정보

Total Variance = 8.000 Generalized Variance = 0.00909
Largest Eigenvalue = 4.356 Smallest Eigenvalue = 0.242
Condition Number = 4.243

[결과해석] 총분산(Total Variance)은 앞의 상관행렬에서 대각선 원소 총합을 나타낸다. 일반화된 분산(Generalized Variance)은 상관행렬의 행렬식으로 0.00909이다.

최대고유치(Largest Eigenvalue)는 4.356이고 최소고유치(Smallest Eigenvalue)는 0.242이다. 조건수(Condition Number)는 4.243이다. 조건수는 (최대고유치/최소고유치)$^{1/2}$로 $\sqrt{\frac{4.356}{0.242}}$ =4.243이다. 낮은 조건수는 데이터의 다중공선성(multicollinearity), 변수 간의 관련성이 높음을 나타낸다. 조건수가 낮으면 LISREL 프로그램에서 경고 문장이 나온다.

그림 6-24 ▌ 로그우도값

Log-likelihood Values

	Estimated Model	Saturated Model
Number of free parameters(t)	22	36
−2ln(L)	1743.158	1719.183
AIC (Akaike, 1974)*	1787.158	1791.183
BIC (Schwarz, 1978)*	1880.785	1944.390

*LISREL uses AIC= 2t − 2ln(L) and BIC = tln(N) − 2ln(L)

[결과해석] 로그우도(log likelihood)는 우도함수에 로그함수를 씌운 것이다. 정보의 수는 36이고 미지수는 22임을 알 수 있다. 모델별 모수의 수(Number of free parameters(t))가 나타나 있다. AIC와 BIC의 값도 산출되어져 있다. AIC = 2t − 2ln(L), BIC = tln(N) − 2ln(L) 계산방식이 나타나 있다.

그림 6-25 ▌ 적합지수

Goodness of Fit Statistics

Degrees of Freedom for (C1)-(C2)	14
Maximum Likelihood Ratio Chi-Square (C1)	23.975 (P = 0.0461)
Browne's (1984) ADF Chi-Square (C2_NT)	23.127 (P = 0.0582)
Estimated Non-centrality Parameter (NCP)	9.975
90 Percent Confidence Interval for NCP	(0.172 ; 27.607)
Minimum Fit Function Value	0.0460
Population Discrepancy Function Value (F0)	0.0191
90 Percent Confidence Interval for F0	(0.000331 ; 0.0530)
Root Mean Square Error of Approximation (RMSEA)	0.0370
90 Percent Confidence Interval for RMSEA	(0.00486 ; 0.0615)
P-Value for Test of Close Fit (RMSEA < 0.05)	0.787
Expected Cross-Validation Index (ECVI)	0.130
90 Percent Confidence Interval for ECVI	(0.112 ; 0.164)
ECVI for Saturated Model	0.138
ECVI for Independence Model	7.139
Chi-Square for Independence Model (28 df)	3703.398
Normed Fit Index (NFI)	0.994
Non-Normed Fit Index (NNFI)	0.995
Parsimony Normed Fit Index (PNFI)	0.497
Comparative Fit Index (CFI)	0.998
Incremental Fit Index (IFI)	0.998
Relative Fit Index (RFI)	0.987
Critical N (CN)	656.291
Root Mean Square Residual (RMR)	0.0165
Standardized RMR	0.0165
Goodness of Fit Index (GFI)	0.989
Adjusted Goodness of Fit Index (AGFI)	0.972
Parsimony Goodness of Fit Index (PGFI)	0.385

[결과해석] $\chi^2 = 23.975$이다. 자유도(df)=14이다. 이에 대한 P=0.0461 < $\alpha = 0.05$로 모형은 적합하다는 귀무가설이 기각됨을 알 수 있다. χ^2에 대한 확률만으로 모델의 적합도를 판단하는 것은 한계가 있다. 연구자는 또 다른 대안 지수를 고려하는 것이 바람직하다. $\chi^2/df(23.975/14) = 1.7125$이다. χ^2/df의 값이 3 이하이기 때문에 적합한 모형이라고 판단할 수 있다. GFI(0.9 이상이면 적합함)= 0.989, AGFI(0.9 이상이면 적합함)=0.972, RMR(0.05 이하이면 적합함)= 0.0165, NFI(0.9 이상이면 적합함)=0.994, NNFI(0.9 이상이면 적합함)= 0.995이다. 절대적합지수와 증분적합지수를 고려할 때, 확인요인분석의 전체 모형은 적합하다고 판단할 수 있다.

그림 6-26 ▌ 측정방정식(표준적재치, 오차, 설명력)

```
                    Measurement Equations

x1 = 0.814*ATT, Errorvar.= 0.338, R²= 0.662
Standerr  (0.0376)              (0.0278)
Z-values   21.661               12.135
P-values   0.000                0.000
x2 = 0.873*ATT, Errorvar.= 0.239 , R²= 0.761
Standerr  (0.0365)              (0.0258)
Z-values   23.880               9.260
P-values   0.000                0.000
x3 = 0.890*SN, Errorvar.= 0.208, R²= 0.792
Standerr  (0.0362)              (0.0254)
Z-values   24.595               8.181
P-values   0.000                0.000
x4 = 0.807*SN, Errorvar.= 0.349, R²= 0.651
Standerr  (0.0377)              (0.0281)
Z-values   21.413               12.421
P-values   0.000                0.000

y1 = 0.767*BI, Errorvar.= 0.412, R²= 0.588
Standerr  (0.0397)              (0.0342)
Z-values   19.315               12.036
P-values   0.000                0.000
```

```
y2 = 0.888*BI, Errorvar.= 0.211, R²= 0.789
Standerr  (0.0382)                (0.0333)
Z-values   23.250                  6.351
P-values   0.000                   0.000
y3 = 0.849*B, Errorvar.= 0.279, R²= 0.721
Standerr  (0.0384)                (0.0319)
Z-values   22.098                  8.729
P-values   0.000                   0.000
y4 = 0.824*B, Errorvar.= 0.321, R²= 0.679
Standerr  (0.0388)                (0.0322)
Z-values   21.261                  9.970
P-values   0.000                   0.000
```

[결과해석] [x1 = 0.814*ATT, Errorvar. = 0.338, R^2 = 0.662] ATT(태도)요인을 구성하는 x1변수의 적재치는 0.814이고 오차분산은 0.338, x1변수가 ATT(태도)요인에 의해서 설명되는 부분(R^2)은 0.662임을 알 수 있다. 다른 변수에 대한 해석은 이와 같은 방법으로 하면 된다.

다음으로 표준적재치와 오차항을 이용하여 신뢰도와 타당성을 수치화해 보자.

개념신뢰도(Construct Reliability)의 계산식은 다음과 같다.

$$CR = \frac{\left(\sum_{i=1}^{n} \lambda_i\right)^2}{\left(\sum_{i=1}^{n} \lambda_i\right)^2 + \left(\sum_{i=1}^{n} \delta_i\right)} \quad \text{(식 6-13)}$$

여기서, $\left(\sum_{i=1}^{n} \lambda_i\right)^2$=표준 요인부하량의 합, $\left(\sum_{i=1}^{n} \delta_i\right)$=측정오차의 합

이어, 분산추출지수의 공식은 다음과 같다.

$$AVE = \frac{\left(\sum_{i=1}^{n} \lambda_i^2\right)}{\left(\sum_{i=1}^{n} \lambda_i^2\right) + \left(\sum_{i=1}^{n} \delta_i\right)} \quad \text{(식 6-14)}$$

여기서, $\sum_{i=1}^{n}\lambda_i^2$=요인 부하량의 제곱합, $\left(\sum_{i=1}^{n}\delta_i\right)$=측정오차의 합

LISREL 프로그램에서 신뢰도와 분산추출지수를 직접 계산해 주지 않는다. 여기서는 EXCEL 계산식을 이용하기로 한다. 각 잠재요인에 해당하는 측정변수의 표준적재치와 오차항을 입력하고 신뢰도와 분산추출지수 계산식을 입력하면 된다. 요인의 표준적재치가 0.5 이상이고 신뢰도는 0.7 이상이다. 또한 분산추출지수가 0.5 이상이어서 측정문항의 일관성은 높고 수렴타당성이 높다고 평가한다.

표 6-3 신뢰도와 분산추출지수 확인

잠재요인	측정변수	요인적재치 (0.5 이상)	오차항	신뢰도 (0.7 이상)	분산추출지수 (AVE, 0.5 이상)
ATT(개인태도)	x1	0.814	0.338	0.831	0.712
	x2	0.873	0.239		
SN(주관적 규범)	x3	0.890	0.208	0.838	0.722
	x4	0.807	0.349		
BI(행동의도)	y1	0.767	0.412	0.813	0.686
	y2	0.888	0.217		
B(행동)	y3	0.849	0.279	0.823	0.700
	y4	0.824	0.321		

[데이터] CRAVE.XLS

그림 6-27 요인 간 상관행렬

Correlation Matrix of Independent Variables

	ATT	SN	BI	B
ATT	1.000			
SN	0.944 (0.018) 53.356	1.000		
BI	0.501	0.501	1.000	

	(0.042)	(0.042)		
	12.034	11.944		
B	0.456	0.494	0.842	1.000
	(0.044)	(0.042)	(0.025)	
	10.466	11.641	33.386	

[결과해석] ATT(개인태도), SN(주관적 규범), BI(행동의도), B(행동) 잠재요인 간의 관련성이 상관행렬로 나타나 있다.

[ATT SN 0.944 (0.018) 53.356]의 경우, ATT(개인태도)와 SN(주관적 규범) 간의 관련성은 0.944이고 괄호의 숫자 (0.018)는 표준오차이다. 53.356은 상관계수를 표준오차로 나눈 값(t)이다. t값이 ±1.96보다 크기 때문에 상관계수는 통계적으로 매우 유의함을 알 수 있다. 다른 잠재요인 간의 설명도 비슷한 방법으로 하면 된다. 상관계수를 고려할 때, 한 요인이나 개념의 상태변화가 다른 요인이나 개념의 변화정도인 예측타당성 또는 기준 타당성(predictive validity)은 높다고 할 수 있다. 또한 특정 개념과 또 다른 특정 개념 사이에 이론적인 연결관계를 통계적으로 설명할 수 있어 이해타당성(nomological validity)은 높다고 평가할 수 있다.

각 잠재요인 간 판별타당성 여부를 해석하는 방법을 알아보기로 한다. 여기서는 Fornell과 Larcker(1981)가 제시한 평균분산추출지수(AVE)와 각 요인의 결정계수를 비교하는 방법에 따라 설명하기로 한다.

표 6-4 판별타당성 판단

	ATT(개인태도)	SN(주관적 규범)	BI(행동의도)	B(행동)
ATT(개인태도)	0.712			
SN(주관적 규범)	0.891	0.722		
BI(행동의도)	0.251	0.251	0.686	
B(행동)	0.208	0.244	0.709	0.700

대각선행렬(diagonal matrix)의 값인 분산추출지수와 대각선행렬 이하의 결정계수(r^2)값을 비교할 때 분산추출지수보다 큰 결정계수(0.891, 0.709)가 있어 부

분판별타당성(partial discriminant validity)이 있다고 해석한다. 물론 잠재요인의 AVE가 잠재요인 간의 상관계수의 제곱보다 크다면 완전판별타당성이 있다고 해석한다. 참고로 앞에서 SN(주관적 규범)과 ATT(개인태도)의 결정계수 0.891은 앞 [그림 6-27]의 요인 간 상관행렬의 결과 중 SN과 ATT의 상관계수 0.944를 제곱한 값이다. 나머지 결정계수도 마찬가지 방법으로 계산한다.

제 4 절 이론모델 분석하기

다음으로 잠재요인 간의 경로 유의성 여부를 판단하기로 한다. 잠재요인 간의 경로계수의 유의성 여부를 판단하기 위해서 LISREL 프로그램에서 이론모형분석을 실시할 수 있다. 이론모델 분석을 위한 절차는 다음과 같다.

1단계 다음과 같이 명령문을 입력한다.

그림 6-28 ▎ 이론모형 명령어 입력

```
File  Edit  Options  Window  Help
A Structural Equation Modeling Analysis
Observed Variables: x1 - x4 y1 - y4
Correlation Matrix:
1.000
0.710  1.000
0.688  0.733  1.000
0.615  0.662  0.718  1.000
0.360  0.360  0.360  0.344  1.000
0.354  0.369  0.371  0.374  0.681  1.000
0.301  0.371  0.338  0.306  0.558  0.635  1.000
0.354  0.367  0.356  0.286  0.503  0.624  0.700  1.000
Sample Size: 521
Latent Variables: ATT SN BI B
Equations:
x1 - x2 = ATT
x3 - x4 = SN
y1 - y2 = BI
y3 - y4 = B
BI  = ATT SN
B = BI
Path Diagram
End of problem
```

그림 6-29 ▮ 구조방정식 이론모형

```
A Structural Equation Modeling Analysis
Observed Variables: x1 - x4 y1 - y4
Correlation Matrix:
1.000
0.710  1.000
0.688  0.733  1.000
0.615  0.662  0.718  1.000
0.360  0.360  0.360  0.344  1.000
0.354  0.369  0.371  0.374  0.681  1.000
0.301  0.371  0.338  0.306  0.558  0.635  1.000
0.354  0.367  0.356  0.286  0.503  0.624  0.700  1.000
Sample Size: 521
Latent Variables: ATT SN BI B
Equations:
x1 - x2 = ATT
x3 - x4 = SN
y1 - y2 = BI
y3 - y4 = B
BI  = ATT SN
B = BI
Path Diagram
End of problem
```

위의 명령어를 설명하면 다음과 같다.

- A Structural Equation Modeling Analysis : 첫 번째행은 제목을 입력하는 것으로 의무사항은 아니다. 분석의 특성을 나타내는 제목을 표시하면 된다.
- Observed Variables: x1 - x4 y1 - y4 : 두 번째행은 측정변수(Observed Variables)를 표시한 것이다. x1 하고 하이픈(-)을 한 것은 연속해서 x4번까지 이어진다는 뜻이다. y1 - y4도 y1, y2, y3, y4가 연속해서 이어짐을 나타낸다.
- Correlation Matrix : 리스렐 프로그램을 운용할 데이터는 상관행렬임을 나타낸다.
- Sample Size: 521 : 유효표본의 숫자가 521임을 알 수 있다.

- Latent Variables: ATT SN BI B : 잠재요인 명칭을 나타낸 것이다.
- Equations

  x1 - x2 = ATT

  x3 - x4 = SN

  y1 - y2 = BI

  y3 - y4 = B : 측정변수와 잠재요인의 관계를 수식으로 나타낸 것이다. x1과 x2는 개인의 태도(ATT)와 관련이 있고, y3과 y4는 행동(B)과 관련이 있음을 알 수 있다.
- BI = ATT SN : 행동의도(BI)는 개인태도(ATT), 주관적 규범(SN)에 의해서 결정될 것임을 수식화한 것이다.
- B = BI : 행동(B)은 행동의도(BI)에 의해서 결정될 것임을 수식화한 것이다.
- Path Diagram : 정상적으로 프로그램이 작동하였을 경우, 경로도형이 도출되도록 하는 명령어이다. 약어로 PD로 나타낼 수 있다.
- End of Problem : 모든 명령어 입력이 끝났음을 나타내는 문장이다.

2단계 (Run Lisrel)단추를 눌러 실행한다.

그림 6-30 | 로그우도함수 - 측정모델과 포화모델 정보

	Estimated Model	Saturated Model
Number of free parameters(t)	20	36
-2ln(L)	1747.861	1719.183
AIC (Akaike, 1974)*	1787.861	1791.183
BIC (Schwarz, 1978)*	1872.976	1944.390

*LISREL uses AIC= 2t - 2ln(L) and BIC = tln(N) - 2ln(L)

[결과해석] 로그우도(log likelihood)는 우도함수에 로그함수를 씌운 것이다. 정보의 수는 36이고 미지수는 20임을 알 수 있다. 모델별 모수의 수(Number of free parameters(t))가 나타나 있다. AIC와 BIC의 값도 산출되어져 있다. AIC = 2t - 2ln(L), BIC = tln(N) - 2ln(L) 계산방식이 나타나 있다.

그림 6-31 ▌ 적합지수

Goodness of Fit Statistics

Degrees of Freedom for (C1)-(C2)	16
Maximum Likelihood Ratio Chi-Square (C1)	28.678 (P = 0.0262)
Browne's (1984) ADF Chi-Square (C2_NT)	27.725 (P = 0.0341)
Estimated Non-centrality Parameter (NCP)	12.678
90 Percent Confidence Interval for NCP	(1.478 ; 31.691)
Minimum Fit Function Value	0.0550
Population Discrepancy Function Value (F0)	0.0243
90 Percent Confidence Interval for F0	(0.00284 ; 0.0608)
Root Mean Square Error of Approximation (RMSEA)	0.0390
90 Percent Confidence Interval for RMSEA	(0.0133 ; 0.0617)
P-Value for Test of Close Fit (RMSEA 〈 0.05)	0.766
Expected Cross-Validation Index (ECVI)	0.132
90 Percent Confidence Interval for ECVI	(0.110 ; 0.168)
ECVI for Saturated Model	0.138
ECVI for Independence Model	7.139
Chi-Square for Independence Model (28 df)	3703.398
Normed Fit Index (NFI)	0.992
Non-Normed Fit Index (NNFI)	0.994
Parsimony Normed Fit Index (PNFI)	0.567
Comparative Fit Index (CFI)	0.997
Incremental Fit Index (IFI)	0.997
Relative Fit Index (RFI)	0.987
Critical N (CN)	601.171
Root Mean Square Residual (RMR)	0.0199
Standardized RMR	0.0199
Goodness of Fit Index (GFI)	0.987
Adjusted Goodness of Fit Index (AGFI)	0.970
Parsimony Goodness of Fit Index (PGFI)	0.439

[결과해석] χ^2(Chi-Square)은 실제 상관행렬 자료와 모델의 추정치 간의 떨어진 정도를 나타낸다. 다시 말하면, χ^2(Chi-Square)은 실제자료와 모델에 의한 추정치 간의 괴리 정도이다. 여기서는 28.678(P=0.0262)로 다음의 귀무가설이 기각됨을 알 수 있다.

H_0 : 연구모형은 모집단 자료에 적합하다($P > \alpha = 0.05$).

H_1 : 연구모형은 모집단 자료에 적합하지 않다($P < \alpha = 0.05$).

Goodness of Fit Index(GFI) = 0.987로 이는 연구모델이 자료의 분산/공분산 자료를 어느 정도 설명해주는지를 나타내는 것으로 여기서는 97.8%를 설명하고 있음을 알 수 있다. GFI가 0.9 이상이라서 연구자 입장에서 봐서는 '적합한 모델'이라고 평가할 수 있다. Adjusted Goodness of Fit Index(AGFI) = 0.970로 GFI를 자유도로 조정한 값이다. 여기서 기준값은 0.9 이상이면 적합하다고 판단한다. 간명적합지수에 해당하는 Normed Fit Index(NFI 0.9 이상이면 적합함) = 0.992, Non-Normed Fit Index(NNFI 0.9 이상이면 적합함) = 0.994으로 모형은 적합하다고 판단할 수 있다. Root Mean Square Residual(RMR)은 0.0199이다(0.05 이하이면 적합함). 이는 실제치와 연구모델에 의한 산출된 값 사이의 거리를 표준화한 값으로 0에 가까운 수일수록 적합도가 높다고 판단한다.

그림 6-32 ▌ 이론모델

```
                    Structural Equations
    BI = 0.374*ATT + 0.159*SN, Errorvar.= 0.723, R² = 0.277
Standerr  (0.265)    (0.264)              (0.0774)
Z-values   1.410      0.600                9.344
P-values   0.159      0.548                0.000

    B = 0.852*BI, Errorvar.= 0.275, R² = 0.725
Standerr  (0.0527)            (0.0454)
Z-values   16.165              6.042
P-values   0.000               0.000
```

[결과해석]

- [0.374*ATT, Standerr (0.265), Z-values 1.410, P-values 0.159] : 성공태도(ATT)가 성공의도(BI)에 미치는 표준화계수는 0.374이다. 표준오차(Standerr)는 0.265이다. 표준화계수를 표준오차로 나눈 Z값(Z-values)이 1.410이다. 이에 대한 확률은 0.159로 $\alpha = 0.05$보다 크기 때문에 개인규율(SN)은 유의하지 않음을 알 수 있다. 따라서 연구가설 H1은 기각됨을 알 수 있다.
- [0.159*SN, Standerr (0.264), Z-values 0.600, P-values 0.548] : 개인규율(SN)이 성공의도(BI)에 미치는 표준화계수는 0.159이다. 표준오차(Standerr)는 0.264이다. 표준화계수를 표준오차로 나눈 Z값(Z-values)이 0.600이다. 이에 대한 확률은 0.548로 $\alpha = 0.05$보다 크기 때문에 성공태도(ATT)는 유의하지 않음을 알 수 있다. 따라서 연구가설 H2은 기각됨을 알 수 있다.
- [Errorvar. = 0.723, $R^2 = 0.277$] : 오차분산은 0.723이고 두 요인(성공태도, 개인규율)에 의해서 설명되어지는 부분은 27.7%임을 알 수 있다.
- [B = 0.852*BI, Standerr(0.0527), Z-values 16.165, P-values 0.000] : 행동의도의 표준화계수는 0.851이고 표준오차(Standerr)는 0.0527이다. 표준화계수를 표준오차로 나눈 Z값(Z-values)이 16.165이다. 이에 대한 확률은 0.000로 $\alpha = 0.05$보다 작기 때문에 성공행동의도(BI)는 유의함을 알 수 있다. 따라서 연구가설 H3은 채택됨을 알 수 있다.
- [Errorvar. = 0.275, $R^2 = 0.725$] : 오차분산은 0.275이고 성공의도에 의해 설명되어지는 부분은 72.5%임을 알 수 있다.

그림 6-33 | 경로도형

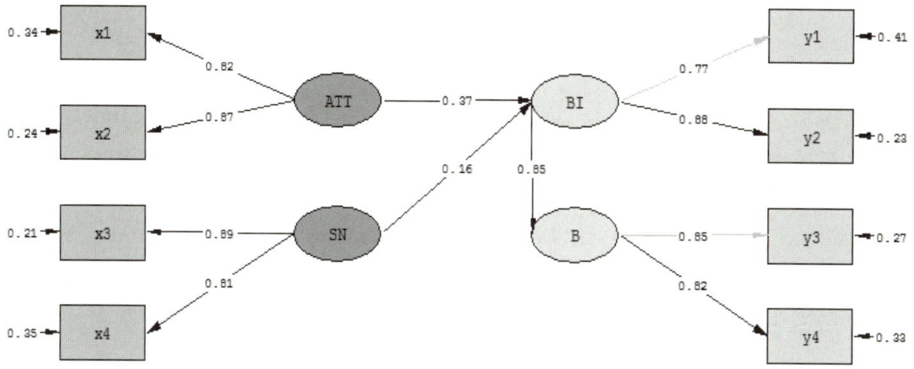

[결과해석] 개인의 태도(ATT)가 행동의도(BI)에 미치는 영향력(표준화계수)은 0.37이며 개인규율(SN)이 성공의도(BI)에 미치는 표준화계수 0.159임을 알 수 있다. 또한, 행동의도(BI)는 행동(B)에 0.85의 영향력이 미침을 알 수 있다.

참 · 고 · 문 · 헌

- Anderson, J. C., Gerbing, D. W.(1988), Structural Equation Modeling in Practice: A Review and Recommended Two-Step Approach, *Psychological Bulletin* 103: 411–423.
- Fornell, C., Larcker, D. F.(1981), Evaluating Structural Equations Models with Unobservable Variables and Measurement Error, *Journal of Marketing Research* 18(February), pp.39–50.

연 · 습 · 문 · 제

01. 모델의 적합도를 판단하는 방법과 경로계수의 유의성을 판단하는 방법을 서로 토론해 보자.

02. 구조방정식모델 분석과정에서 신뢰성과 타당성 검정방법을 논의해 보자.

아침에 일어나 밤에 잠들 때까지 무슨 말과 행동을 하고 어떻게 반응하느냐는 거의 습관이 좌우한다.
-브라이언 트레이시-

Easy **SEM** with *SmartPLS*

7
Chapter

교차타당성분석과 조절효과분석

Chapter 7

교차타당성분석과 조절효과분석

제 1 절 교차타당성과 조절효과 개념설명

1.1 교차타당성분석

연구자는 연구모델(측정모델, 이론모델)이 특정 집단 간에 같은지 다른지에 관심을 가질 수 있다. 교차타당성(cross-validation)은 성별, 문화적인 특성(인종, 민족, 종교집단 등), 국가에 따라 동일한 분석결과를 보이는지 확인하는 것이다. 즉 집단마다 동일한 분석결과를 보이는 경우가 교차타당성을 보인다고 해석한다. 이처럼 교차타당성분석은 같은 모집단 자료를 집단별로 분리하여 분석하였을 경우, 같은 특성을 보이는지를 여부를 알아보기 위한 방법이다.

교차타당성은 불변성(invariance) 또는 등가성(equivalence)이라는 단어와 함께 사용할 수 있다. 불변성이라 함은 집단 간 변동차이가 없음을 나타낸다. 등가성은 힘과 영향력의 크기가 동일한 경우를 말한다. 예를 들어, 어느 현상에 대해서 성별에 따라 같은 반응을 보일 것이라는 이론적인 배경을 바탕으로 한 연구모형을 수립하였다고 하자. 이 경우에 연구자는 성별에 따른 불변성이나 등가성을 확인하기 위해서 교차타당성분석을 실시할 수 있다.

각 집단 간 차이를 확인하는 방법을 다중집단분석(Multi-Group Analysis)이라고 한다. 분석자는 다양한 인구통계학적인 변수를 이용하여 집단분석을 실시할 수 있다. 교차타당성분석은 확인요인분석(CFA : Confirmatory Factor Analysis)과 이론모형(SEM : Structural Equation Modeling)분석에 적용할 수 있다. 교차타당성을 분석하는 방법은 크게 유연교차타당성(loose cross validation), 강한교차타당성(strong cross validation)방법이 있다.

그림 7-1 | 교차타당성

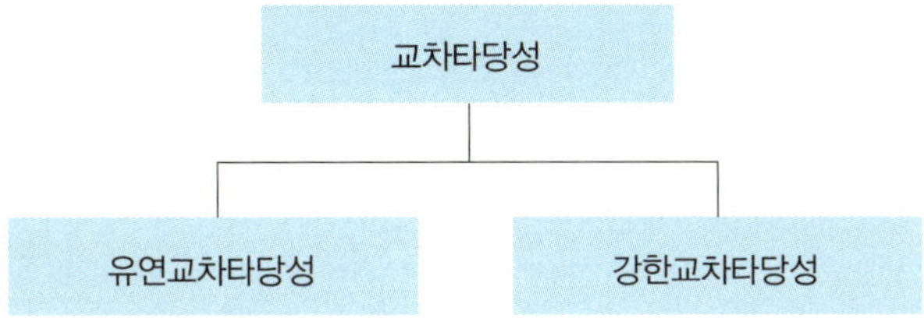

유연교차타당성은 동일 모집단에서 사전에 분리된 집단자료, 또는 군집분석 이후에 생성된 군집자료를 통해서 구조방정식모델 분석을 실시할 수 있다. 유연교차타당성은 특별한 제약(constraint)을 하지 않고 집단 차이를 분석하는 것이 주된 특징이다. 강한교차타당성분석은 각 과정마다 제약 정도를 달리하는 방법이다. 분석자는 제약 정도에 따른 χ^2의 변화량을 확인하여 의사결정을 하면 된다. 즉, 강한교차타당성은 집단 간 경로의 계수가 동일하다는 제약의 강도를 높여가면서 집단 간 차이를 분석하는 방법이다. 다중집단(multi-group) 비교는 다음 순서로 진행하면 된다.

- 단계 1 : 각 집단마다 모델의 적합도와 경로계수를 확인한다.
- 단계 2 : 집단별 비제약 모델에서 적합도와 경로계수를 계산한다.
- 단계 3 : 집단 간 모수가 같다는 제약을 한다.
- 단계 4 : $\Delta\chi^2$, Δdf 비교를 통해서 교차타당성 여부를 확인한다.

이 경우에는 $\Delta\chi^2$와 Δdf로 계산되는 유의확률을 확인한다. 이어 귀무가설 채택 여부를 결정한다. $\Delta\chi^2$통계량은 추가 제약이 적합도를 감소시키는지 여부를 판단하는 통계량이다. 분석자는 다음과 같은 귀무가설 채택 여부를 결정하면 된다.

H_0 : 집단 간 교차타당성이 있을 것이다. 또는 추가적인 제약은 적합도를 악화시키지 않을 것이다. $p > \alpha = 0.05$

H_1 : 집단 간 교차타당성은 없을 것이다. 또는 추가적인 제약은 적합도를 악화시킬 것이다. $p < \alpha = 0.05$

교차타당성분석은 집단 간 차이를 분석한다는 측면에서 다음에서 설명할 조절효과분석과 유사하다고 할 수 있다.

1.2 조절효과분석

조절효과(moderating effect)는 변수나 요인 사이의 관계를 체계적으로 변화시키는 제3의 변수나 요인을 말하며, 조절변수는 종속변수를 설명하는 데 사용된 독립변수인 설명변수(explanatory variables)라고 부를 수 있다.

만약에 "품질이 브랜드이미지에 미치는 영향을 성별이 조절한다"라는 연구가설이 있다고 하자. 그러면, 다음과 같은 그림으로 나타낼 수 있다.

그림 7-2 조절효과

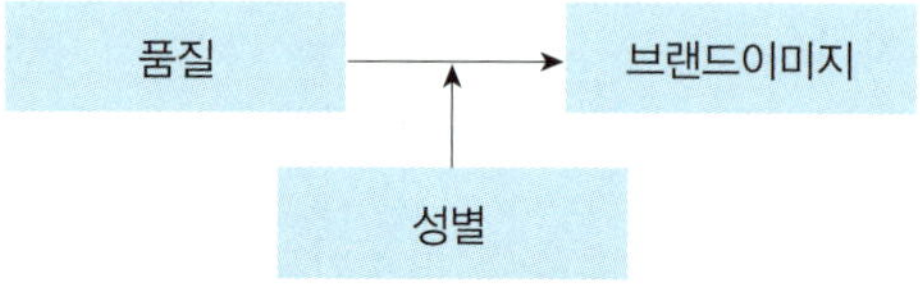

조절효과분석은 앞에서 설명한 교차타당성을 분석하는 방법과 동일하게 진행하면 된다.

제 2 절 리스렐분석

2.1 예제

자기경영(self-management)요인이 학점(Credit)요인에 미치는 영향에 관한 연구가 다수 있다. 자기경영요인은 읽기(X1), 개념화 능력(X2), 쓰기능력(X3), 어학능력(X4)으로 구성된다고 하자. 학점요인은 필수학점(Y1), 선택학점(Y2)으로 구성된다. 남녀 간의 차이를 알아보기 위해서 조사한 자료와 연구모형은 다음과 같다.

표 7-1 남학생 자료

	X1	X2	X3	X4	Y1	Y2	St Dev.	Mean
X1	1						1.36	3.839
X2	0.484	1					1.195	3.29
X3	0.224	0.342	1				1.193	2.6
X4	0.268	0.215	0.387	1			3.239	6.435
Y1	0.23	0.215	0.196	0.115	1		3.9	20.415
Y2	0.265	0.297	0.234	0.162	0.635	1	2.719	10.07

* $n=149$

표 7-2 여학생 자료

	X1	X2	X3	X4	Y1	Y2	St Dev.	Mean
X1	1						1.332	3.52
X2	0.441	1					1.281	3.081
X3	0.22	0.203	1				1.075	2.088
X4	0.304	0.182	0.377	1			2.648	5.358
Y1	0.274	0.265	0.208	0.084	1		3.764	19.672
Y2	0.27	0.122	0.251	0.198	0.664	1	2.677	9.562

* $n=156$

[데이터] EX16.DAT

그림 7-3 ▎ 연구모형

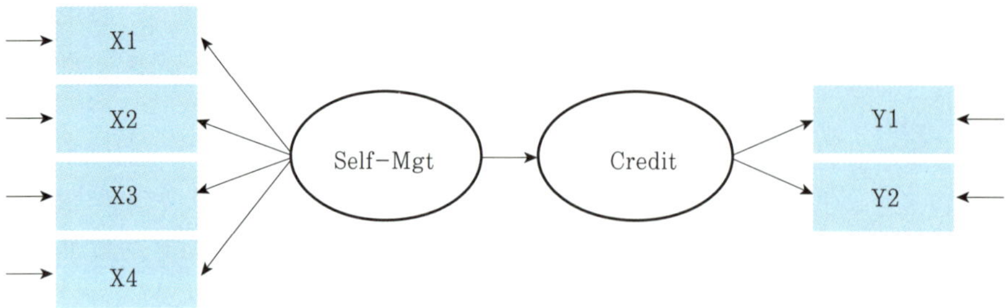

여기서, X1-X4=자기경영(Self-Mgt)요인의 측정변수

Y1, Y2=Credit요인의 측정변수

2.2 리스렐분석

1단계 우선 제약하지 않은 상황, 즉 비제약모델에서 남학생과 여학생에 해당하는 자료를 입력하고 리스렐분석을 실시하도록 한다.

그림 7-4 ▎ 비제약 명령어

```
LISREL for Windows - [multi-unconstraint]
File  Edit  Options  Window  Help

Group = Boys
Observed Variables: X1 - X4 Y1 - Y2
Correlations from File D:₩gskim₩EX16.DAT
Standard Deviations from File  D:₩gskim₩EX16.DAT
Means from File  D:₩gskim₩EX16.DAT
Sample Size: 149
Latent Variable: Self Credit
Relationships:
  X1 = CONST + 1*Self
  X2 - X4 =  CONST + Self
  Y1 =  CONST + 1*Credit
  Y2 = CONST + Credit
  Credit = Self

Group = Girls.
Correlations from File  D:₩gskim₩EX16.DAT
Standard Deviations from File  D:₩gskim₩EX16.DAT
Means from File  D:₩gskim₩EX16.DAT
Sample Size: 156
Relationship:
  X1 = CONST + 1*Self
  X2 - X4 =  CONST + Self
  Y1 =  CONST + 1*Credit
  Y2 = CONST + Credit
  Credit = Self
Path Diagram
End of Problem
```

[데이터] multi-unconstraint.LS

집단별을 위한 비제약모델 명령어에 대한 설명은 다음과 같다.

그림 7-5 ▌ 비제약모델 명령문

```
Group = Boys
Observed Variables: X1 - X4 Y1 - Y2
Correlations from File D:₩gskim₩EX16.DAT
Standard Deviations from File  D:₩gskim₩EX16.DAT
Means from File  D:₩gskim₩EX16.DAT
Sample Size: 149
Latent Variable: Self Credit
Relationships:
X1 = CONST + 1*Self
X2 - X4 =  CONST + Self
Y1 =  CONST + 1*Credit
Y2 = CONST + Credit
Credit = Self

Group = Girls
Correlations from File  D:₩gskim₩EX16.DAT
Standard Deviations from File  D:₩gskim₩EX16.DAT
Means from File  D:₩gskim₩EX16.DAT
Sample Size: 156
Relationship:
X1 = CONST + 1*Self
X2 - X4 =  CONST + Self
Y1 =  CONST + 1*Credit
Y2 = CONST + Credit
Credit = Self
Path Diagram
End of Problem
```

두 집단 간에 제약하지 않는 모델(비제약모델)에 관련 명령문의 설명은 다음과 같다.

- Group = Boys : 남학생 집단을 표시하는 명령문이다.
- Observed Variables: X1 - X4 Y1 - Y2 : 측정변수를 나타내는 명령문이다.
- Correlations from File D:₩gskim₩EX16.DAT : 상관행렬이 입력된 저장경로이다.

- Standard Deviations from File D:₩gskim₩EX16.DAT : 표준편차가 입력된 저장 경로이다.
- Means from File D:₩gskim₩EX16.DAT : 평균이 입력된 저장경로를 나타낸다.
- Sample Size : 149 : 표본수를 나타낸다. 여기서는 149명이다.
- Latent Variable : Self Credit : 잠재요인을 나타낸다. 여기서는 Self, Credit이다.
- Relationships : 구조방정식모델의 관계식을 나타낸다.

  X1 = CONST + 1*Self

  X2 - X4 = CONST + Self

  Y1 = CONST + 1*Credit

  Y2 = CONST + Credit

  Credit = Self
- Path Diagram : 결과물을 경로도형으로 나타낼 수 있는 명령문이다.
- End of Problem : 명령문 입력의 완료를 나타내는 명령문이다.

2단계 (Run LISREL)단추를 이용하여 각각의 파일을 실행한다. 그러면 다음과 같은 결과를 얻을 것이다.

그림 7-6 | 비제약모델 결과물

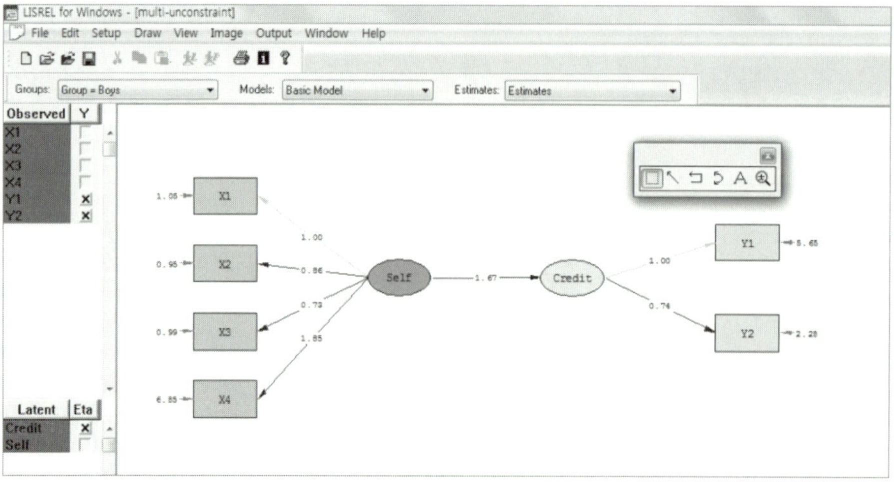

▌표 7-3▐ 비제약모델 결과치

경로		경로계수(남학생)	경로계수(여학생)
Self	←X1	1.00*	1.00*
	←X2	0.86*	0.91*
	←X3	0.73*	0.51*
	←X4	1.85*	1.24*
Credit	←Y1	1.00*	1.00*
	←Y2	0.74*	0.74*
Self→Credit		1.67*	1.78*
χ^2통계량 및 적합지수		χ^2=50.58, df=24, p=0.00119 < α = 0.05, RMSEA=0.085	

* $p < \alpha = 0.05$

[결과해석] 이 결과만으로도 여학생과 남학생의 교차타당성을 분석할 수 있다. 이 결과는 유연교차타당성(loose cross validation) 여부를 확인하는 방법이라고 할 수 있다. 두 집단의 글로벌 적합 통계량(Global Goodness of Fit Statistics)은 $\chi^2 = 50.58$, $df = 24$, $p = 0.00119 < \alpha = 0.05$으로 나타났다. χ^2에 대한 확률값이 0.05보다 낮고 다른 적합지수는 양호하지 않아 모형의 적합도는 떨어진다고 볼 수 있다. 분석자는 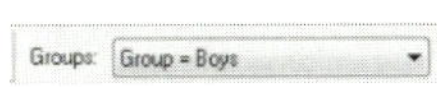

에서 드롭다운 단추(▼)를 눌러 집단별(Boys, Girls) 경로계수 및 모수를 확인할 수 있다.

3단계 분석결과와 논리성을 바탕으로 제약을 한다. 이어 적합도를 개선시키는 과정을 알아본다. 다중집단분석을 위해서 제약모델을 만든다. 제약모델에 대한 리스렐 명령문은 다음과 같다.

그림 7-7 | 제약모델 명령문

```
LISREL for Windows - [multi-constrained]
File  Edit  Options  Window  Help

Group = Boys
Observed Variables: X1 - X4 Y1 - Y2
Correlations from File D:₩gskim₩EX16.DAT
Standard Deviations from File  D:₩gskim₩EX16.DAT
Means from File  D:₩gskim₩EX16.DAT
Sample Size: 149
Latent Variable: Self Credit
Relationships:
  X1 = CONST + 1*Self
  X2 - X4 =  CONST + Self
  Y1 =  CONST + 1*Credit
  Y2 = CONST + Credit
  Credit = Self
Let the error of X1 and X2 correlate

Group = Girls.
Correlations from File  D:₩gskim₩EX16.DAT
Standard Deviations from File  D:₩gskim₩EX16.DAT
Means from File  D:₩gskim₩EX16.DAT
Sample Size: 156
Relationship:
  X1 = CONST + 1*Self
  X2 - X4 =  CONST + Self
  Y1 =  CONST + 1*Credit
  Y2 = CONST + Credit
  Credit = Self
Set the error variances of X1 - X4 free
Set the error variances of Y1 Y2 free
Set the error variance of Self Credit free
Let the error of X1 and X2 correlate
Path Diagram
End of Problem
```

[데이터] multi-constrained.LS

그림 7-8 | 제약모델 명령어

```
Group = Boys
Observed Variables: X1 - X4 Y1 - Y2
Correlations from File D:₩gskim₩EX16.DAT
Standard Deviations from File  D:₩gskim₩EX16.DAT
Means from File  D:₩gskim₩EX16.DAT
Sample Size: 149
Latent Variable: Self Credit
Relationships:
X1 = CONST + 1*Self
X2 - X4 =  CONST + Self
Y1 =  CONST + 1*Credit
Y2 = CONST + Credit
Credit = Self
```

```
Let the error of X1 and X2 correlate

Group = Girls
Correlations from File  D:₩gskim₩EX16.DAT
Standard Deviations from File  D:₩gskim₩EX16.DAT
Means from File  D:₩gskim₩EX16.DAT
Sample Size: 156
Relationship:
X1 = CONST + 1*Self
X2 - X4 =  CONST + Self
Y1 =  CONST + 1*Credit
Y2 = CONST + Credit
Credit = Self
Set the error variances of X1 - X4 free
Set the error variances of Y1 Y2 free
Set the error variance of Self Credit free
Let the error of X1 and X2 correlate
Path Diagram
End of Problem
```

제약모델의 명령어에 대한 설명은 다음과 같다. 제약모델의 명령어는 대부분 비제약모델과 비슷하다. 비제약모델의 결과물에서 산출되는 수정지수를 고려하여 입력하면 된다.

- Group = Boys : 남학생 자료를 입력하는 창이다.

  ––– 비제약모델과 동일하게 입력하면 된다.–––

- Latent Variable: Self Credit

- Relationships:

  ––– 비제약모델과 동일하게 입력하면 된다.–––

- Let the error of X1 and X2 correlate : X1와 X2 간의 오차항 간에 상관관계가 있다는 명령문이다.

- Group = Girls : 여학생에 관한 명령문 지정창이다.

  –––나머지는 앞의 비제약모델과 동일하다.–––

- Set the error variances of X1 – X4 free : X1, X2, X3, X4의 오차분산을 자유

모수로 나타내는 명령문이다.

- Set the error variances of Y1 Y2 free : Y1, Y2의 오차분산을 자유모수로 나타내는 명령문이다.
- Set the error variance of Self Credit free : 잠재요인 Credit과 Credit를 자유모수화시키는 명령문이다.
- Let the error of X1 and X2 correlate : X1과 X2의 오차항이 상관관계가 있음을 연결하는 명령문이다.
- Path Diagram : 결과물로 경로도형을 보여주도록 하는 명령문이다.
- End of Problem : 프로그램이 끝났음을 나타내는 명령문이다.

4단계 (Run LISREL)단추를 이용하여 제약모델 파일을 실행한다. 그러면 결과물을 얻을 수 있다.

| 표 7-4 | 비제약모델과 제약모델 비교

경로		비제약모델		제약모델	
		경로계수 (남학생)	경로계수 (여학생)	경로계수 (남학생)	경로계수 (여학생)
Self-Mgt	←X1	1.00*	1.00*	1.00*	1.00*
	←X2	0.86*	0.91*	1.11*	0.74*
	←X3	0.73*	0.51*	1.54*	0.62*
	←X4	1.85*	1.24*	3.28*	1.02*
Credit	←Y1	1.00*	1.00*	1.00*	1.00*
	←Y2	0.74*	0.74*	0.58*	0.61*
Self Mgt→Credit		1.67*	1.78*	2.64*	1.78*
χ^2통계량 및 적합지수		χ^2=50.58, df=24, p=0.00119 < α=0.05, RMSEA=0.085		χ^2=55.58, df=18, p=0.00001 < α=0.05, RMSEA=0.118	
$\Delta\chi^2$통계량, Δdf 비교		$\Delta\chi^2$=-5, Δdf=6 모형의 적합도가 더 악화됨			

[결과해석] 비제약모델과 제약모델을 비교한 결과, 모형의 적합도 개선이 없음을 알 수 있다. 따라서 분석자는 비제약모델을 가지고 집단 간 경로계수 차이를 확인하면 된다. 비제약모델에서 자기경영(Self-Mgt)요인이 학점(Credit)요인에 미치는 영향력(경로계수)은 성별에 따라 차이가 없음을 알 수 있다. 즉, 성별에 따른 교차타당성(cross-validation)이 있음을 알 수 있다.

연 · 습 · 문 · 제

01. 유연교차타당성과 강한교차타당성 분석방법의 차이점은 무엇인지 토론해 보자.

02. 성별(남학생, 여학생)에 따른 교차타당성을 확인하여라. 연구모형과 데이터는 다음과 같다.

[연구모형]

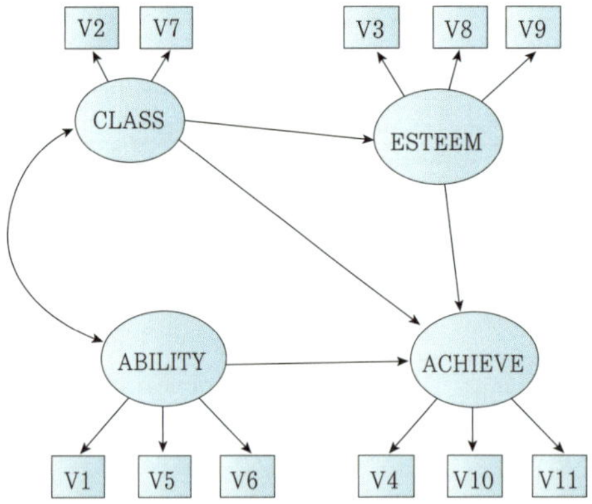

[데이터]

	v1	v2	v3	v4	v5	v6	v7	v8	v9	v10	v11
v1	1										
v2	0.345	1									
v3	0.287	0.377	1								
v4	0.252	0.579	0.114	1							
v5	0.637	0.335	0.253	0.255	1						
v6	0.768	0.339	0.302	0.278	0.6	1					
v7	0.254	0.703	0.337	0.591	0.312	0.313	1				
v8	0.166	0.429	0.724	0.143	0.264	0.216	0.364	1			
v9	0.104	0.411	0.506	0.142	0.199	0.163	0.551	0.63	1		
v10	0.247	0.601	0.202	0.88	0.288	0.309	0.621	0.29	0.199	1	
v11	0.208	0.526	0.127	0.827	0.253	0.231	0.676	0.155	0.234	0.808	1
SD	13.9	13.4	10	15.9	9.4	4.9	5.9	11.1	5.9	11.8	7.9

(Boys, N=414)

	v1	v2	v3	v4	v5	v6	v7	v8	v9	v10	v11
v1	1										
v2	0.293	1									
v3	0.278	0.377	1								
v4	0.109	0.379	−0.07	1							
v5	0.656	0.3	0.211	0.129	1						
v6	0.825	0.331	0.311	0.16	0.677	1					
v7	0.191	0.659	0.336	0.378	0.137	0.263	1				
v8	0.146	0.4	0.677	0.042	0.185	0.211	0.409	1			
v9	0.168	0.474	0.554	0.026	0.14	0.233	0.626	0.657	1		
v10	0.123	0.406	0.026	0.857	0.186	0.185	0.408	0.071	0.049	1	
v11	0.079	0.362	0.039	0.822	0.082	0.124	0.509	−0.03	0.08	0.806	1
SD	14.5	11	9.5	16.3	8.9	5	4.9	10.7	5.3	11.1	7.1

(Girls, N=412)

Easy **SEM** with *SmartPLS*

SmartPLS

Part 3

Easy SEM with SmartPLS

성공을 부르는 습관을 기르면 성공이 습관이 된다.
-마이클 앤지어(Michale Angier)-

8
Chapter

PLS (Partial Least Square)

Chapter 8

PLS(Partial Least Square)

제 1 절 PLS에 대한 이해

1.1 PLS의 개념과 정의

최근 PLS(Partial Least Square, 부분최소제곱)가 구조방정식모델의 대안으로 부각되면서 관심도가 높아지고 있다. PLS는 Herman Wold(1982)에 의해서 개발되었다. [그림 8-1]에서 보는 바와 같이, PLS는 탐색요인분석을 시작으로 반복 OLS을 이용한 요인분석(PCA)을 토대로 예측목적으로 개발되었다. 초기 계량경제학모델 분석용으로 개발된 PLS는 화학 분석학에서 널리 이용되어 왔다. 최근에는 경영학, 경제학, 정치학, 교육공학, 다양한 사회과학 관련분야에서 사용빈도가 높아지고 있다.

그림 8-1 구조방정식모델 통계분석방법 역사

PC 이전 시대	PC 중심	방정식의 시스템화	
탐색요인분석 Lax ley(1940)	반복 OLS을 이용한 요인분석(PCA) Wold(1966)	반복 OLS을 이용한 PLS-SEM Wold(1978)	예측
경로분석 Wright(1921)	확인요인분석 Jöreskog(1969)	구조방정식모델 (LISREL) Jöreskog(1969)	모델확인
선형방정식 추정 시스템화 Koopmans(1950)	도구변수 (매개, 조절변수)와 2SLS Theil(1953)	3SLS, 완전정보 회귀 구조방정식모델 Zeller(1962)	모델확인/예측

구조방정식모델 운용방법은 제한된 정보방법(Limited Information Methods)과 완전정보방법(Full Information Methods) 등으로 나뉠 수 있다. 즉, 데이터에 대한 기본가정 정도에 따라 구조방정식모델 프로그램 운용방법을 구분할 수 있다.

그림 8-2 | 구조방정식모델의 통계분류

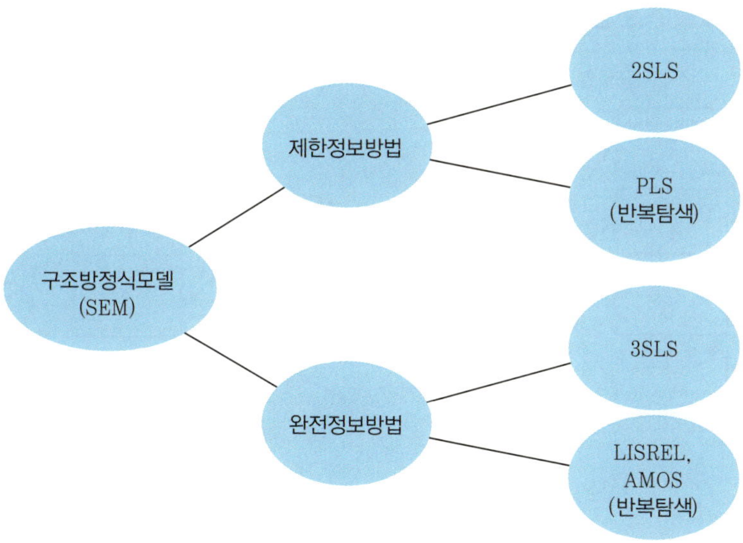

PLS와 구조방정식모델의 기본 운용방식은 유사하다. PLS가 구조방정식모델과 유사해 보인다. 그럼에도 불구하고 구조방정식모델과 PLS는 제안모델 개발, 측정, 해석 등에서는 실질적인 차이를 보이고 있다.

구조방정식모델에서는 측정모델(Measurement Model)과 이론모델(Structural Model)의 조합으로 관계를 나타내는 반면에 내부모델(Inner Model)과 외부모델(Outer Model)로 나타낸다. PLS에서 내부모델은 구조방정식모델에서 측정모델과 측정모델을 연결한 이론모델에 해당한다. 마찬가지로 PLS에서 외부모델은 구조방정식모델에서 측정모델에 해당한다.

PLS는 질적자료(명목척도, 서열척도)와 양적자료(등간척도, 비율척도)로 된 변수 모두 분석이 가능하다. 반면에 구조방정식모델은 독립요인과 종속요인을 구성하는 변수들은 가급적이면 양적자료(등간척도, 비율척도)여야 한다.

PLS는 요인 간의 관계설명보다는 예측이 주요 목적이다. PLS는 반영지표모델

(Reflective model)과 조형지표모델(Formative model), 재귀모델(Recursive Model) 등에서 분석이 가능하다. 또한 다양한 요인들과 함께 단일항목이 잠재요인을 이루는 연구모델에서도 분석이 가능하다. 다음은 회복력과 스트레스극복에 관한 PLS모델의 예를 나타낸 것이다.

그림 8-3 | PLS 연구모델

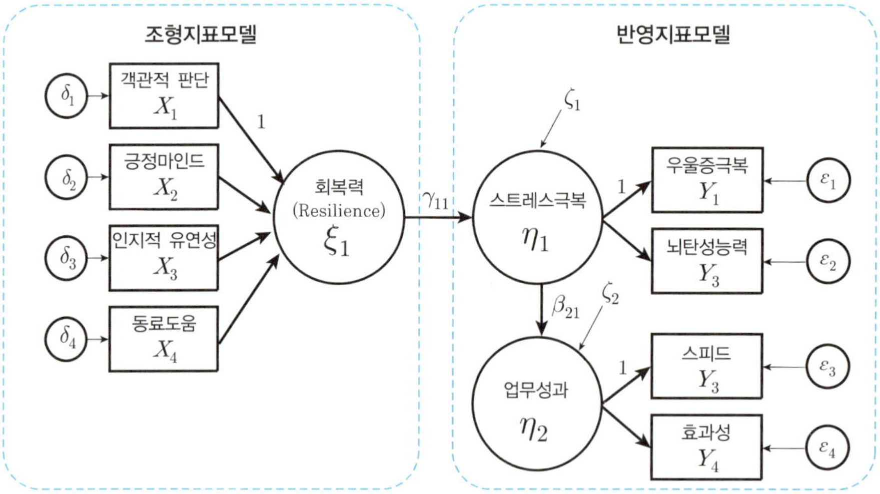

여기서는 회복력, 스트레스극복, 업무성과라는 세 개 요인을 도입하였다. 회복력은 객관적 판단, 긍정마인드, 인지적 유연성, 동료도움 등 네 개의 측정변수를, 업무성과요인은 스피드, 효과성 등 두 개의 측정변수를 사용하였다. 조형지표모델에서는 회복력이라는 요인에서 네 개의 변수로 구성되어졌다. 업무성과라는 요인에서 두 개의 변수로 화살표가 향하게 되는데, PLS에서는 반대로 측정변수가 원인변수로 '회복력(resilience)'이라는 잠재요인을 규정하고 있다. '회복력'은 객관적 판단, 긍정마인드, 인지적 유연성, 동료도움, '업무성과'는 스피드, 효과성 등과 같은 측정변수들의 합성요인(composit factor)이다. '회복력'이 결과잠재요인이기 때문에 구조오차가 있어야 하나 구조오차가 없다는 점이 특징이다. 이 회복력 요인은 직접 관찰되는 것이 아니라서 잠재요인으로 간주할 수 있다.

PLS의 연구모델에서 제2의 잠재요인인 '스트레스극복'은 왼쪽의 '회복력'에 영향을 받는다. '회복력'에 의해서 '스트레스극복'의 변동이 설명될 수 없는 부분이 남게 된다. 마찬가지로 '업무성과'에는 '스트레스극복'의 변동으로 모두 설명할 수 없는 부분이 남게 된다. 이 부분이 잔차(ζ)이다.

PLS는 내부모델(inner model)과 외부모델(outer model)로 나뉜다. 내부모델은 구조방정식모델의 잠재요인과 잠재요인을 연결한 이론모델에 해당된다고 할 수 있다. 외부모델은 구조방정식모델의 측정모델에 해당한다. 먼저, PLS 내부모델은 다음과 같이 나타낼 수 있다.

$$\eta = \alpha + B \cdot \eta + \Gamma \cdot \xi + \zeta \qquad \text{(식 8-1)}$$

여기서, α, B, Γ, ζ는 벡터량, B와 Γ는 행렬

잠재요인(η)은 B의 크기에 따라 중요도가 결정된다. 이 식의 기본가정은 다음과 같다.

$$E[\zeta = 0],\ cov(\zeta,\ \eta) = cov(\zeta,\ \xi) = 0 \qquad \text{(식 8-2)}$$

PLS에서 반영지표로 구성된 외부모델인 경우는 다음과 같은 식으로 나타낼 수 있다.

$$Y = \Lambda_Y \cdot \eta + \epsilon_Y \qquad \text{(식 8-3)}$$

$$X = \Lambda_X \cdot \xi + \epsilon_X$$

여기서, Λ=적재치

PLS방법에서 잠재변수들의 값은 측정변수들의 선형조합에 의해 추정된다. 가중치들은 잠재요인에 미치는 측정변수들의 영향력이라고 할 수 있다. PLS에서 조형지표인 경우는 다음과 같은 식으로 나타낼 수 있다.

$$\eta = \Pi_Y \cdot Y + \delta_\eta \qquad \text{(식 8-4)}$$

$$\xi = \Pi_X \cdot X + \delta_\xi$$

여기서, Π=회귀계수

PLS에서 오차항(ε)과 오차항(δ)의 기대값=0이다. η와 ξ는 곡선의 화살표로는 연결할 수 없다. PLS는 η, ξ의 가중치를 계산한다.

정리하면, PLS는 반영지표나 조형지표로 구성된 잠재요인과 잠재요인을 이론모형으로 연결한 경우, 독립적인 회귀분석(또는 주성분분석)을 반복적으로 사용하여 추정하는 비모수추정법(nonparametric estimation)을 말한다.

1.2 PLS 기본 운영원리

PLS는 입출력 데이터의 상관성을 고려한다. PLS의 기본 운영원리는 데이터의 연관성을 가장 잘 반영할 있는 순서대로 공통요인을 결정하는 방식이다. PLS에서는 가능모델 중에서 최적모델을 선택한다. PLS는 분석과정마다 최적모델구조를 선택하는 방법으로 운용된다. 최종적으로 최소자승법과 신경회로망의 내적조합모델을 갖는 PLS모델을 구축하게 된다. 이것을 그림으로 나타내면 다음과 같다.

그림 8-4 | PLS의 기본 운영원리

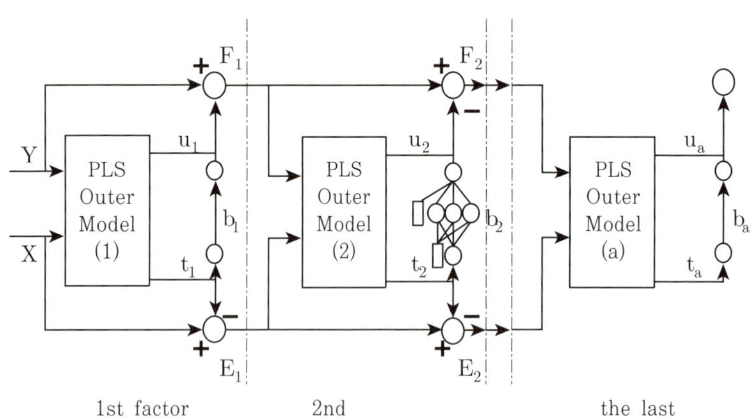

PLS 운용방법은 NIPALS 알고리즘을 따른다. NIPALS(Non-Linear Iterative Partial Least Square)는 최초에 작은 요인을 계산하는 방법이다. NIPALS 방법에서 외적 변환은 NIPALS 알고리즘을 따른다. 입출력 score벡터의 모델링 단계에서는 선형 또는 비선형 모델링을 선택하게 된다. 이것을 식으로 나타내면 다음과 같다.

$$X = TP^T + E \quad \text{(식 8-5)}$$

$$Y = UC^T + F \quad \text{(식 8-6)}$$

$$U = BT + R(B = T^T T)^{-1} T^T U \text{ 또는 } U = N(T) + R \quad \text{(식 8-7)}$$

[식 8-5]와 [식 8-6]은 외적 변환단계의 계산식이다. [식 8-7]은 내적 모델단계로써 score벡터(t, u)의 모델링이 이루어진다. 이때 내적 모델의 선택은 Prediction sum of squares(PRESS)를 계산하여 상대오차가 적은 모델링 방법이 선택되어진다. 이때 E와 F가 최소가 되어 거의 프로세스에 대한 정보(information)가 없다고 판단되어 질 때까지, 즉 앞의 그림에서 last factor인 a가 계산되어 질 때까지 반복적으로 계산되어진다.

구조방정식모델은 MLE(Maximum Likelihood Estimation, 최대우도법)을 가정하고 프로그램이 운용된다. 반면에 PLS는 회귀분석에서 자주 사용하는 OLS(Ordinary Least Square, 최소자승법)법을 이용한다. PLS는 OLS의 확장이다. PLS는 다수의 예측변수들(predictor variables)의 최적 관계를 탐색하는 방법을 사용한다. 구조방정식모델이 측정항목 사이의 관계설명과 관련 있는 공분산행렬과 관계가 있다. 반면에 PLS는 개념 간 예측이 주된 목적이다. PLS에서 모수의 예측은 부트스트래핑 방법 없이는 불가능하다.

PLS와 구조방정식모델의 근본적인 차이점은 분석목적에 있다. PLS는 앞에서도 언급한 것처럼, 다중회귀분석의 OLS(Ordinary Least Square)법을 이용한다. 이유는 설명가능한 분산을 최대화하여 모수를 계산할 수 있기 때문이다. PLS에서 R^2, 유의한 경로 등을 모델적합도 평가에 사용한다(Chinn, 1998).

구조방정식모델은 이론을 모델화하고 이 모델과 자료의 일치도를 확인하는 데 주된 목적이 있다. 즉 구조방정식모델은 연구모델과 관찰 공분산 계산으로 적합성을 비교한다. 구조방정식모델은 변수와 변수관계, 요인과 요인관계 설명에 주로 이용된다. 즉, 구조방정식모델은 논리적합성 검정을 주목적으로 한다. 반면에 PLS는 논리적인 적합성보다는 예측이 주된 목적이다.

지금까지 설명한 내용을 중심으로 PLS의 특징을 정리하면 다음과 같다.

- PLS는 개별 합성지수들로 요인을 계산한다. PLS는 측정변수 사이의 공분산을 산출하지는 않는다.
- 구조방정식모델에서와 달리 PLS에서는 자유도에 큰 의미를 두지 않는다.
- PLS는 구조방정식모델 분석과정에서 거치는 최적화 절차에 의존하지 않는다.
- PLS모델은 해찾기를 방해하는 치명적 오류나 통계적 인증에 문제가 되는 일이 적다.
- PLS는 내생개념하에서 분산을 최소화해서 해를 찾는다. 반면 구조방정식모델은 측정문항 사이의 관찰공분산을 재생산하는 시도를 한다.
- PLS는 조형지표와 반영지표를 구분하지 않는다.
- PLS분석에는 반드시 좋은 측정을 필요로 하지 않는다.
- PLS는 표본크기에 민감하지 않다.

1.3 PLS의 장점과 단점

PLS는 구조방정식모델 프로그램에 대하여 장점과 단점을 갖고 있다. 먼저 장점을 살펴보면 다음과 같다.

첫째, 측정에 문제가 있어 구조방정식모델로 해결하지 못하는 문제를 해결할 수 있다. 예를 들어, 연구자가 1개문항, 2개문항으로 구성된 모형을 구조방정식 모델로 처리할 경우, 연구자는 PLS를 사용할 수 있다. 요인을 구성하는 변수가 1개 문항 또는 2개 문항으로 적은 경우는 구조방정식모델에서 타당성이 낮다. PLS에서는 변수의 수에 제약을 받지 않는다. 또한 엄격한 가정을 따를 필요가 없다.

둘째, PLS는 조형지표(개념)와 반영지표(개념)가 혼합되어 있는 연구모델을 분석할 수 있다. 구조방정식모델에서 조형지표모델을 구체화하기가 어려운 것이 사실이다. 많은 연구자들이 이러한 이유 때문에 PLS를 많이 사용한다. 또한 PLS는 구조방정식모델과 달리 모델의 복잡성 문제에 관계없이 많은 측정변수와 개념들을 분석할 수 있다.

셋째, PLS는 샘플의 크기에 관계없이 분석이 가능하다. PLS는 구조방정식모델과 달리, 대표본과 소표본 모두에서 분석이 가능하다. PLS는 구조방정식모델에서 분석이 불가능한, 매우 적은 표본(30개 이하)인 경우에 분석이 가능하다.

넷째, PLS는 설문조사 및 측정의 정확성이 다소 떨어질 때 유용하다. 연구자는

PLS의 주된 목적이 예측인 점을 고려하여 측정문항을 만들어야 한다.

PLS가 반드시 장점만 있는 것은 아니다. 단점도 있다.

첫째, PLS는 관계설명보다는 예측에 집중된다는 것이다. 이것은 다소 이해하기 어려운 개념이다. 구조방정식모델에서 적합성이나 경로계수의 유의성에 대한 해를 도출할 수 없는 경우, PLS에서는 이에 대한 해를 구할 수 있다. 어떤 연구자들은 PLS가 항상 결과물을 도출해 주기 때문에 가치가 있다고 말한다. 그러나 연구자는 직관력을 발휘할 필요성이 있다. 즉, 연구자는 PLS 결과물이 무엇을 의미하고 어떤 내용을 의미있게 해석해야 하는지 등에 관한 사항을 심도있게 고민해야 한다.

둘째, LISREL과 PLS의 비교를 통해서 두 방법의 근본적인 차이점을 알아보자. 동일한 연구모형과 동일한 데이터를 분석해 볼 경우, LISREL 사용방법과 PLS 방법 사이에는 차이가 있음을 알 수 있다. 분산추출지수, 신뢰도지수, 경로계수 등에서 차이가 있다.

제 2 절 구조방정식모델과 PLS

개념적으로나 실용적인 측면에서나 PLS는 관계를 고찰하는 다중회귀모델과 유사하다. PLS는 구조방정식모델에 비해서 엄격한 가정이 덜하다. 모델복잡성과 표본크기 등에 관계없이 효율적인 분석이 가능하다. 개념을 구성하는 측정변수의 수에 대한 규정이 없어 적은 수의 측정항목으로도 요인화가 가능하다. 특히, 측정에 문제가 있거나 확인보다 탐색에 주안점을 둔다면 PLS가 구조방정식모델의 대안으로 매력적이다.

비록 PLS가 광범위한 경우에 적용된다 하더라도, 연구자들은 개념의 속성과 관련하여 결과해석에 주의해야 한다. 확인요인분석 결과를 통해서 판단할 수 있는 수렴타당성에 만족스럽지 못한 결과를 가져오면 합리적인 판단으로 PLS를 선택할 필요가 있다. 다음 [표 8-1]은 구조방정식모델과 PLS를 비교해 놓은 것이다. 연구자는 이러한 특징을 이해하고 적합한 프로그램을 사용하면 된다.

표 8-1 구조방정식모델과 PLS 비교

	MLE - 구조방정식모델	PLS
목적	• 전체 구조모형 최적화 • 공분산행렬 적합 최대화 • 이론검증 및 관계설명	• 모형 추정과정에서 발생하는 잔차/예측오차 최소화 • 예측력 극대화
분포에 대한 기본가정	다변량 정규분포성	다변량 정규분포, 오차항의 정규분포 가정 없음
모수추정법	• ML(다변량 정규분포)을 각 변수 간의 결합분포를 가정하여 모수추정 • 완전정보법(관찰행렬과 예측행렬의 불일치를 최소화하는 방법) 이용	• 회귀분석, 주성분분석을 반복적으로 수행하여 모수를 추정하는 비모수 추정 • OLS법을 사용한 다단계 반복 절차 • 모형은 모수가 개별적으로 추정되는 블록(Block)으로 분리됨
성격	확인적인 모델링(확인요인분석과 유사함)	탐색적인 모델링
고려 우선순위	모든 변수 동일 고려	종속요인(변수)
표본크기	상대적으로 큰 크기	대표본, 소표본 무방함
단점	정규분포의 가정 엄격함	• 각 변수들의 요인적재치가 과대측정 가능성 • 잠재변수들 간의 경로계수 과소추정
분석가능모델	재귀모델, 비재귀모델 모두 가능	재귀모델만 가능
데이터 저장	모든 파일 가능	CSV Files(*.csv), Text(*.txt)
분석지표	• 반영모델(reflective model) : 잠재요인이 측정변수를 설명하는 모델 • 이론모형(structural model) : 잠재요인과 잠재요인의 관계를 선으로 연결한 모델	반영모델(reflective model)과 조형지표(formative model)로 측정변수들의 선형조합에 의해서 직접 구해짐
잠재요인당 관찰변수 수	요인당 관찰변수는 2개 이상	잠재요인마다 1개의 측정변수도 가능함
잠재요인 간의 인과관계	변수들의 관찰된 상관/공분산행렬과 모델에 의해 예측된 행렬 간 비교가 주요 목적이므로 잠재요인 간의 경로계수는 예측력의 극대화 지표는 아님	측정변수들의 측정오차와 잠재요인 간의 예측오차를 최소화하도록 경로계수를 추정하므로 오차 최소화를 통한 예측력 극대화가 목표임
측정모델 품질평가	신뢰성과 타당성평가	신뢰성과 타당성평가
통계적 검정	모델경로계수, 적합도검정, 모델 간 차이 비교 등 다양한 통계적 검정이 가능	분포에 기초한 모수추정이 아니므로 확률에 기초한 통계적 검정 불가(부트스트래핑을 활용하여 검정)
적용분야	논문작성	논문작성 및 실무분야

자료 : Bacon L. D.(1999), Using LISREL AND PLS TO MEASURE CUSTOMER SATISFACTION, Sawtooth Software Conference Proceedings: Sequim, WA., pp.285-306, 저자 연구내용 추가

제 3 절 LISREL과 PLS 결과물 비교

구조방정식모델의 전형이라고 할 수 있는 LISREL 프로그램과 PLS 프로그램 운용 결과를 비교해보기로 하자. 연구자는 설명에 초점을 맞추는 LISREL과의 차이점을 이해하기 위해서 PLS 측정모델 결과도 자세히 살펴보아야 한다. 독립적인 잠재요인, 종속적인 잠재요인과 관련된 네 개의 변수에 대하여 알아보자.

3.1 실행절차

1단계 EXCEL창에서 파일을 저장한다. 표본수 120명에 대한 자료가 엑셀파일로 저장되어 있다. 데이터 파일은 pls-sem.txt파일 또는 pls-sem.csv로 저장되어 있다.

그림 8-5 Excel 데이터 파일

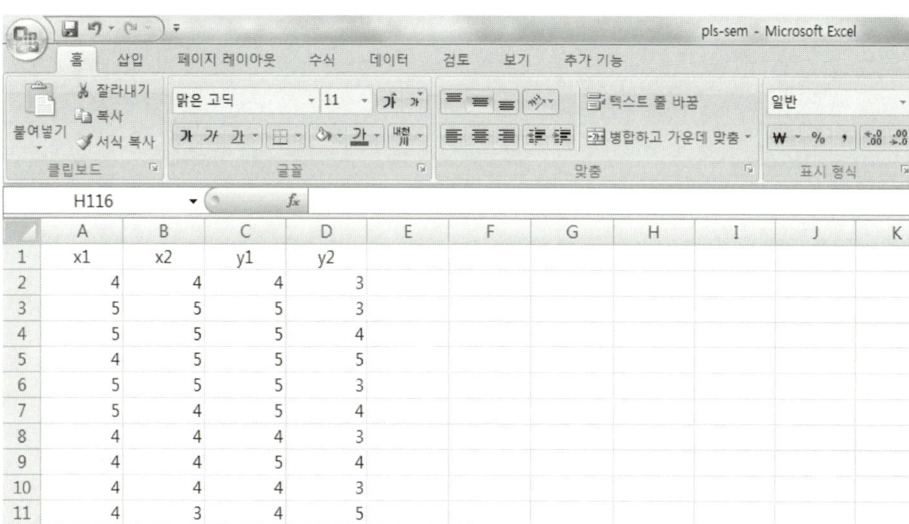

[데이터] pls-sem.txt, pls-sem.csv

2단계 데이터 파일의 상관행렬을 구해보면 다음과 같다. 상관행렬은 Excel 프로그램, SPSS 프로그램, LISREL 프로그램 등 다양한 통계프로그램으로 쉽게 구할 수 있다.

그림 8-6 ▌ 상관행렬

	x1	x2	y1	y2
x1	1.000			
x2	0.810	1.000		
y1	0.717	0.756	1.000	
y2	0.338	0.388	0.418	1.000

3단계 다음과 같이 LISREL 명령어를 입력한다. 마찬가지로 SmartPLS 프로젝트를 진행한다. SmartPLS 운용방법은 다음 장에서 자세히 설명할 것이다.

그림 8-7 ▌ LISREL과 SmartPLS 프로젝트

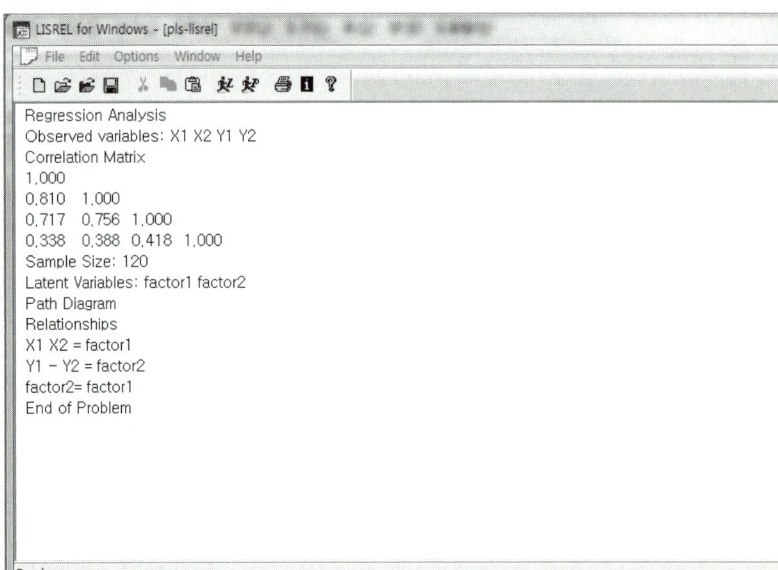

[데이터] pls-lisrel.ls

(a) LISREL 명령어

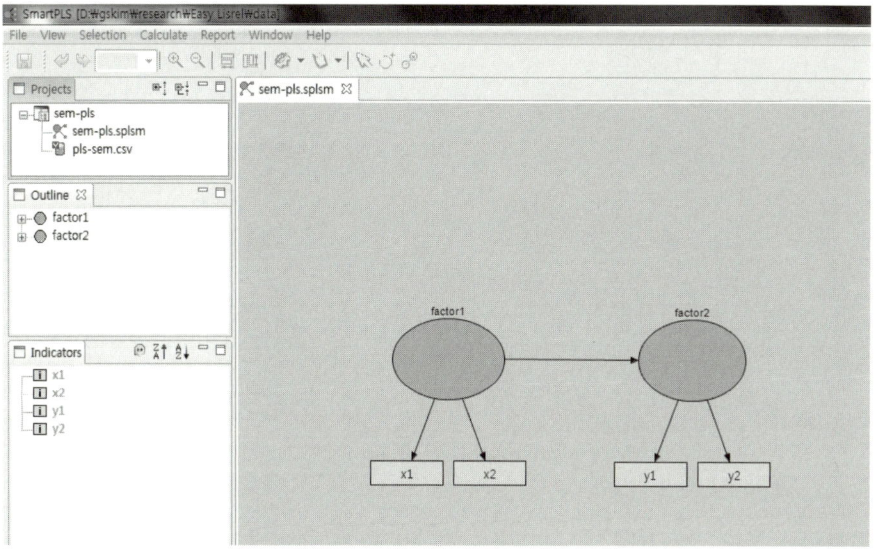

[데이터] sem-pls프로젝트(sem-pls.splsm, pls-sem.csv)

(b) SmartPLS 프로젝트

4단계 LISREL 프로그램은 (Run LISREL)단추를 눌러 실행한다. SmartPLS를 실행하기 위해서 Calculate → PLS Algorithm 단추를 누르면 된다.

3.2 결과분석 비교

연구자는 두 프로그램 분석결과를 토대로 비교할 수 있다.

그림 8-8 | LISREL과 SmartPLS 결과물

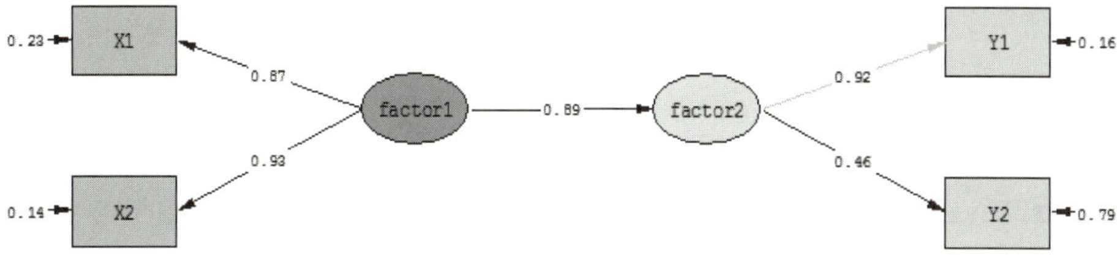

Chi-Square=0.36, df=1, P-value=0.54972, RMSEA=0.000

(a) LISREL 결과물

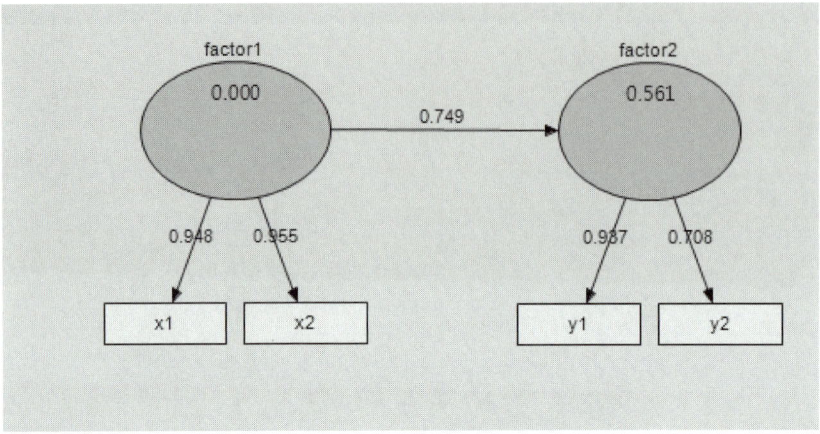

(b) SmartPLS 결과물

[결과해석] 첫째, LISREL 프로그램은 연구모형과 데이터의 전반적인 어우러짐을 나타내는 적합지수를 산출해 준다. 반면에 SmartPLS에서는 이러한 적합지수를 산출해 주지 않는다. 앞에서 설명한 것처럼, LISREL은 요인 간의 관계성을 설명하는 데 목적을 두는 프로그램이라고 할 수 있다. 반면에 SmartPLS는 예측이 주된 목적이라고 할 수 있다.

둘째, LISREL의 factor1 → factor2 간 경로계수가 0.89이다. 이는 변수들 간의 관계를 나타내는 상관계수 중 가장 큰 값(0.810)보다 크다. 반면에 SmartPLS의 경로계수는 관찰상관계수의 평균에 근접하는 0.749이다. 더구나 요인적재치는 LISREL보다 SmartPLS가 크다. SmartPLS방법에 의해서 추정된 경로계수는 한 요인을 개선했을 경우, 성과요인의 변화 정도를 나타낸다. 즉 개선노력에 대한 성과(return)라고 할 수 있다. 참고로 PLS 결과물 중에서 factor2의 원 안에 있는 수치 0.561은 결정계수(R^2)이다. 이는 factor1을 통해서 factor2를 56.1% 설명할 수 있다는 것을 나타낸다.

앞의 결과물에서 보는 것처럼, LISREL과 분석결과물을 보면 두 개념(factor1, factor2)은 수렴타당성을 만족한다. 두 프로그램에 의한 결과물의 요인적재치는 적합수준 기준치 이상이다. 만약, 신뢰도와 AVE(분산추출지수)를 계산하면 적합표준(신뢰도 0.7 이상, 분산추출지수 0.5 이상) 이상임을 알 수 있다.

▌표 8-2▐ LISREL 결과물에 대한 신뢰도와 분산추출지수

잠재요인	측정변수	요인적재치	오차항	신뢰도(0.7 이상)	분산추출지수(AVE 0.5 이상)
f1	X1	0.875	0.765	0667	0.500
	X2	0.926	0.858		
f2	Y1	0.916	0.839	0.643	0.500
	Y2	0.456	0.208		

신뢰도와 분산추출지수를 계산하는 공식은 다음과 같다.

$$CR = \frac{\left(\sum_{i=1}^{n} \lambda_i\right)^2}{\left(\sum_{i=1}^{n} \lambda_i\right)^2 + \left(\sum_{i=1}^{n} \delta_i\right)} \qquad (식\ 8\text{-}8)$$

여기서, $\left(\sum_{i=1}^{n} \lambda_i\right)^2$=표준 요인적재치의 합, $\left(\sum_{i=1}^{n} \delta_i\right)$=측정오차의 합

$$AVE = \frac{\left(\sum_{i=1}^{n} \lambda_i^2\right)}{\left(\sum_{i=1}^{n} \lambda_i^2\right) + \left(\sum_{i=1}^{n} \delta_i\right)} \qquad (식\ 8\text{-}9)$$

여기서, $\sum_{i=1}^{n} \lambda_i^2$=표준요인적재치의 제곱합, $\left(\sum_{i=1}^{n} \delta_i\right)$=측정오차의 합

▌표 8-3▐ PLS 결과물에 대한 신뢰도와 분산추출지수

잠재요인	측정변수	요인적재치	문항수	신뢰도(0.7 이상)	분산추출지수(AVE 0.5 이상)
f1	X1	0.948	2	0.950	0.950
	X2	0.955			
f2	Y1	0.937	2	0.813	0.689
	Y2	0.708			

여기서, 연구자의 판단이 중요하다. 연구자가 LISREL 프로그램으로 분석하든 SmartPLS로 분석하든 연구중심을 잘 잡아야 한다.

연구자는 측정모델의 고찰로 LISREL 프로그램으로 분석할 것인지 아니면

SmartPLS로 분석할 것인지 결정해야 한다. 요인과 변수가 체계적으로 구성되어 있는 측정모델이 체계적인 이론적 배경하에서 이루어졌는지 확인해야 한다. 또한 설문자료가 신뢰성과 타당성이 있는지 확인해야 할 사항이다.

또한, 분석목적인 요인 간의 관계설명인지 예측인지를 판단하여 분석방법을 선택하도록 해야 한다. 앞에서 밝힌 것처럼, 요인 간의 관계설명은 LISREL 프로그램으로 분석하면 된다. LISREL 프로그램에서는 적합지수도 산출해 준다. 분석 목적이 예측이라면 SmartPLS 프로그램으로 분석하면 된다.

참·고·문·헌

- Bacon L. D.(1999), Using LISREL AND PLS TO MEASURE CUSTOMER SATISFACTION, Sawtooth Software Conference Proceedings: Sequim, WA., pp.285–306.
- Chinn, W. W.(1998), Issues and opinion on structural equation modeling, *MIS Quarterly*, Vol. 22, No. 1, pp.7–16.
- Ringle, C. M., Wende, S., and Will, A.(2005), "SmartPLS 2.0," www.smartpls.de: Hamburg.

연·습·문·제

01. LISREL을 이용한 구조방정식모델분석과 PLS방식의 구조방정식모델분석의 차이점을 서로 토론해 보자.

02. 다음 연구모형과 데이터를 토대로 리스렐 프로그램과 PLS 프로그램을 각각 이용한 운용결과를 비교해 보자.

v1	v2	y
2	50	4
2	55	6
5	60	7
6	65	7
7	68	7
4	60	6
5	65	8
6	80	7
5	70	6
6	65	5

여기서, v1=가족수, v2=가족 연소득(백만원), y=카드 보유수

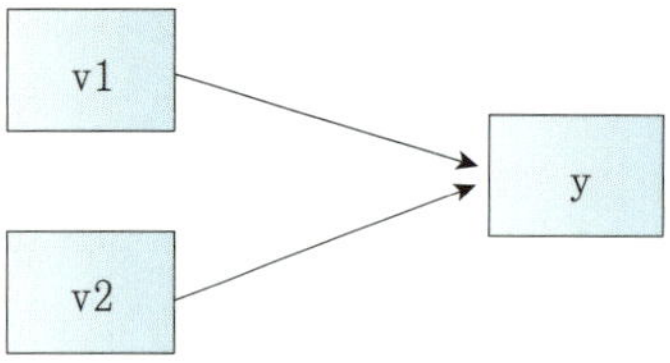

인생의 성공과 실패를 좌우하는 것은 환경이 아니라 선택이다.
-니도 쿠베인(Nido Qubein)-

Easy **SEM** with *SmartPLS*

9 Chapter

SmartPLS 사용법

Chapter 9

SmartPLS 사용법

SmartPLS 프로그램은 Christian M. Ringle 교수와 Jörg Henseler 박사가 공동 개발하였다. 이 프로그램은 http://www.smartpls.de에서 등록 절차를 걸쳐 다운로드해서 사용할 수 있다.

연구자는 SmartPLS 사이트 등록방법, 다운방법, 프로그램 운용방법을 터득하여 직접 사용해 보는 것이 중요하다. 연구자는 직접 사용을 통해서 SmartPLS의 가치를 발견할 것이다.

제 1 절 SmartPLS 사이트 등록절차

❶ www.smartpls.de 사이트에 접근한다. 그러면 다음과 같은 화면을 얻을 수 있다.

그림 9-1 | SmartPLS 홈페이지 초기화면

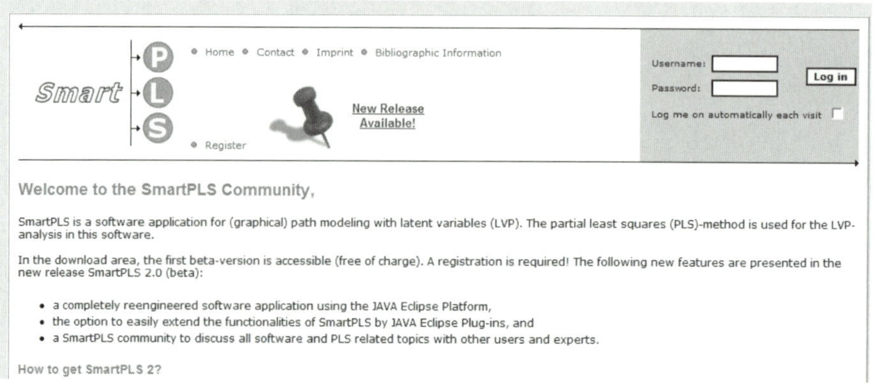

❷ • Register단추를 누른다. 이는 smartpls.de Forums에 가입하기 위한 절차이다. 포럼에 가입을 해야 SmartPLS 2.0 베타버전을 얻을 수 있다. 이용가능 개월수는 약 4개월이다. 일시적인 이용권을 얻을 수 있다. 이어 인적사항 및 정보를 입력한다.

그림 9-2 ▌ 개인정보 입력창

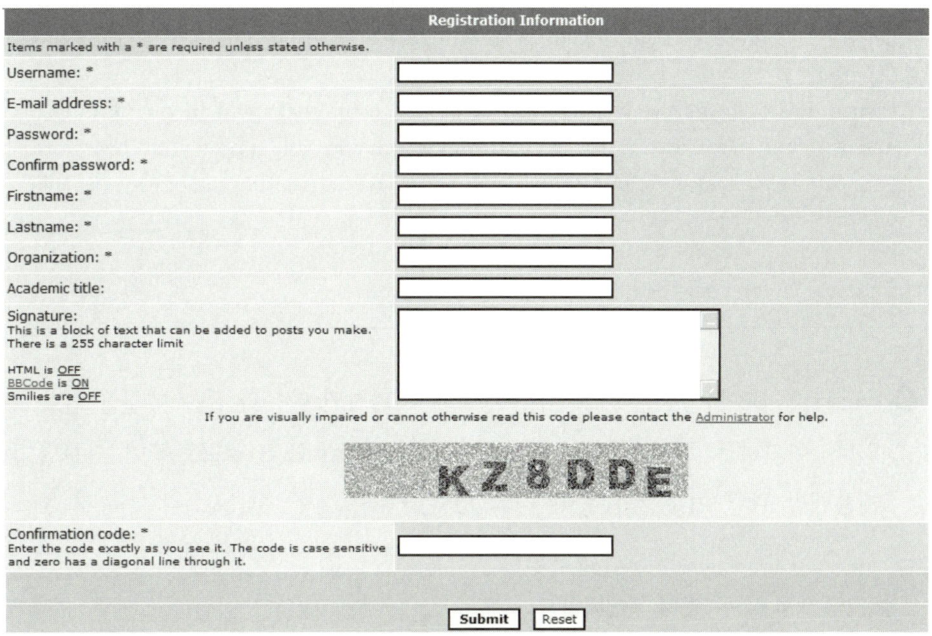
Registration Information

Items marked with a * are required unless stated otherwise.

Username: *

E-mail address: *

Password: *

Confirm password: *

Firstname: *

Lastname: *

Organization: *

Academic title:

Signature:
This is a block of text that can be added to posts you make.
There is a 255 character limit

HTML is OFF
BBCode is ON
Smilies are OFF

If you are visually impaired or cannot otherwise read this code please contact the Administrator for help.

KZ8DDE

Confirmation code: *
Enter the code exactly as you see it. The code is case sensitive and zero has a diagonal line through it.

Submit Reset

❸ Submit 단추를 누르면 된다. 그러면 다음과 같은 메일을 받게 된다. 주요 내용을 살펴보면 다음과 같다. "신청자는 받은 메일을 간직하도록 해야 하며 smartpls 사무국에서 인증심사를 한 다음, 차후에 인증키(license key)와 관련한 메일을 주겠다." 경험적으로 보면 인증키와 관련한 메일을 받을 수 있는 시간은 1일(24시간) 이내이다.

그림 9-3 ▌ 첫 번째 회신메일

Welcome to smartpls.de Forums
Please keep this email for your records. Your account information is as follows:

Username: ****
Password: ****

Your account is currently inactive, the administrator of the board will need to activate it before you can log in. You will receive another email when this has occured.
Please do not forget your password as it has been encrypted in our database and we cannot retrieve it for you. However, should you forget your password you can request a new one which will be activated in the same way as this account.

Thank you for registering.

❹ smartpls.de에 등록을 하고 하루 정도가 경과하면 다음과 같은 메일을 받을 수 있다. 여기서는 포럼에 가입되었다는 내용, SmartPLS 소프트웨어 다운방법, 제품개발 관련 기부방법 등이 나와 있다.

그림 9-4 ▌ 두 번째 회신메일

your account on smartpls.de has now been activated, you may login using the username and password you received in a previous email.
Please understand that this procedure is necessary to ensure that SmartPLS forum members create postings using their "real world" identity.

Software download

In order to download the path modeling software SmartPLS, please visit www.smartpls.de, login with your username and password and navigate to "Downloads".

Software activation

To run SmartPLS, you must activate the software using the following license key:

****

*******************(← 여기서는 별표로 처리함)

****

The software will request this key on first start up. Please copy and paste the key to the according form then.

Your copy will work for 90 days. After this period of time, another software activation is required.

Note: This is your personal SmartPLS activation key. Do not make it available to other users!

--

The SmartPLS Developer Team

http://www.smartpls.de

We invite you to contribute to our project. Donations will be used for future SmartPLS developments and are greatly appreciated. Feel free to choose one of the following options:

a) for a bank transfer within Germany:

FIM - Universität Hamburg

Kto.nr.: 1238139057

BLZ: 20050550

b) for an international bank transfer:

FIM - University of Hamburg

IBAN: DE17200505501238139057

BIC: HASPDEXX

제2절 SmartPLS 설치하기

1단계 SmartPLS 프로그램을 설치하기 위해서 www.smartpls.de 사이트에 접속한다. 이어, 사용자이름(username)과 패스워드(password)를 입력한다. 이어 Log in 단추를 누른다. 그러면 다음과 같은 화면을 얻을 수 있다.

그림 9-5 ▎ 로그인 첫화면

2단계 오른쪽 상단에 있는 Downloads 단추를 누른다. 사용자 관련 정보를 확인하려면 My Key 단추를 누르면 된다. 다음 그림은 Downloads 단추를 눌렀을 때의 결과물이다.

그림 9-6 ▎ 다운로드 화면

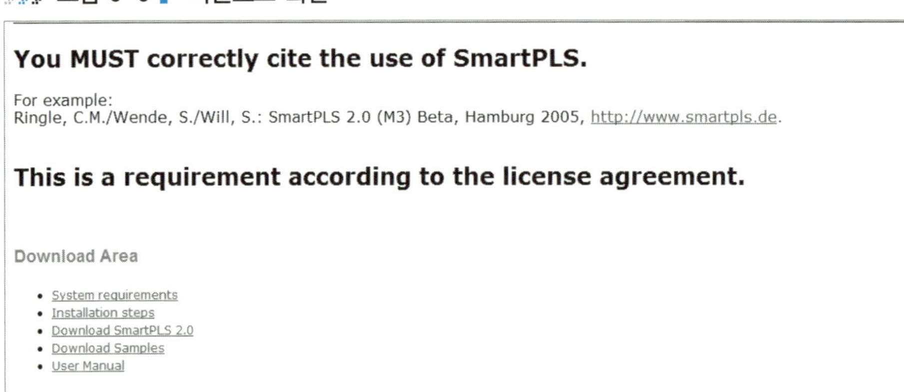

3단계 Download Area에서 • Download SmartPLS 2.0을 다운한다.

그림 9-7 ▌ SmartPLS 2.0 다운로드화면

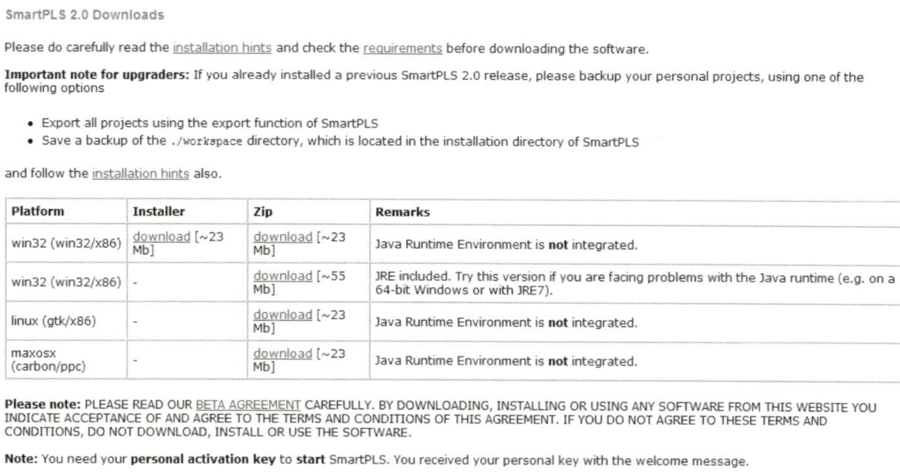

SmartPLS 2.0 Downloads

Please do carefully read the installation hints and check the requirements before downloading the software.

Important note for upgraders: If you already installed a previous SmartPLS 2.0 release, please backup your personal projects, using one of the following options

- Export all projects using the export function of SmartPLS
- Save a backup of the ./workspace directory, which is located in the installation directory of SmartPLS

and follow the installation hints also.

Platform	Installer	Zip	Remarks
win32 (win32/x86)	download [~23 Mb]	download [~23 Mb]	Java Runtime Environment is **not** integrated.
win32 (win32/x86)	-	download [~55 Mb]	JRE included. Try this version if you are facing problems with the Java runtime (e.g. on a 64-bit Windows or with JRE7).
linux (gtk/x86)	-	download [~23 Mb]	Java Runtime Environment is **not** integrated.
maxosx (carbon/ppc)	-	download [~23 Mb]	Java Runtime Environment is **not** integrated.

Please note: PLEASE READ OUR BETA AGREEMENT CAREFULLY. BY DOWNLOADING, INSTALLING OR USING ANY SOFTWARE FROM THIS WEBSITE YOU INDICATE ACCEPTANCE OF AND AGREE TO THE TERMS AND CONDITIONS OF THIS AGREEMENT. IF YOU DO NOT AGREE TO THESE TERMS AND CONDITIONS, DO NOT DOWNLOAD, INSTALL OR USE THE SOFTWARE.

Note: You need your **personal activation key** to **start** SmartPLS. You received your personal key with the welcome message.

4단계 사용자의 컴퓨터 플랫폼 사양을 고려하여 압축파일을 다운하면 된다. 압축파일을 적당한 경로에 저장하고 압축파일을 풀면 된다. 압축파일을 풀면 다음과 같은 화면을 얻을 수 있다.

그림 9-8 ▌ 압축파일 풀기

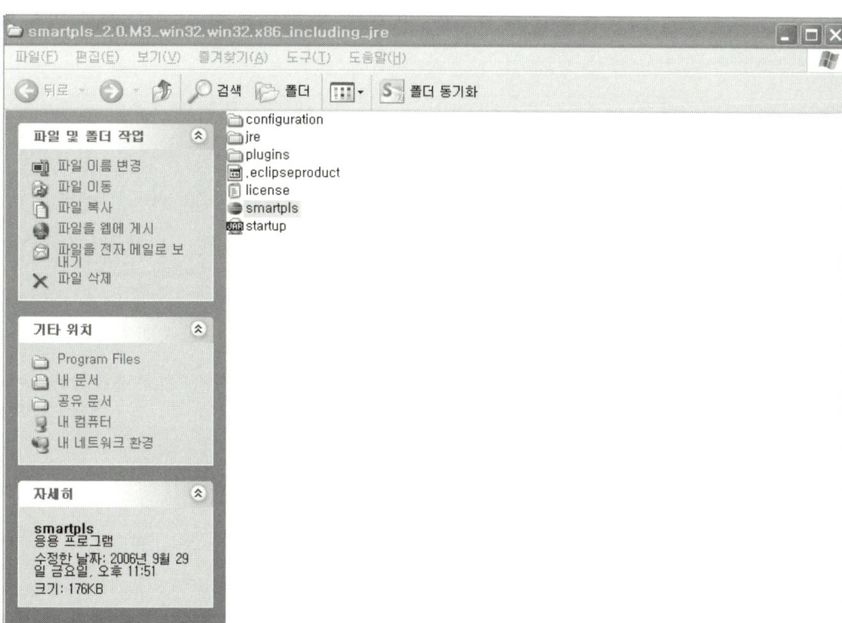

5단계 앞 화면에서 smartpls 단추를 누르면 다음과 같은 SmartPLS 도입화면을 얻을 수 있다.

그림 9-9 | SmartPLS 도입창

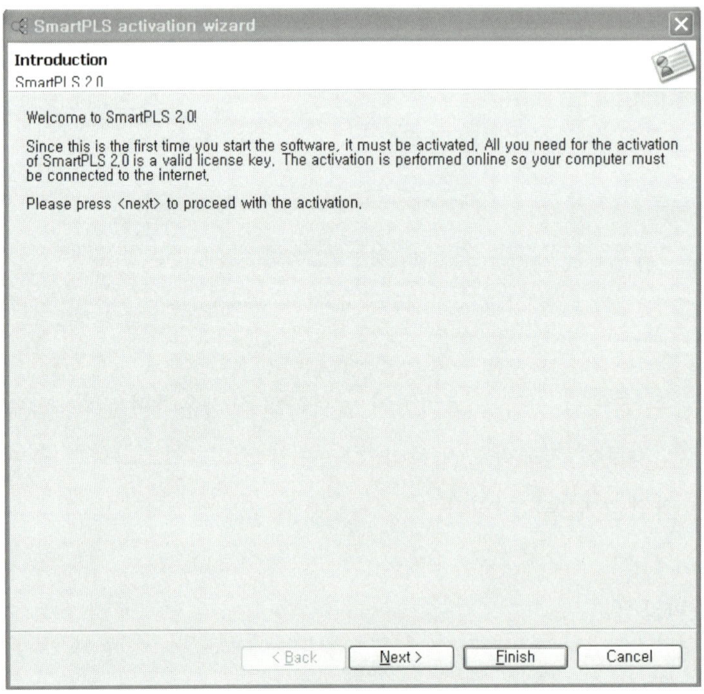

6단계 여기서 Next > 단추를 누르면 SmartPLS 2.0license key를 입력하는 창을 얻을 수 있다. SmartPLS 2.0 license key는 My Key 단추를 눌러 **Your personal SmartPLS activation key:** 란의 인증번호를 복사하여 붙여넣기하면 된다.

그림 9-10 ▌ SmartPLS 2.0 license key

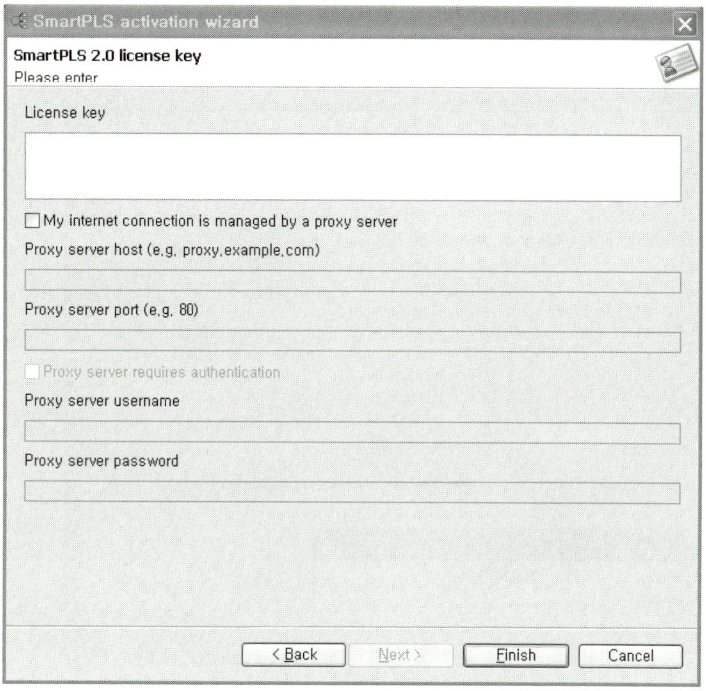

7단계 [Finish] 단추를 누르면 된다. 그러면 성공적으로 SmartPLS 2.0이 설치되었다는 내용과 베타버전을 사용할 수 있는 기한이 나와 있다.

그림 9-11 ▌ 설치성공 정보

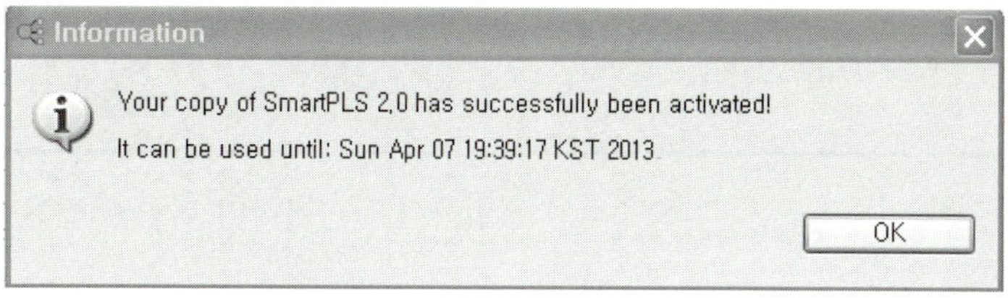

8단계 [OK] 단추를 누르면 다음과 같다.

그림 9-12 SmartPLS 첫 화면

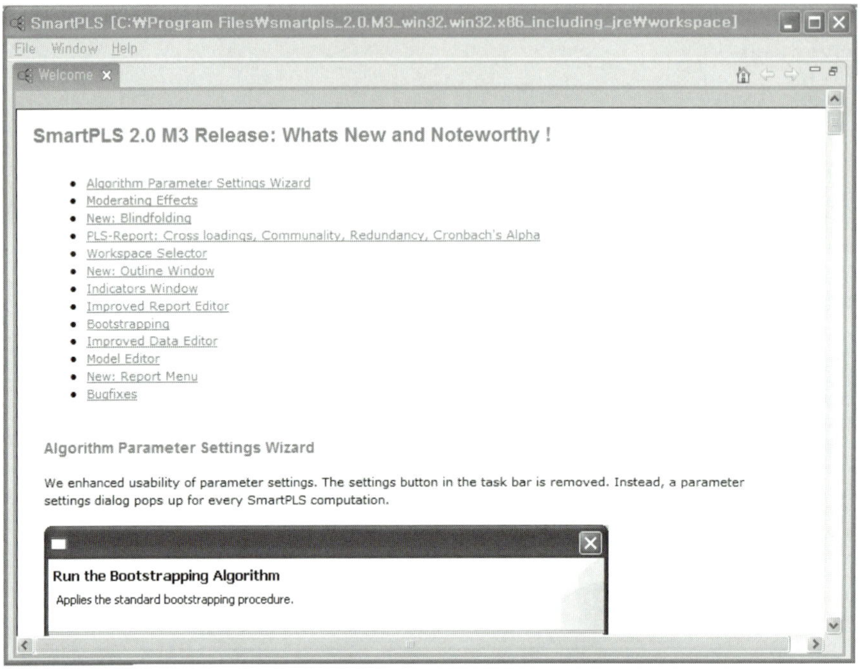

제3절 SmartPLS 실행

제6장에서 LISREL 예제에서 다루었던 문제를 SmartPLS에서 실행해 보도록 하자.

[연구가설] 성공과 관련한 이론적인 배경과 축적된 경험사실에 근거하여 다음과 같은 가설을 설정할 수 있다.

H_1: 개인의 태도는 성공행동의도에 유의한 영향을 미칠 것이다.

H_2: 주관적 규범은 성공행동의도에 유의한 영향을 미칠 것이다

H_3: 행동의도는 성공행동에 유의한 영향을 미칠 것이다.

[연구모델] 연구자는 다음과 같은 연구모델을 설계할 수 있다.

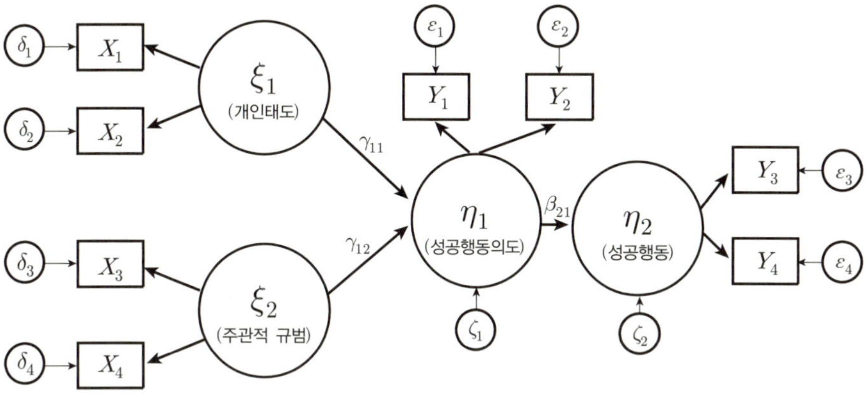

[설문지 구성] 연구모델을 토대로 다음과 같은 설문지를 작성할 수 있다.

[개인태도(ξ_1)]

문항	매우 동의못함		보통		매우 동의함
성공의 가능에 대한 신념(X_1)	①	②	③	④	⑤
성공이 갖는 중요성(X_2)	①	②	③	④	⑤

[주관적 규범(ξ_2)]

문항	매우 동의못함		보통		매우 동의함
성공에 대한 자기규율(X_3)	①	②	③	④	⑤
성공을 위한 자기희생(X_4)	①	②	③	④	⑤

[성공행동의도(η_1)]

문항	매우 동의못함		보통		매우 동의함
성공에 대한 의도(Y_1)	①	②	③	④	⑤
성공의도가 높음(Y_2)	①	②	③	④	⑤

[성공행동(η_2)]

문항	매우 동의못함		보통		매우 동의함
작은 성공이 잦음(Y_3)	①	②	③	④	⑤
끊임없는 성과도출(Y_4)	①	②	③	④	⑤

※ 성별(SEX) : ① 남자 ② 여자

1단계 본 실행예제에서 사용할 데이터파일(data.xls)을 불러온다.

그림 9-13 ▎ 데이터파일

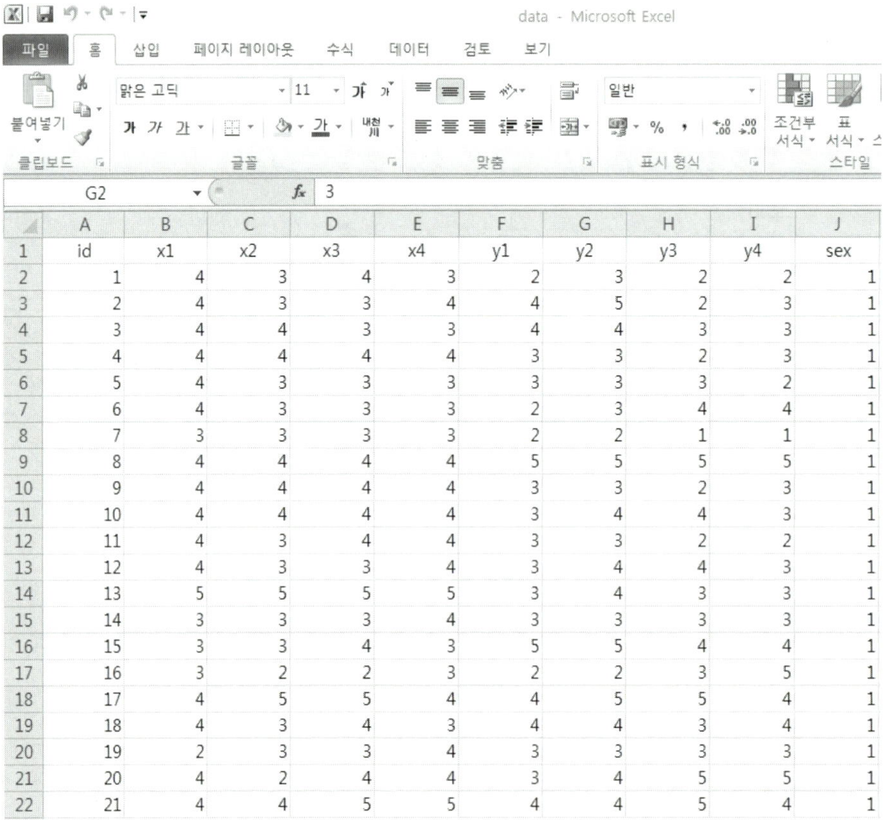

	A	B	C	D	E	F	G	H	I	J
1	id	x1	x2	x3	x4	y1	y2	y3	y4	sex
2	1	4	3	4	3	2	3	2	2	1
3	2	4	3	3	4	4	5	2	3	1
4	3	4	4	3	3	4	4	3	3	1
5	4	4	4	4	4	3	3	2	3	1
6	5	4	3	3	3	3	3	3	2	1
7	6	4	3	3	3	2	3	4	4	1
8	7	3	3	3	3	2	2	1	1	1
9	8	4	4	4	4	5	5	5	5	1
10	9	4	4	4	4	3	3	2	3	1
11	10	4	4	4	4	3	4	4	3	1
12	11	4	3	4	4	3	3	2	2	1
13	12	4	3	3	4	3	4	4	3	1
14	13	5	5	5	5	3	4	3	3	1
15	14	3	3	3	4	3	3	3	3	1
16	15	3	3	4	3	5	5	4	4	1
17	16	3	2	2	3	2	2	3	5	1
18	17	4	5	5	4	4	5	5	4	1
19	18	4	3	4	3	4	4	3	4	1
20	19	2	3	3	4	3	3	3	3	1
21	20	4	2	4	4	3	4	5	5	1
22	21	4	4	5	5	4	4	5	4	1

[데이터] data.xls

2단계 Excel창의 [다른 이름으로 저장] 단추를 누른다. 이어 데이터파일을 텍스트(탭으로 분리) 또는 CSV(쉼표로 분리)의 확장자를 갖는 파일 형식(T): 으로 저장한다.

그림 9-14 | 다른 이름으로 저장

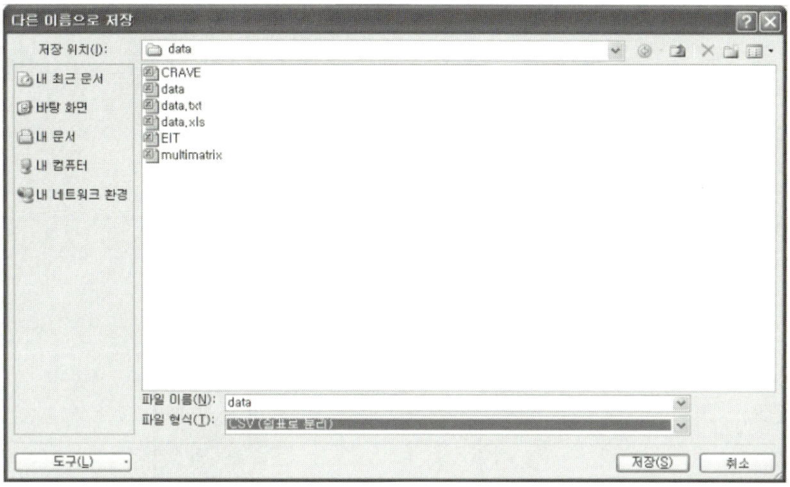

3단계 [저장(S)]단추를 누르면 된다. 데이터파일이 data.CSV로 저장되게 된다.

4단계 SmartPLS 프로그램을 실행한다. 그러면 다음과 같은 화면을 얻을 수 있다.

그림 9-15 | SmartPLS 초기화면

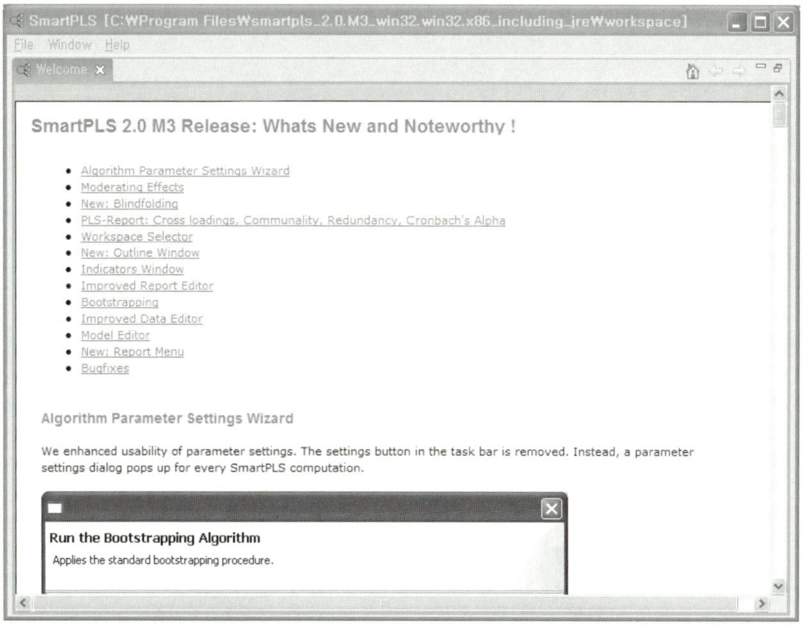

5단계 File → New → Create New Project 단추를 다음 그림과 순서로 차례로 누른다.

그림 9-16 ▌ SmartPLS Project창 지정하기

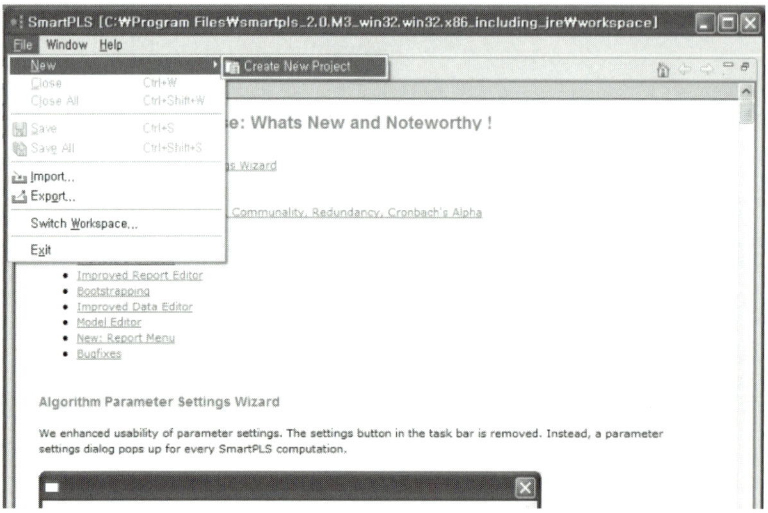

6단계 다음 창에서 프로젝트명(Project name:)을 지정한다. 여기서는 'sem-example'이라고 입력하도록 한다.

그림 9-17 ▌ 프로젝트 이름 정하기

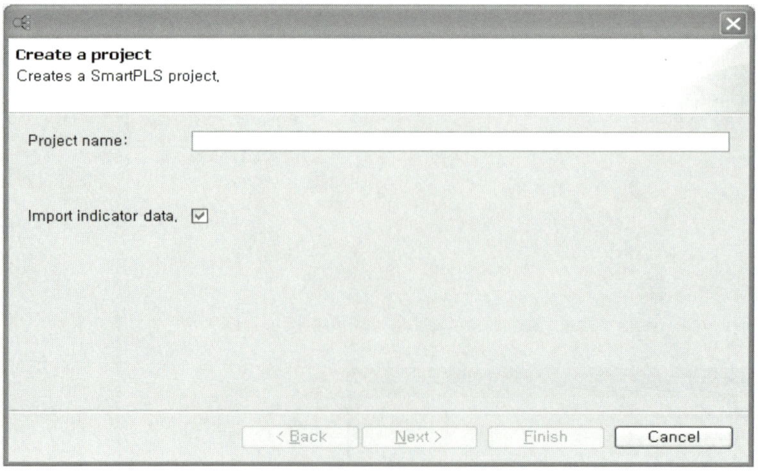

7단계 Import indicator data. ☑의 지정은 데이터를 지정하기 위한 예비단계이다.

그림 9-18 ▌ 프로젝트 명칭 부여

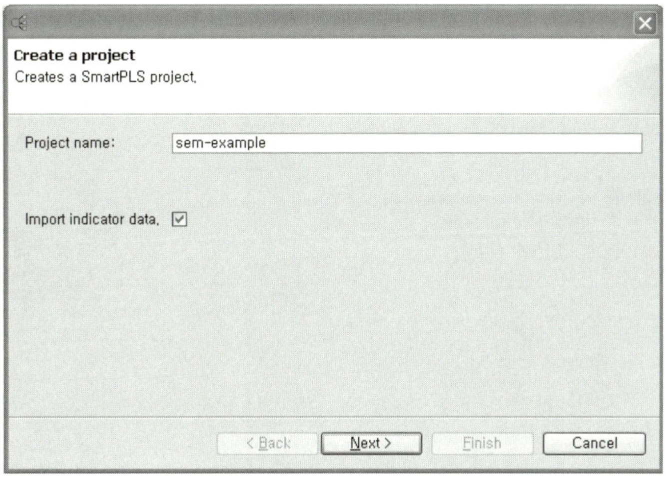

8단계 앞에서 Next > 단추를 누르면 다음과 같이 데이터파일을 지정하는 창이 나온다.

그림 9-19 ▌ 데이터파일 지정 초기화면

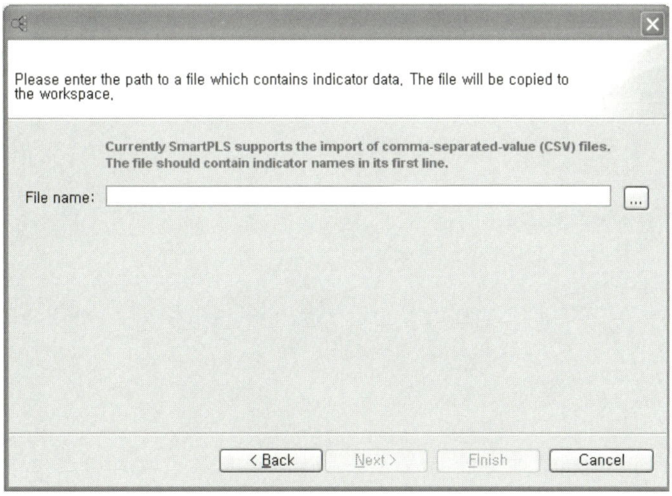

9단계 File name: 란에서 [...]단추를 누른다. 그리고 데이터가 저장된 경로를 찾아 data.csv파일을 불러온다.

그림 9-20 | 파일이름 지정하기

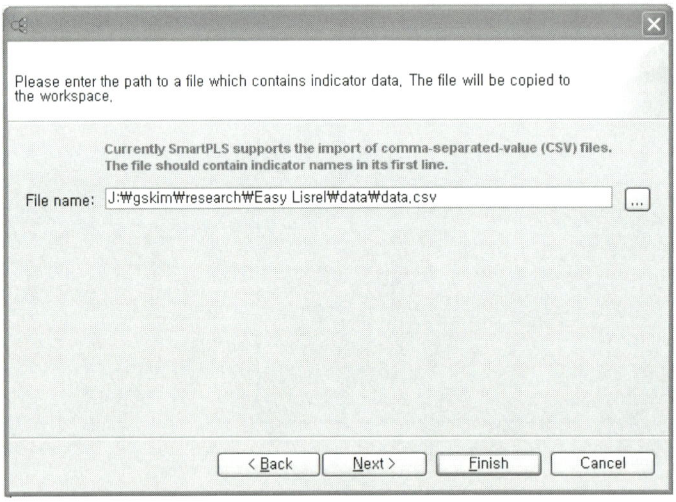

10단계 앞 화면에서 [Finish]단추를 누르면 다음과 같은 화면을 얻을 수 있다.

11단계 왼쪽 상단에는 경로도형파일, 데이터파일, 변수이름, 그리고 경로도형 그릴 공간 등이 나타나 있다. 왼쪽 하단에는 변수명(Indicators) 창이 나와 있다. 경로도형을 그리기 위해서 [그림 9-21]의 경로도형 그리기 지정화면을 주시한다.

그림 9-21 ▌ SmartPLS 초기화면

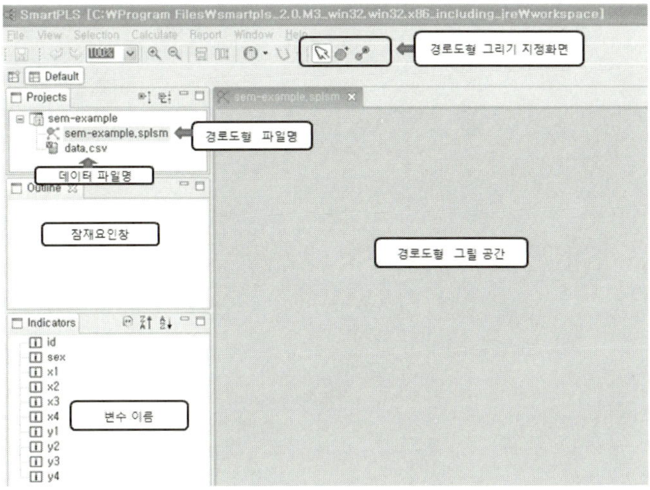

12단계 (Switch to Insertion Mode)단추를 누른다. 이는 잠재요인을 그리기 위한 것이다.

그림 9-22 ▌ 잠재요인 그리기 화면 1

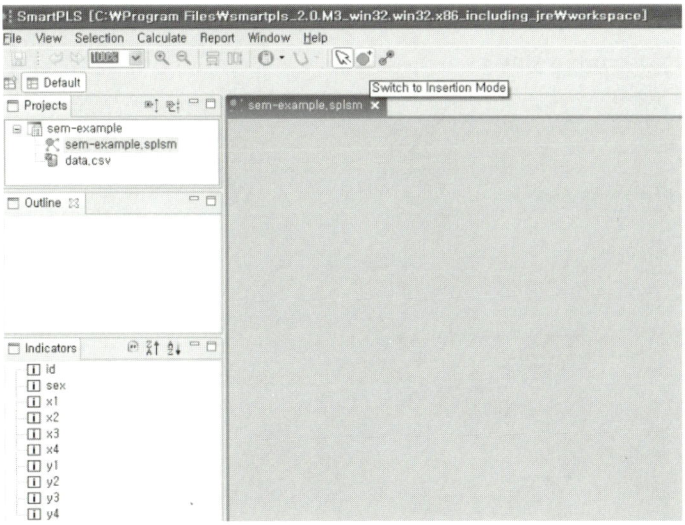

13단계 마우스를 경로도형 그릴 공간에 올려놓는다. 여기서 마우스를 누르면 다음과 같은 화면이 나타난다.

그림 9-23 ▌ 잠재요인 그리기 화면 2

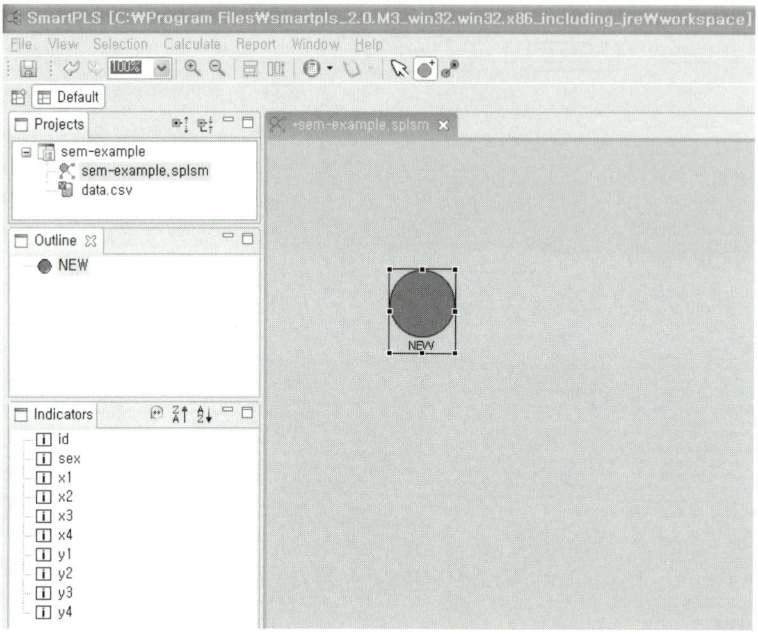

14단계 연속해서 마우스를 클릭하여 잠재요인을 그린다.

그림 9-24 ▌ 잠재요인 그리기 화면 3

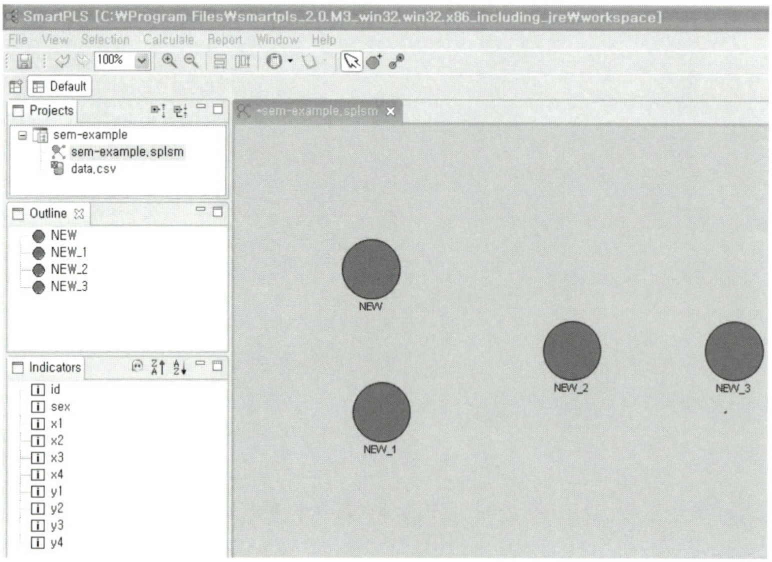

15단계 잠재요인 명칭을 변경하는 연습을 해보자. Outline ×의 잠재요인 ● NEW 단추에 마우스를 올려 놓는다. 이어 마우스 오른쪽을 누른다.

그림 9-25 ▌ 잠재요인 변경하기 1

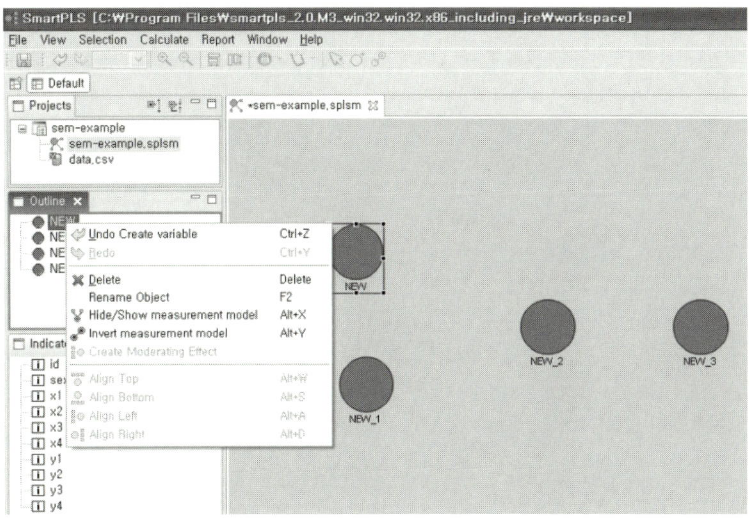

16단계 앞 화면에서 Rename Object F2 단추를 누른다. 여기서, 'NEW'를 'ATT'로 대체한다.

그림 9-26 ▌ 잠재요인 변경하기 2

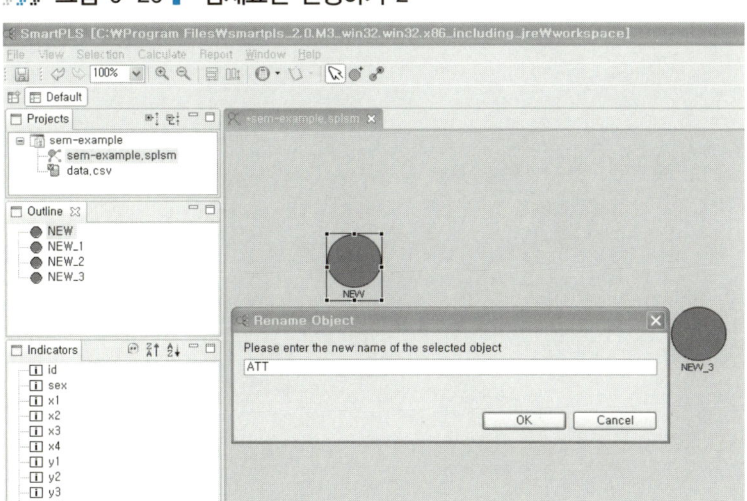

17단계 [OK] 단추를 누르면 잠재요인 명칭이 'ATT'로 바뀐 것을 확인할 수 있다.

그림 9-27 잠재요인 변경하기 3

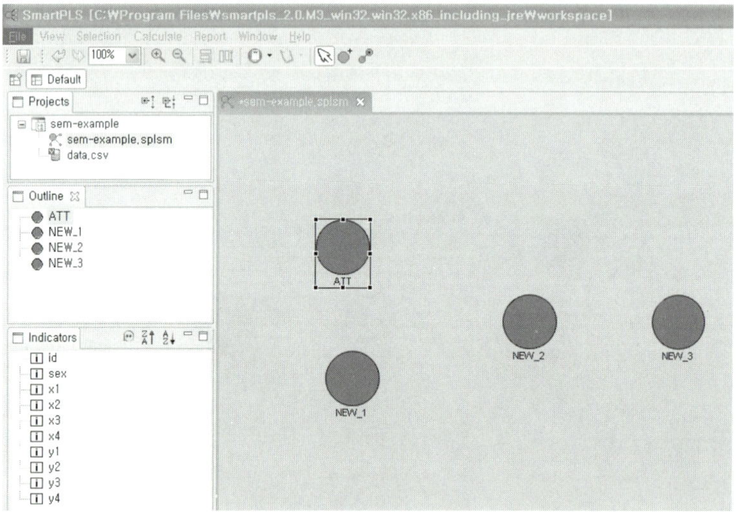

18단계 같은 방법으로 잠재요인명칭을 'SN,' 'BI,' 'B'로 바꿀 수 있다.

그림 9-28 잠재요인 변경하기 4

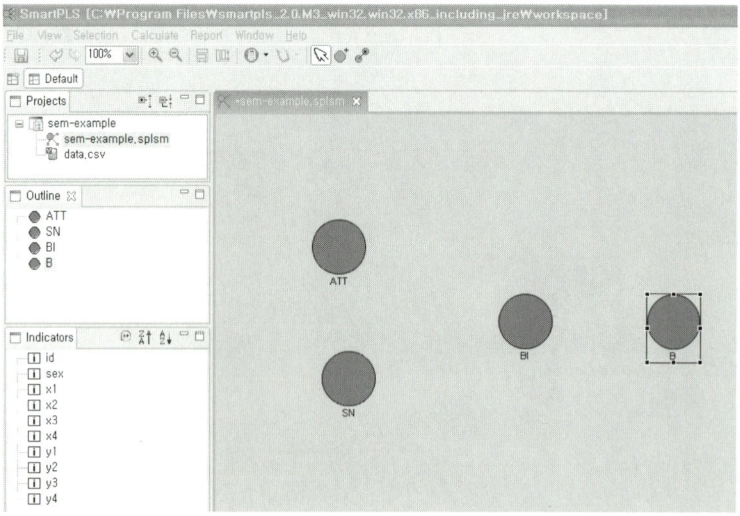

19단계 이어 (Switch to Connection Mode)단추를 눌러 각 잠재요인을 화살표로 연결한다. 하나의 잠재요인에서 또 다른 잠재요인을 직선으로 연결하면 된다.

그림 9-29 ▌ 잠재요인 변경하기 5

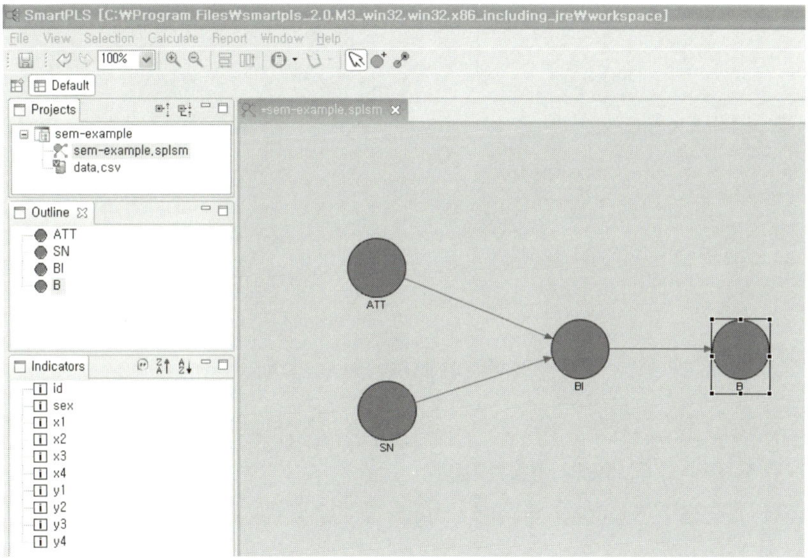

20단계 이어 변수와 잠재요인을 연결하면 된다. 그러기 위해서는 분석자는 마우스로 왼쪽 상단 데이터파일 창에서 data.csv 파일부분을 누른다. 이어 잠재요인과 관련되는 변수를 지정하기 위해서 변수(Indicators)란을 확인하면 된다. 여기서 먼저 변수 'x1'과 'x2'를 마우스로 지정하기로 한다. 연속해서 변수명을 지정하기 위해서는 자판의 shift키를 이용하면 유용하다. 이어 마우스 끌기(drag) 해서 잠재요인 'ATT'와 연결한다.

그림 9-30 ▌ 변수와 잠재요인 연결하기 1

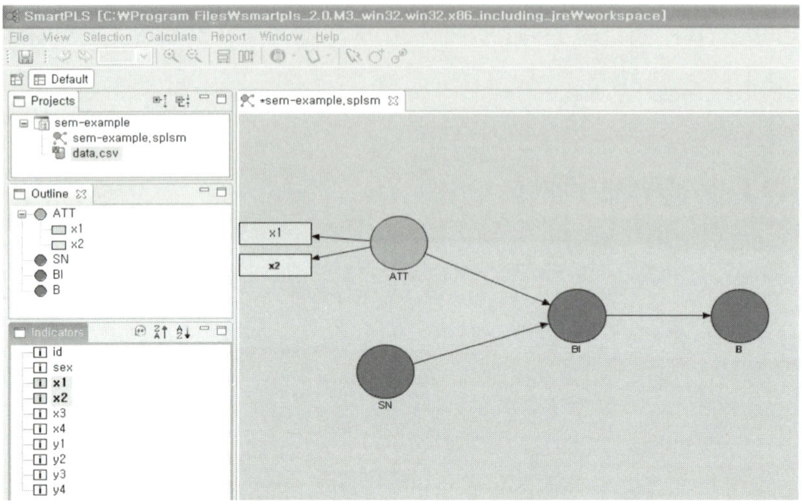

21단계 연속해서 해당변수를 지정하여 잠재요인과 연결하면 된다.

그림 9-31 ▌ 변수와 잠재요인 연결하기 2

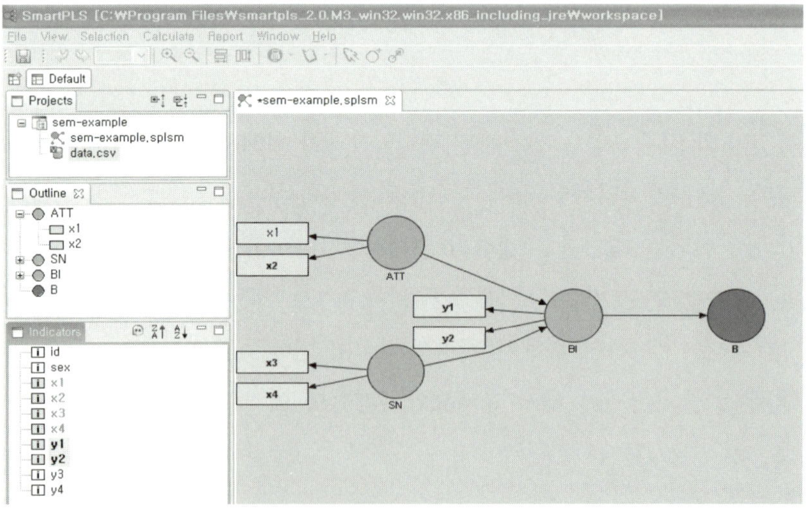

22단계 잠재요인 'BI'와 연결되어 있는 변수 'y1'과 'y2'을 'BI'상단으로 위치시키는 연습을 해보자. 이럴 경우 잠재요인 'BI'에다 마우스를 올려 놓고 오른쪽 마우스를 누르면 된다. 여기서, Align Top Alt+W 단추를

누른다. 'Align Top'은 상단 정렬을 위한 지정창이다.

그림 9-32 | 변수 상단 정렬창

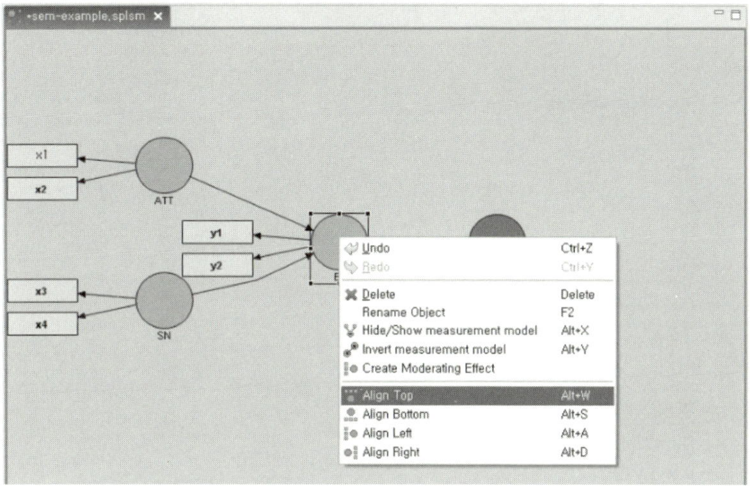

여기서, 잠재요인에 마우스를 올려 놓았을 때 얻을 수 있는 화면의 내용을 표로 간단히 설명하고자 한다.

표 9-1 | 잠재요인 지정 후 오른쪽 마우스 클릭 정보

아이콘	내용 설명
Undo(Ctrl+Z)	방금 전 한 작업(그림)을 되돌리는 경우
Delete	방금 작업한 내용을 지우는 경우
Rename Object(F2)	잠재요인 명칭을 다른 이름으로 변경하는 경우
Hide/Show measurement model (Alt+X)	측정모형을 보이게 하거나 숨기게 하는 기능
Invert measurement model(Alt+Y)	측정모형에서 변수와 잠재요인 간의 화살표 방향을 일괄적으로 변경하는 방법, 반영지표모델(Reflective Model) 아니면 조형지표모델(Formative Model)로 처리할 것인지 결정하는 단추
Align Top(Alt+W)	잠재요인 상단에 측정변수를 위치시킬 경우
Align Bottom(Alt+S)	잠재요인 하단에 측정변수를 위치시킬 경우
Align Left(Alt+A)	잠재요인 왼쪽에 측정변수를 위치시킬 경우
Align Right(Alt+D)	잠재요인 오른쪽에 측정변수를 위치시킬 경우

23단계 같은 방법으로 잠재요인 'B'에 변수 'y3', 'y4'를 연결한다.

그림 9-33 | 경로도형 완성화면

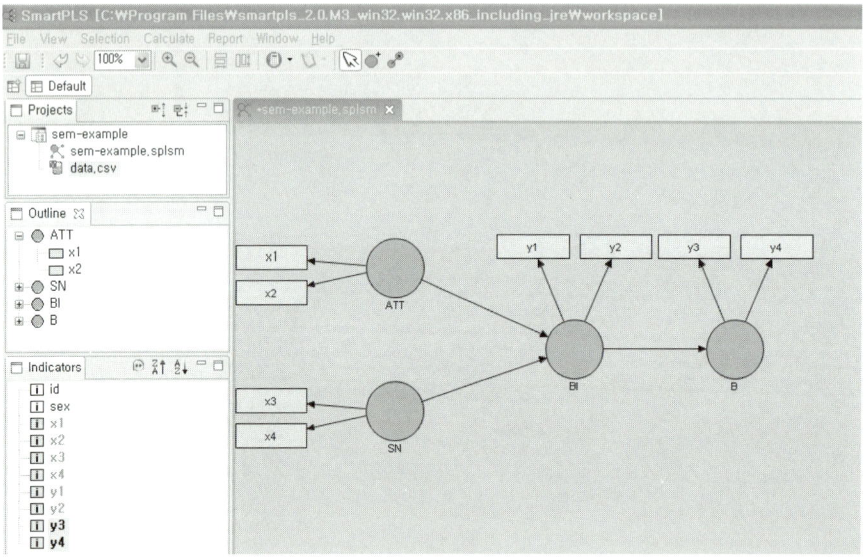

24단계 SmartPLS를 실행하기 위해서 다음과 같은 Calculate, PLS Algorithm 단추를 누른다. 아니면 의 드롭다운 단추를 누르고 PLS Algorithm 를 선택한 다음 실행해도 된다. 여기서 잠시, Calculate 선택창에 나오는 방법을 표로 설명하기로 한다.

| 표 9-2 | Calculate 선택창

아이콘	내용
PLS Algorithm	• PLS 알고리즘은 크게 외적 변환(outer transform)과 내적 모델(inner model) 단계를 거치게 됨. 외적 변환 단계는 Principal Component Analysis(PCA)의 대표적 알고리즘인 Nonlinear Iterative Partial Least Squares(NIPALS) 알고리즘을 이용하여 다변수 입출력이 각각 선형변환(linear transformation)을 거쳐 입출력 score벡터(principal component)를 만드는 과정임 • PLS 알고리즘은 입출력 데이터의 상관성이 가장 큰 방향으로부터 순차적으로 a개의 PC를 구하는 알고리즘으로서 수렴이 빠르고 각각의 PC가 직교하는 원리를 이용하였기 때문에 프로세스가 선형성을 가지고 있으면 차원이 감소된 잠재변수로 뛰어난 추정능력을 발휘할 수 있음

FIMIX-PLS	FIMIX-PLS(Finite Mixture Partial Least Squares)은 유한혼합 PLS방식을 말함
BT Bootstrapping	부트스트래핑(Bootstrapping)은 모집단의 특성치(θ)의 임의추정방법을 말함 • 자료를 통해 얻은 통계량의 표본오차를 확률분포의 가정을 두지 않고 비모수적으로 평가하기 위한 방법임 • 각 경로별 유의성을 판단하기 위한 t값을 구할 때 유용함
Blindfolding	적어도 하나 이상의 잠재요인을 제거한 다음에 교차타당 중복성(cross-validated redundancy)과 커뮤널리티(communality)를 제공해 주는 방법

25단계 Run the PLS Algorithm Algorithm 화면을 확인한다.

그림 9-34 ▌ Run the PLS Algorithm

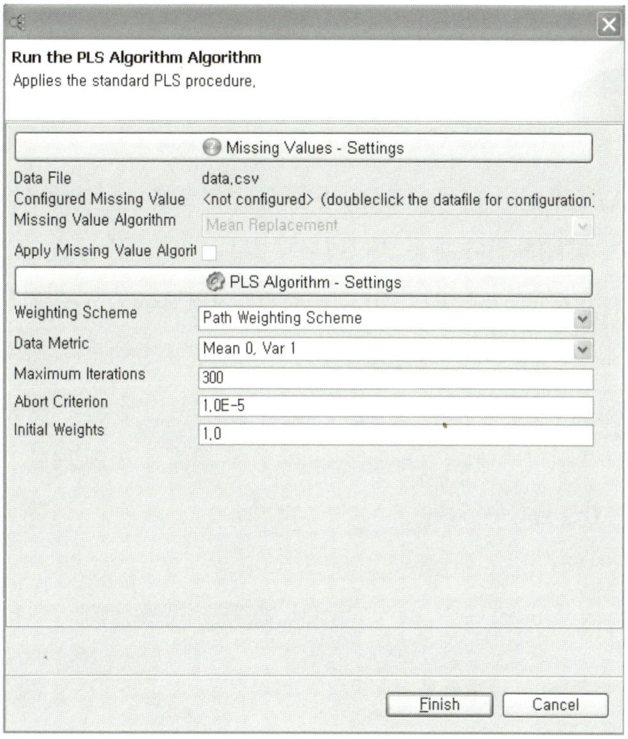

26단계 [Finish] 단추를 누르면 다음과 같은 결과화면을 얻을 수 있다.

그림 9-35 ▎ 경로도형 완성화면

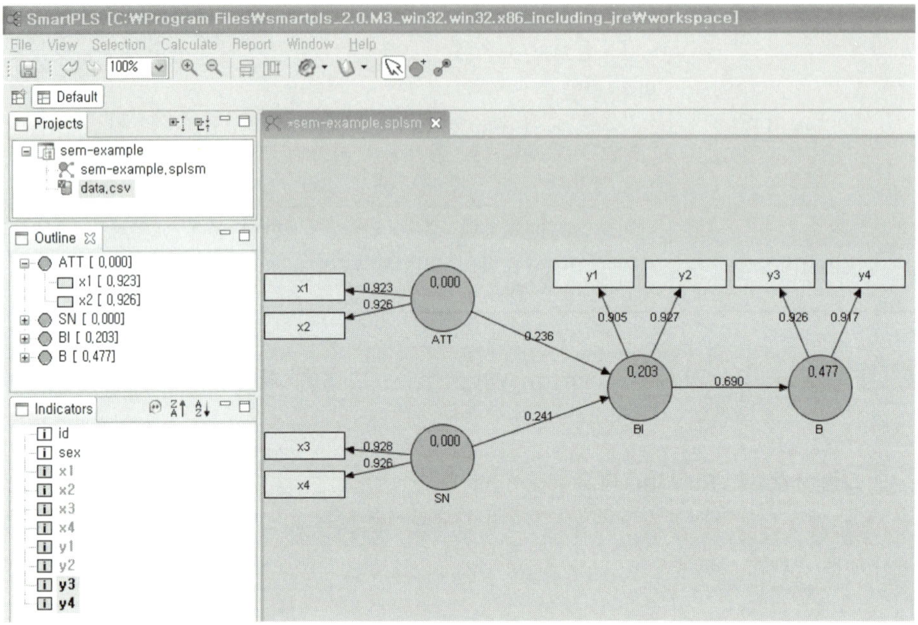

[결과해석] 개인의 태도(ATT)요인이 행동의도(BI)에 미치는 경로계수는 0.236임을 알 수 있다. 또한 개인규율(SN)요인이 행동의도(BI)에 미치는 경로계수는 0.241임을 알 수 있다. 성공의도(BI)요인 안에 있는 숫자 0.203은 결정계수(R^2)로 종속요인, 즉 성공요인(BI)의 변화에 대한 개인의 태도(ATT)와 개인규율(SN)로 구성된 회귀식의 설명력을 나타낸다. B(행동)요인 안의 0.477은 B(행동)요인에 대한 행동의도(BI)요인의 회귀식 설명력을 나타낸다. 즉, B(행동)요인에 의해서 B(행동)요인이 설명되는 비율이 47.7%임을 알 수 있다.

27단계 분석결과물에 대한 상세한 정보를 얻기 위해서 Report, Html Report 단추를 누른다.

그림 9-36 | SmartPLS-Html Report

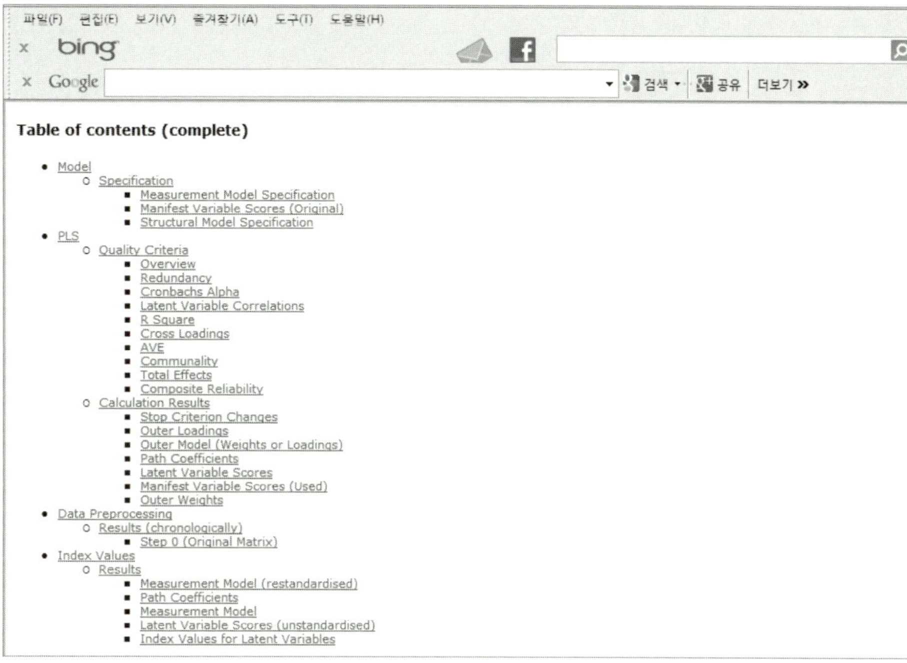

28단계 보고서나 논문에 자주 사용하는 내용을 중심으로 결과를 확인하면 된다. 여기서는 Overview에 대한 정보, 잠재요인 간 상관행렬, 총효과, 경로계수 등에 결과물을 중심으로 설명하기로 한다.

그림 9-37 | Overview

Overview

	AVE	Composite Reliability	R Square	Cronbachs Alpha	Communality	Redundancy
ATT	0.855139	0.921914		0.830620	0.855139	
B	0.849686	0.918734	0.476578	0.823221	0.849686	0.404537
BI	0.839729	0.912871	0.203418	0.809892	0.839729	0.121935
SN	0.858928	0.924111		0.835768	0.858928	

[결과해석] [B AVE 0.849686, Composite Reliability 0.918734, R-Square 0.476578, Cronbachs alpha 0.823221 Communality 0.849686, Redundancy 0.404537] 분산추출지수(AVE : Average Variance Extracted)는 표준적재치의 제곱합을 표준적재치의 제곱합과 오차분산의 합으로 나는 값으로 0.849686임을

알 수 있다. 분산추출지수의 계산식은 다음과 같다.

$$AVE = \frac{\left(\sum_{i=1}^{n}\lambda_i^2\right)}{\left(\sum_{i=1}^{n}\lambda_i^2\right)+\left(\sum_{i=1}^{n}\delta_i\right)} \qquad \text{(식 9-1)}$$

여기서, $\sum_{i=1}^{n}\lambda_i^2$=요인적재치의 제곱합, $\left(\sum_{i=1}^{n}\delta_i\right)$=측정오차의 합

개념신뢰도(Composite Reliability)는 0.918734이다. 개념신뢰도가 0.7 이상이면 신뢰도 또는 집중타당성이 높다고 해석할 수 있다. 개념신뢰도(CR : Construct Reliability)의 계산식은 다음과 같다.

$$CR = \frac{\left(\sum_{i=1}^{n}\lambda_i\right)^2}{\left(\sum_{i=1}^{n}\lambda_i\right)^2+\left(\sum_{i=1}^{n}\delta_i\right)} \qquad \text{(식 9-2)}$$

여기서, $\left(\sum_{i=1}^{n}\lambda_i\right)^2$=표준요인부하량의 합, $\left(\sum_{i=1}^{n}\delta_i\right)$=측정오차의 합

B(행동)요인 안의 0.477은 B(행동)요인에 대한 행동의도(BI)요인의 회귀식 설명력(R^2)이 0.477임을 나타낸다.

행동(B)요인을 구성하는 측정변수들의 일관성을 나타내는 크론바하 알파(Cronbachs alpha)는 0.823221임을 알 수 있다. Cronbach's alpha의 값이 0.7 이상이면 측정문항의 신뢰성은 높다고 평가할 수 있다. 이에 대한 계산식은 다음과 같다.

$$\alpha = \frac{k}{k-1}\left(1-\frac{\sum_{i=1}^{k}\sigma_i^2}{\sigma_i^2}\right) \qquad \text{(식 9-3)}$$

여기서, k=항목수, σ_y^2=전체 분산, σ_i^2=각 항목의 분산

커뮤널리티(Communality)는 0.849686이다. 이는 분석에 포함된 측정변수가 잠재요인에 의해서 설명되어지는 비율이다. 커뮤널리티는 측정변수의 다중상관치(SMC : Squared Multiple Correlation)라고도 부른다. 여기서는 커뮤널리티는 다음과 같은 식으로 구할 수 있다.

$$커뮤널리티(Communality) = \frac{\sum_{i=1}^{n}\lambda_i^2}{n} \qquad (식\ 9-4)$$

여기서, λ_i =표준화된 적재치의 제곱의 합, n=측정 문항수

경로도형에서의 결과물을 통해서 수작업으로 커뮤널리티를 계산하면 $\frac{(0.926)^2+(0.917)^2}{2}=0.8491$이다. 커뮤널리티(Communality)는 분산추출지수(AVE)와 동일함을 확인할 수 있다.

중복성지수(Redundancy Index)는 다중회귀분석의 결정계수(R^2)와 유사하다. 중복성은 변수군 사이에 중복되는 영역이다. 즉 한 변수가 다른 변수의 분산을 하나씩 설명하는 평균 능력을 말한다. 중복성지수의 계산식은 다음과 같다.

$$중복성지수 = Communality \times R^2 \qquad (식\ 9-5)$$

중복성지수가 작은 경우는 0.125 이하, 0.25 정도면 중간, 0.375 이상이면 크다고 판단한다.

그림 9-38 | 잠재요인 상관행렬

Latent Variable Correlations

	ATT	B	BI	SN
ATT	1.000000			
B	0.408413	1.000000		
BI	0.425764	0.690346	1.000000	
SN	0.787599	0.376413	0.427023	1.000000

[결과해석] 해당 잠재요인에 대한 상관행렬이 나타나 있다.

그림 9-39 경로계수

Path Coefficients

	ATT	B	BI	SN
ATT			0.235566	
B				
BI		0.690346		
SN			0.241492	

[결과해석] [BI 0.690346 B] 이는 행동의도(BI)에서 행동(B)으로의 영향력이 0.690346임을 알 수 있다. 이는 행동의도(BI)를 1단위 높여주면 0.690346만큼 증가함을 나타낸다. 나머지 잠재요인 간의 관계는 앞의 설명방법과 동일하게 전개하면 된다.

참 · 고 · 문 · 헌

- Ringle, C. M., Wende, S., and Will, A.(2005), "SmartPLS 2.0," www.smartpls.de: Hamburg.

연·습·문·제

01. 인터넷 사이트(http://www.smartpls.de)에 접근하여 smartpls 2.0 베타버전을 다운해서 사용해 보자.

02. 다음의 연구모형과 데이터파일(ch9.csv)을 기반으로 smatpls 프로그램으로 분석해 보자.
[연구모형]

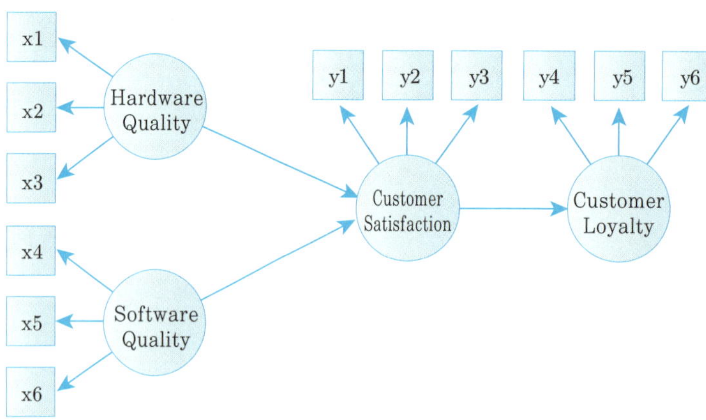

[데이터 일부 화면]

	A	B	C	D	E	F	G	H	I	J	K	L
1	x1	x2	x3	x4	x5	x6	y1	y2	y3	y4	y5	y6
2	6	6	6	6	6	4	5	5	5	5	5	6
3	6	5	6	4	4	5	7	5	4	4	5	6
4	5	5	5	5	5	5	5	5	5	5	5	5
5	6	5	5	4	3	3	3	4	3	3	3	4
6	6	6	6	6	6	7	6	4	5	5	7	7
7	4	4	4	4	4	4	3	4	4	4	4	5
8	5	5	4	6	4	5	6	4	4	4	5	6
9	5	4	4	6	5	6	5	5	6	6	6	5
10	7	6	6	7	6	6	6	6	6	6	6	7
11	7	7	6	7	5	5	5	5	5	4	6	7
12	7	7	7	7	7	7	7	7	7	6	7	6
13	6	7	6	7	6	6	6	7	5	5	6	7
14	5	4	4	5	4	4	4	4	4	5	5	5
15	5	6	6	5	6	5	6	6	4	2	6	4
16	5	5	5	5	5	4	5	5	5	6	6	4
17	6	5	6	6	6	6	7	6	6	6	6	6
18	3	4	4	3	4	5	5	4	3	4	4	3
19	7	7	7	6	5	6	6	6	7	6	6	6
20	6	6	5	5	5	6	5	6	6	6	5	6

[데이터] ch9.csv

지혜로운 이들과 어울리는 이는 지혜로워지고 우두한 자들과 사귀는 자는 해를 입는다.
-잠언 13장 20절-

Easy **SEM** with *SmartPLS*

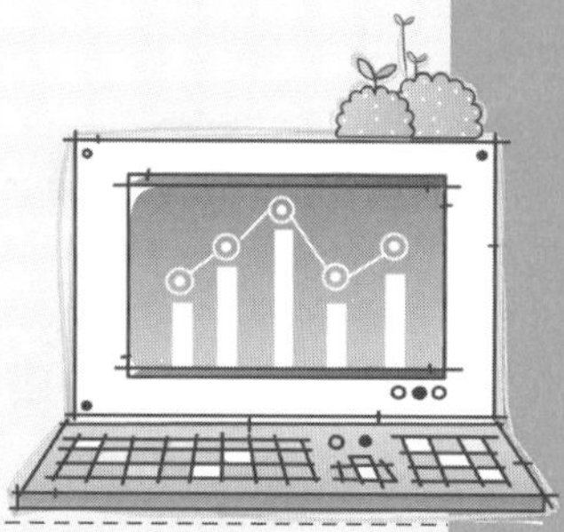

10
Chapter

SmartPLS분석 실무적용

Chapter

10 SmartPLS분석 실무적용

제 1 절 고객만족도 측정방법론

1.1 연구와 연구자 역량

연구나 컨설팅의 기본 목적은 당면문제 해결에 있다. 문제해결은 일단 분별력을 갖고 논리적으로 문제핵심을 정의하는 데서 출발한다. 당사자는 문제에 대한 가설을 세우고, 이어 분석을 실시한다. 분석을 통해 얻은 결과를 취합하여 스토리를 구성하고 그걸 제대로 고객에게 알려야 한다. 이 내용을 그림으로 설명하면 다음과 같다.

그림 10-1 ▌ 문제해결의 프로세스

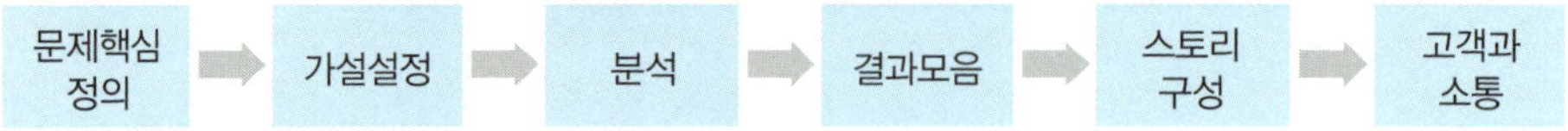

연구자나 컨설턴트가 갖추어야 할 중요 역량은 문제해결 프로세스, 논리적 사고력, 전략수립능력이다. 이런 역량은 하루 아침에 길러지는 것이 아니라 부단한 훈련과 주변 사물을 꿰뚫어 보려는 격물치지(格物致知)의 정신이 필요하다.

첫째, 문제해결 프로세스는 전략수립 과정과 관련이 있다. 기업이나 이해당사자는 보고서가 실행가능한 것인지를 중요하게 판단한다. 연구자가 만들어 놓은 보고서가 서론, 본론은 장황하고 사례도 많은데 정작 결론이 빈약한 경우가 있다. "이건 이런 문제가 있으며, 저건 저런 문제가 있고 그러니 이러한 문제는 현명하게 판단해야 한다"와 같이 뻔한 결론에 도달하게 되는 것이다. 연구자는 관련 문제를 꿰뚫어보고 차별적인 대안을 제시하도록 노력해야 한다.

둘째, 논리적 사고력이다. 논리적 사고력은 고객문제를 해결하기 위해 전체와 부분을 보면서 체계적인 접근방법을 강구할 수 있는 능력이다. 부분적인 문제에 집착하면 전체를 볼 수 없고 전체에만 신경쓰면 부분 문제를 해결할 수 없다. 논리적 사고력은 고객을 중심에 놓고 고객에게 가치를 줄 요소는 무엇인지 고민하는 과정에서 키워지는 것이다. 연구원에게 필요한 것은 풍부한 현장경험에다 탁월한 분석력과 실행력이다. 저자가 아는 한 연구원은 항상 수첩을 호주머니에 넣고 다닌다. 그는 휘발성이 강한 아이디어와 화두를 항상 메모하는 습관을 갖고 있다. 한 연구자가 '초우량기업으로 발돋움을 할 수 있는 전략'관련 용역을 맡았다고 하자. 초우량 품질을 기반으로 초우량 서비스를 제공하고 고객들에게 없으면 안 되는 제품과 서비스를 발굴해 내야 한다.

셋째, 전략수립능력은 차별적 대안을 제시할 수 있는 역량이다. 전략은 싸우는 방법이다. 기존과 동일한 방법으로 싸우면 경쟁자는 금방 전략을 알아차리고 준비하고 대응한다. 그래서 평소 차별적인 대안을 제시해야 하는 것이다. 차별적 대안은 "무엇을 하지(What to do?)"와 "어떻게 하지(How to do?)"에 대한 언급에서 출발한다.

그림 10-2 ▌ 연구자의 능력

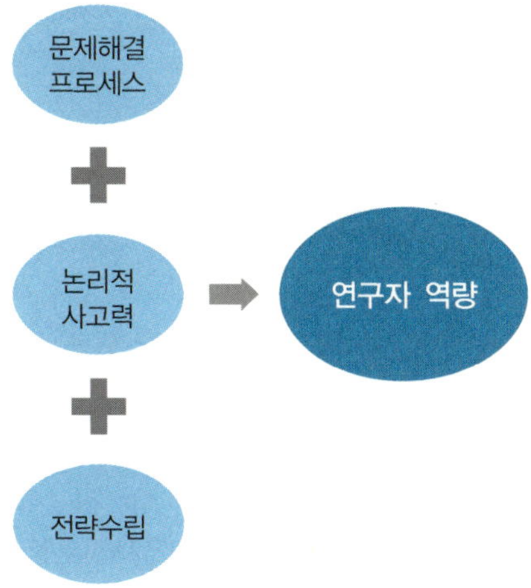

전략수립의 목적은 고객만족도 최적화를 통한 가치창출 극대화에 있다. 연구자가 고객이 가치를 극대화할 수 있는 전략을 수립하지 못하면 제대로 연구를 하지 못한 것이다. 이럴 경우 통렬한 자기 반성이 필요하다. 연구자 본연의 업무는 고객가치 달성을 위한 유용한 자료 제공이라는 사실을 잊지 말자.

연구자가 관심있는 연구정보를 얻을 수 있는 곳은 널려 있다. 연구자 스스로의 발품과 노력으로 문제해결 방안을 찾고 연구할 때 비로소 자신의 것이 된다. 연구 아이디어가 떠오르면 바로 실행을 해야 한다. 짬짬이 메모하고 타이핑하면 된다. 반 페이지가 모여 한 페이지가 되고 한 페이지가 두 페이지가 된다. 도깨비 방망이로 뚝딱해서 나오는 연구보고서는 절대 존재하지 않는다. 설사 존재한다 하더라도 이해관계자를 만족시켜 줄 수 있는 보고서가 되지 못한다.

연구자는 분석결과물을 토대로 중요한 일과 시급한 일을 찾아내야 한다. 소위 선택과 집중영역을 결정해야 한다. 어떤 부분을 중요시하고 어떤 부분을 희생할 것인가 말이다. 연구자는 큰 방향을 생각하면서도 조직구성원들에게 무엇을 할 것인지 하는 구체적인 부분을 제시해야 한다. 고객만족도를 높여야 한다는 식으로 막연한 지침만 내린다면 오히려 일선조직에서는 우왕좌왕하게 될 것이다. 따라서 연구원이 해야 할 일은 분석결과를 토대로 가격보다는 고객서비스를 우선하라는 식의 명확한 전략을 제시할 수 있어야 한다.

1.2 Q-S-L모델

품질(Quality), 고객만족(Satisfaction), 그리고 고객충성도(Loyalty)의 중요성은 아무리 강조해도 지나침이 없다. 품질과 고객만족도의 증가는 고객충성도로 이어져 조직이 경쟁력, 나아가 우리나라의 품질경쟁력과 연계되게 된다. 품질경쟁력 확보는 경쟁력의 원천이다. 'Q-S-L모델'은 조직의 목표가 '고객가치창출'이라는 가정 아래, 가치창출을 위한 주요 영역이 품질, 고객만족, 고객충성도와 연계되는 틀을 말한다.

현대 경영학의 권위자인 에드워드 데밍(Edward Demming) 박사의 '붉은구슬 공장'이야기는 품질의 중요성을 일깨워 준다.

근로자들은 흰구슬은 정상, 붉은구슬은 불량품이라는 말을 듣는다. 그들은 국자를 들고 흰구슬과 붉은구슬이 섞여 있는 통에서 구슬들을 퍼올린다. 문제는 통에 들어 있는 구슬 중 20%가 붉은구슬(불량품)이라는 사실이다. 아무리 잘하려고 노력해도 평균 20%는 불량품이 나올 수밖에 판이 짜여 있다는 이야기다. 그런데도 근로자들에게 떨어진 목표는 '불량률 제로'이다. 순전히 운에 따를 수밖에 없지만, 근로자들에게는 이것이 실적으로 평가된다. 하지만 국자에 담긴 붉은구슬은 근로자의 책임이 아니지 않는가?

자료 : 빌 캐포더글리 · 린 잭슨(2010), 픽사웨이, pp.190-191.

품질, 고객만족에 대한 관심이 높아지면서 한국생산성본부나 한국능률협회와 같은 컨설팅업체들은 나름대로 고객만족도를 측정하고 발표하여 품질 및 고객만족 제고에 노력하고 있다.

연구자들은 성과달성을 위한 부분과 전체의 조합을 고려한 시스템적인 관점에서 고객만족도를 고려할 필요가 있다. 고객만족도를 결정짓는 품질요인들, 고객만족의 결과인 고객충성도, 이와 연관된 경제적 성과까지 측정되어야 한다. 고객만족관련 모델을 그림으로 나타내면 다음과 같다.

그림 10-3 ▌ 고객만족관련 모델

컨설팅이나 연구에 참여한 참여자들은 품질, 고객만족, 고객충성도 요인을 구성하는 변수들을 신중하게 선택해야 한다. 문제해결을 위한 요인 및 변수결정은 관련 문헌검토와 집중집단면접(FGI : Focused Group Interview)과 관련한 조직 임직원, 고객 인터뷰 과정을 통해서 하는 것이 바람직하다.

제 2 절 PLS 전략적 활용예제

2.1 고객만족도 측정

기존에 고객만족도의 측정은 품질관련 영역을 정하고 이들 영역의 지수와 직접 묻는 중요도의 가중평균으로 고객만족수준을 산출하고 전략을 수립하는 방식이었다. 이 방법은 조사자와 조사의뢰자가 이해하기가 용이한 특징이 있다. 이 방법은 나름 의미는 있을 수 있으나 설문지 구성상 고객의 생각을 연속적으로 반영하지 못하는 단점을 갖는다. 또한 구체적인 개선전략 도출을 위해 활용되기보다는 등수에 치중되는 관심과 등수를 광고에 활용하려는 경향이 강한 것이 사실이다.

전략적인 관점에서 고객만족의 본질을 파악하기 위한 설문개발, 설문조사를 통한 데이터분석, 숫자를 PLS를 통해서 시각화하는 방법 등에 대하여 알아보고자 한다.

고객만족도는 단순한 만족수준을 넘어 고객만족수준과 고객만족수준에 따른 경제적 보상 정도를 파악하는 것이다. 고객만족도 조사의 기본 기능은 전략적 지침을 제공하는 데 있다. 이를 위해서 고객만족수익률(Return on Customer Satisfaction)과 고객만족결정요인의 영향력(Impact of CS Determinants)이 측정된다.

$$\text{고객만족도측정} = \text{고객만족수익률} \times \text{고객만족결정요인의 영향력} \qquad \text{(식 10-1)}$$

고객만족수익률은 고객유지율, 재구매의향, 고객추천지수 등으로 측정하는 것이 일반적이다. 고객유지율, 재구매의향, 고객추천지수 등은 고객평생가치를 결정짓는 것이 중요한 요소이기 때문에 기업의 경제적 가치를 파악하는 방법으로 많이 이용되고 있다.

고객만족결정요인의 영향력은 고객만족을 좌우하는 특정 요인의 힘의 강도, 즉 크기이다. 연구자는 고객만족도에 대한 영향력을 바탕으로 고객만족도 개선을 위한 우선순위를 결정해야 한다.

연구자는 PLS방법을 사용한 분석결과를 토대로 요인별 점수를 계산하고 영향력을 계량화해야 한다. 요인별 점수는 요인을 구성하는 측정문항들의 단순합을 말한다. 통상적으로 요인점수는 100점 만점으로 환산한다. 영향력은 PLS에서 경로계수로 주요품질요인이 종속요인인 고객만족도에 미치는 영향을 계량화한 것이다. 영향력은 주요품질요인을 한 단위 향상시킬 때 고객만족의 변화 정도를 나타낸다. 지금까지 설명한 내용을 토대로 예제를 통해서 실무에 적용하는 능력을 키워보자.

2.2 PLS방법 고객만족도 측정사례

연구자는 고객만족도가 제품과 서비스품질의 속성들이 고객만족에 영향을 준다는 기본 전제하에 모형을 설정해야 한다. 본서에서 소개하는 내용은 저자가 모의로 만든 예제이다. 여기서는 커피전문점의 고객만족모형과 측정에 대하여 알아보기로 한다. 이것을 그림으로 나타내면 다음과 같다.

그림 10-4 커피전문점 고객만족모형

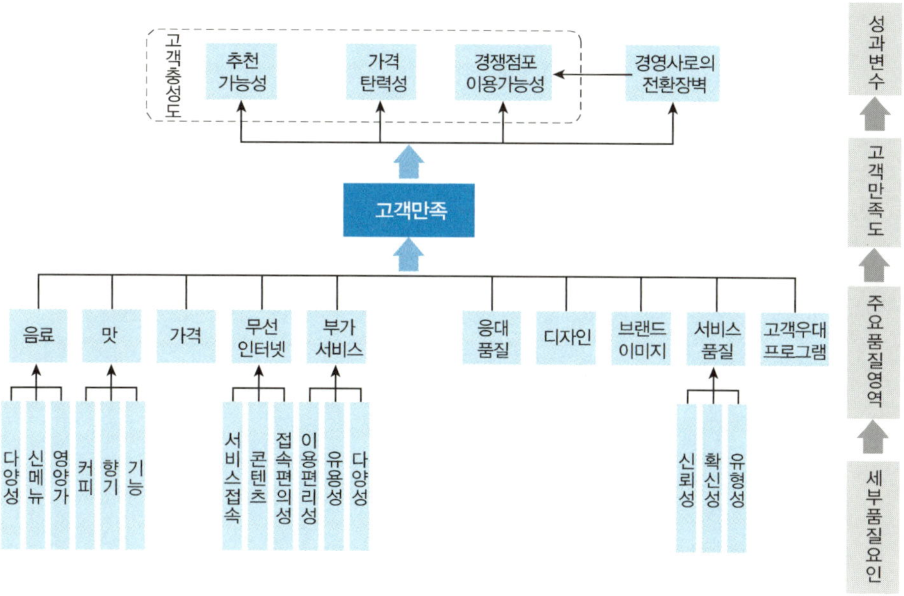

커피전문점의 고객만족은 다양한 품질요소와 서비스 경험요소들이 자세하게 포함되어야 한다. 설문지 구성과정 중 측정문항은 고객만족도를 제품 또는 서비스 속성

들의 성과(performance)에 의해 결정되는 경험 후 가치항목들로 구성되어야 한다.

주요품질영역으로 선정된 10개 요인들은 고객관점에서 선정된 것이다. 주요품질영역은 명확한 조작적 정의가 이루어져야 한다. 조작적 정의 후 측정문항을 개발하여야 하는데 여기서는 주요품질영역과 관련있는 세부품질요인이 측정변수라고 생각하면 된다. 고객만족도는 전반적인 만족도, 기대 대비 성과만족도, 이상적인 서비스 대비 만족도 등으로 5점 척도로 측정하면 된다. 측정은 고객태도와 인지적 관점이 반영될 수 있도록 해야 한다.

2.3 SmartPLS분석

1단계 A커피전문점을 이용한 고객을 대상으로 설문조사를 실시한 다음 데이터를 코딩한다. Excel 프로그램에 입력한 코딩시트는 다음과 같다. 음료(f1)는 v1, v2, v3, 맛(f2)은 v4, v5, v6, 가격(f3)은 v7, 무선인터넷(f4)은 v8, v9, v10, 부가서비스(f5)는 v11, v12, v13, 응대품질(f6)은 v14, 디자인(f7)은 v15, 브랜드이미지(f8)는 v16, 서비스품질(f9)은 v17, v18, v19, 고객우대프로그램(f10)은 v20, 고객만족(CS)은 v21, v22, v23으로 표시하였다.

그림 10-5 | Excel 입력자료

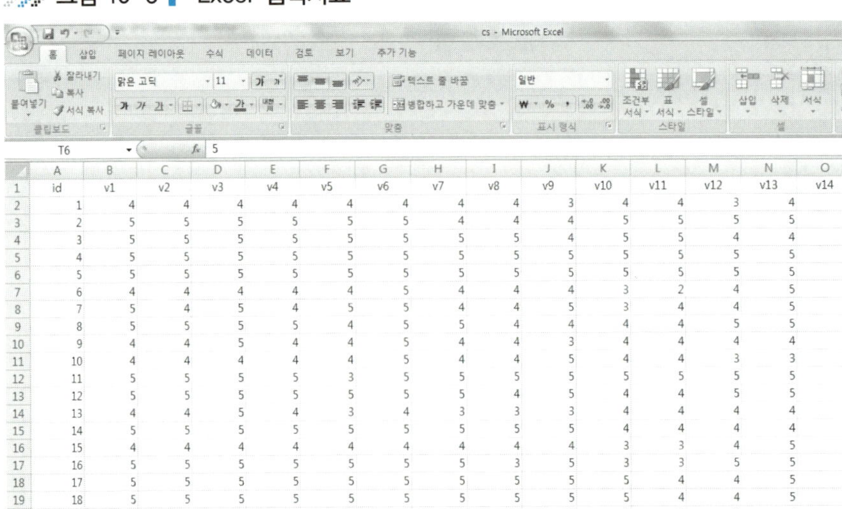

	A	B	C	D	E	F	G	H	I	J	K	L	M	N	O
1	id	v1	v2	v3	v4	v5	v6	v7	v8	v9	v10	v11	v12	v13	v14
2	1	4	4	4	4	4	4	4	4	3	4	4	3	4	4
3	2	5	5	5	5	5	5	4	4	4	5	5	5	5	5
4	3	5	5	5	5	5	5	5	5	4	5	5	4	4	5
5	4	5	5	5	5	5	5	5	5	5	5	5	5	5	5
6	5	5	5	5	5	5	5	5	5	5	5	5	5	5	5
7	6	4	4	4	4	4	5	4	4	4	3	2	4	5	4
8	7	5	4	5	4	5	5	4	4	5	3	4	4	5	4
9	8	5	5	5	5	4	5	5	4	4	4	4	5	5	5
10	9	4	4	5	4	4	5	4	4	3	4	4	4	4	5
11	10	4	4	4	4	4	5	4	4	5	4	4	3	3	4
12	11	5	5	5	5	3	5	5	5	5	5	5	5	5	5
13	12	5	5	5	5	5	5	5	4	5	4	4	5	5	5
14	13	4	4	5	4	3	4	3	3	3	4	4	4	4	4
15	14	5	5	5	5	5	5	5	5	5	4	4	4	4	4
16	15	4	4	4	4	4	4	4	4	4	3	3	4	5	4
17	16	5	5	5	5	5	5	5	3	5	3	3	5	5	5
18	17	5	5	5	5	5	5	5	5	5	5	4	4	5	5
19	18	5	5	5	5	5	5	5	5	5	5	4	4	5	5
20	19	3	4	5	4	4	4	4	4	5	2	2	3	4	4

[데이터] cs.xls

2단계 다른 이름으로 저장(A) 앞에서 cs.xls데이터를 csm.csv(쉼표로 분리)파일로 저장한다. SmartPLS는 확장자가 텍스트파일이나 csv(쉼표로 분리) 저장된 경우만 불러오기를 할 수 있기 때문이다.

3단계 smartpls 단추를 눌러 SmartPLS 프로그램을 실행한다. 다음과 같은 프로젝트(csm.splsm)를 만들고 csm.csv데이터를 연결한다. 이어 다음과 같은 경로모델을 구축한다.

그림 10-6 | 경로모델 구축

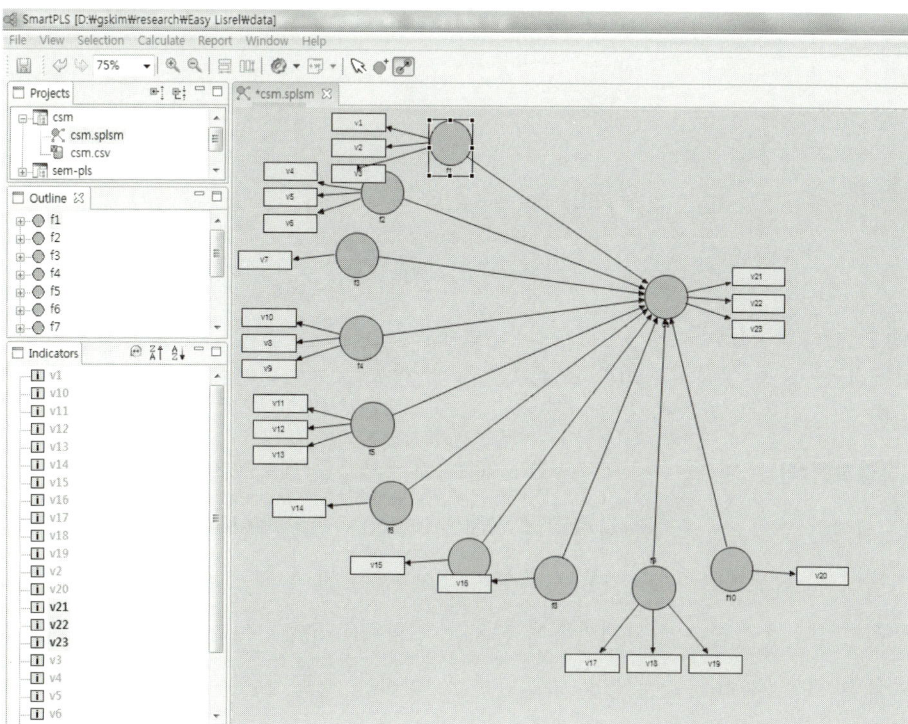

[데이터] csm.splsm; csm.csv

4단계 SmartPLS를 실행하기 위해서 Calculate → PLS Algorithm 단추를 클릭한다. 그러면 다음과 같은 화면을 얻을 수 있다.

그림 10-7 | SmartPLS 실행 결과물

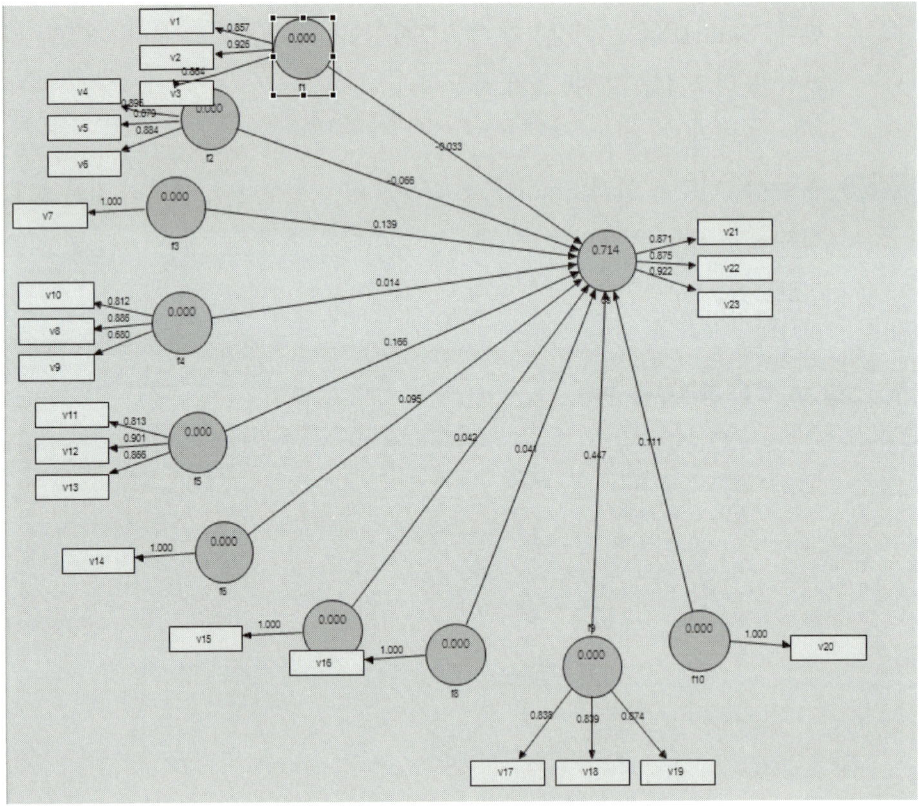

[결과해석] 10개 요인이 고객만족(cs)에 미치는 영향을 알아보기 위해서 SmartPLS를 실행한 결과, 설명력을 나타내는 결정계수(R^2)는 0.714임을 알 수 있다. 각 요인들에서 cs(고객만족)로 향하는 화살표 위에 있는 값이 경로계수이다. 이는 주요 품질영역이 종속변수인 고객만족에 미치는 영향력(impact)이다. 예를 들어, f1(음료요인)에서 각 요인들에서 cs(고객만족)로 향하는 경로계수는 −0.033이다. 이는 음료요인에서 품질수준을 1단위 높이면 고객만족은 0.033만큼 줄어드는 것으로 해석할 수 있다. 고객들은 음료의 품질수준을 그리 중요하다고 판단하지 않는 데 원인이 있는 것으로 유추해석할 수 있다. 10가지 품질요인 중 가장 영향력이 큰 요인은 f9(서비스 품질요인)이다.

5단계 이어 연구자는 다음과 같이 각 요인별 지수를 계산할 수 있다. 음료(f1)요인의 경우, v1, v2, v3의 변수로 구성되어져 있다. 이 세 가지 변수를 합산한 다음 문항수(3)로 나누면 된다. 이를 다시 100점 만점 기준으로 표시하기 위해서 4.4311/5×100을 하면 된다. 표는 모든 요인에 대한 지수화 방법을 나타낸 것이다.

표 10-1 각 요인별 지수계산방법

요인	변수	지수계산방법	지수(100점 만점 기준)
음료(f1)	v1, v2, v3	sum(v1,v2,v3)/3=4.4311	88.6
맛(f2)	v4, v5, v6	sum(v4, v5, v6)/3=4.3978	87.956
가격(f3)	v7	v7=4.0200	80.4
무선인터넷(f4)	v8, v9, v10	sum(v8, v9, v10)/3=4.1911	83.822
부가서비스(f5)	v11, v12, v13	sum(v11, v12, v13)/3=4.1956	83.912
응대품질(f6)	v14	v14=4.3133	86.266
디자인(f7)	v15	v15=4.3400	86.8
브랜드품질(f8)	v16	v16=4.2600	85.2
서비스품질(f9)	v17, v18, v19	sum(v17, v18, v19)/3=4.1444	82.8
고객우대프로그램(f10)	v20	v20=4.2933	85.866
고객만족(cs)	v21, v22, v23	sum(v21, v22, v23)/3=4.0356	80.712

6단계 앞에서 SmartPLS로 구한 커피전문점의 고객만족모형의 결과물을 그림으로 나타낸다. 그림에서 원 안의 숫자는 지수를 나타낸다. 그리고 화살표 숫자는 임팩트, 즉 영향력을 나타낸다. 각 품질영역의 지수는 100기준으로 환산하여 표시하였다. 영향력(impact)은 각 지수를 1점 개선시켰을 경우, 그 주요품질영역이 종속변수인 고객만족에 미치는 영향 정도를 나타낸 것이다.

그림 10-8 A커피전문점의 품질요인지수와 영향력

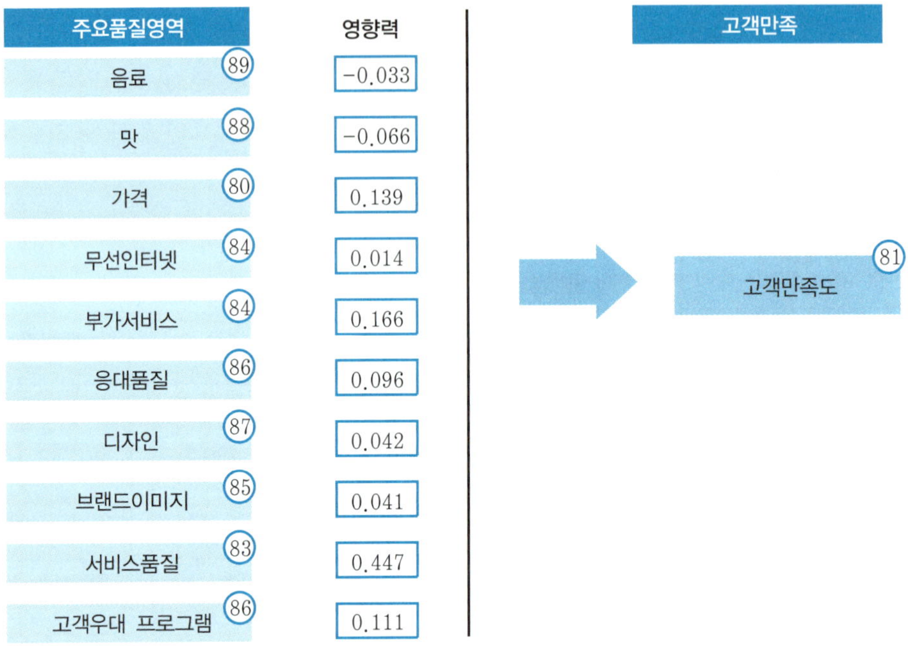

[결과해석] 음료요인의 경우 현재지수는 89점이고 음료요인 1단위의 품질이 개선되더라도 영향력은 0.033만큼 줄어듦을 알 수 있다. 다른 요인에 대한 해석은 비슷한 방법으로 하면 된다. 영향력은 품질요인 1단위를 증가시켰을 경우 고객만족도에 미치는 변화량이라고 생각하면 된다. 고객영향력이 큰 요인은 서비스품질 요인으로 0.447이다. 고객만족도의 현재지수(점수)는 81점이다.

7단계 분석자는 영향력과 품질지수를 조합시킨 전략 매트릭스(Strategic Matrix)를 만든다. 전략 매트릭스는 행(row)과 열(column)에 요인을 위치시켜 놓은 것이다. 행과 열에는 어떤 항목을 위치시킬 것인지 깊이 고민해 보는 것이 필요하다. 전략 매트릭스는 각 주요품질영역들의 성과수준과 고객만족도에 미치는 상대적인 공헌도를 알 수 있고 이를 바탕으로 향후 고객만족도 개선을 위한 품질영역의 투자우선 순위를 결정하는 데 기본 지침을 삼을 수 있다.

그림 10-9 A커피전문점의 전략 매트릭스(Strategic Matrix)

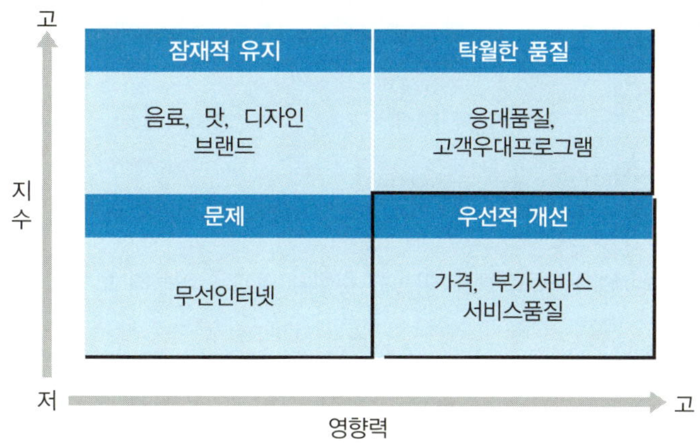

[결과해석] 영향력과 지수의 조합결과를 나타낸 전략 매트릭스를 보면, 탁월한 품질요인은 응대품질, 고객우대프로그램 요인인 것을 알 수 있다. 이는 영향력과 지수가 모두 높으므로 개선의 여지가 있을 경우, 첫 번째 고려대상으로 삼으면 된다. 분석자와 전략실행자는 각 영역의 특징과 조직내부 사정을 고려하여 전략적인 판단을 하도록 해야 한다.

8단계 분석자는 A커피전문점 이외에 각 경쟁사별로 영향력과 품질지수를 계산하여 경쟁사 대비 자사의 탁월한 요인과 부족요인을 발견해 낼 수 있다. 이 작업의 목적은 경쟁사별 벤치마킹을 통해서 자사의 현재 위치를 파악하고 향후 전략방안을 마련하는 데 있다. 이 작업은 독자들께서 실제 실무에 적용하기 바란다.

연 · 습 · 문 · 제

01. 연구자의 역량은 무엇인가? 서로 토론해 보자.

02. 각자 처한 상황에서 PLS 프로그램을 이용한 컨설팅 방법을 이용해 보자.

나를 남과 다르게 만드는 것들이 바로 나를 만드는 것이다.
-A. A. Milne-

Easy **SEM** with *SmartPLS*

11
Chapter

SmartPLS - 혼합모델분석

Chapter 11

SmartPLS - 혼합모델분석

인과성의 문제는 측정모델 이론에 영향을 미친다. 인간행동 연구자들은 전형적으로 측정변수에 영향을 미치는 잠재요인에 대하여 고민하고 학습한다. 측정모델 구축 시의 요인과 측정변수의 관계에서 화살표의 시작점과 끝점을 어떻게 연결할 것인가가 주요 고민사항이다.

측정모델 구축 시 요인과 변수의 관계에서 화살표 방향에 따라 명칭이 달라진다. 요인에서 변수로 화살표가 향하는 측정모델을 반영지표모델(reflective indicator model)이라고 부른다. 반면에 변수에서 요인으로 화살표가 향하는 측정모델을 조형지표모델(formative indicator model)이라고 부른다.

제 1 절 반영지표모델

측정모델에서 잠재요인에서 측정변수들로 화살표가 향하여 있는 경우를 반영지표모델(reflective indicator model)이라고 한다. 반영지표모델은 잠재개념은 측정변수들에 원인이 된다. 다시 말하면 측정변수들은 잠재개념에 의존한다. 따라서 오차항 즉, 측정으로 완전히 설명할 수 없는 부분이 존재한다. 반영측정 이론에 포함된 측정변수들은 서로 신뢰성과 상관성이 높다. 반영지표의 예는 다음과 같다. '시간의 정확성'요인은 시간이용, 마감시간 준수, 전화회신 속도 등이 이에 해당한다.

예를 들어, 삶의 만족도 요인이 네 가지 변수(전반적인 만족도, 삶의 만족도, 주거환경 만족도, 직업 만족도)를 설명한다면 다음과 같은 그림으로 나타낼 수 있다.

그림 11-1 ▌ 반영지표모델

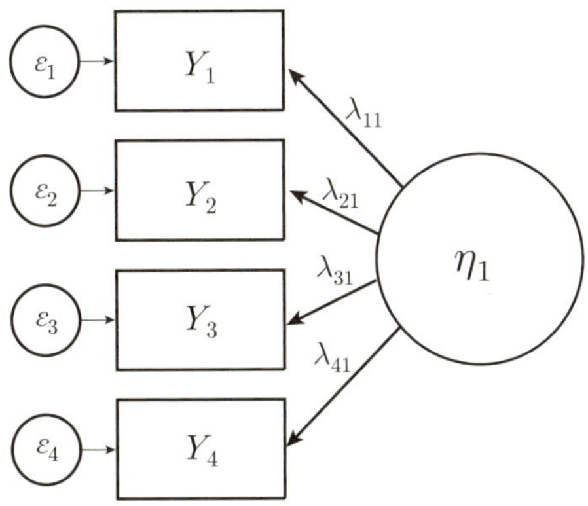

반영지표모델을 수학식으로 나타내면 다음과 같다.

$$
\begin{aligned}
Y_1 &= \lambda_{11} \cdot \eta_1 + \varepsilon_1 \\
Y_2 &= \lambda_{21} \cdot \eta_1 + \varepsilon_2 \\
Y_3 &= \lambda_{31} \cdot \eta_1 + \varepsilon_3 \\
Y_4 &= \lambda_{41} \cdot \eta_2 + \varepsilon_4
\end{aligned}
\qquad (식\ 11\text{-}1)
$$

제 2 절 조형지표모델

조형지표모델(Formative measurement model)은 측정변수들이 잠재개념에 영향을 준다는 기본가정에서 출발한다. 반영지표모델과 달리 조형지표모델은 조형지표모델의 변수들은 상이하여 관련성이 낮으며 신뢰성도 낮다. 측정변수 간에 상관성이 낮다고 해서 무조건 변수를 제거하면 요인을 제대로 설명할 수 없는 원인이 되기도 한다. 생활스트레스 요인은 실직, 이혼, 최근 사고 등에 의해서 결정된다고 한다면 이는 조형지표모델에 해당한다.

만약, '사회경제지수'요인은 교육수준, 직업, 소득수준(1~10분위) 등 세 가지 변수로 구성된다고 하자. 이를 그림으로 나타내면 다음과 같다.

그림 11-2 | 조형지표모델

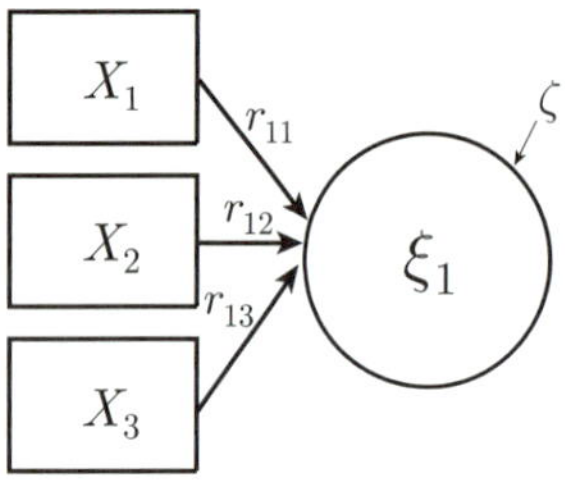

앞의 조형지표모델을 식으로 나타내면 다음과 같다.

$$\xi_1 = \gamma_{11} \cdot x_1 + \gamma_{12} \cdot x_2 + \gamma_{13} \cdot x_3 \qquad \text{(식 11-2)}$$

지금까지 설명한 반영지표모델과 조형지표모델에 대한 내용을 표로 나타내면 다음과 같다.

그림 11-1 | 반영지표모델과 조형지표모델 비교

반영지표모델	특징	조형지표모델
항목들은 개념에 의해서 설명	인과성	개념은 항목들로부터 형성됨
모든 항목은 개념에 관련이 있음	항목 간의 관계	항목 간 개념적 연결이 필요치 않음
잠재항목의 대표	항목영역	모든 항목이 포함
공분산 정도가 높음(요인분석 가능)	공분산	공분산 정도 낮음
필요	신뢰성판단	필요없음
내적 또는 외적 타당성 확보 필요	개념타당성	외적 타당성 확보 필요

제 3 절 SmartPLS 혼합모델분석 예제

3.1 예제 설명

SmartPLS에서 조형지표모델과 반영지표모델이 혼합되어 있는 혼합모델을 분석하는 방법에 대하여 알아보기로 하자. 본 예제는 저자가 가상으로 만든 예제이다.

사회경제지수(SEI : Social Economic Index) 요인은 교육수준(x1), 직업(x2), 소득수준(x3)에 의해 결정된다고 가정하자. 교육수준(x1)은 1. 중졸, 2. 고졸, 3. 대졸, 4. 대학원졸 이상을 나타낸다. 직업(x2)은 1. 현장근로자, 2. 회사원, 3. 자영업, 4. 공무원, 5. 회사임원급 등으로 구분하였다. 소득수준(x3)은 국가통계포털의 분류기준에 따라 1분위부터 10분위까지 나누었다. 삶의 만족도(QOL : Quality Of Life) 요인은 전반적인 만족도(y1), 삶의 만족도(y2), 주거환경 만족도(y3), 직업만족도(y4)를 설명한다고 가정하자. 삶의 만족도 요인을 구성하는 측정변수들은 모두 5점 척도(1. 매우 불만, 3. 보통, 5. 매우 만족)로 측정하였다. 사회경제지수 요인은 삶의 만족요인에 영향을 미치는 연구모형을 나타내면 다음과 같다.

그림 11-3 | 연구모형

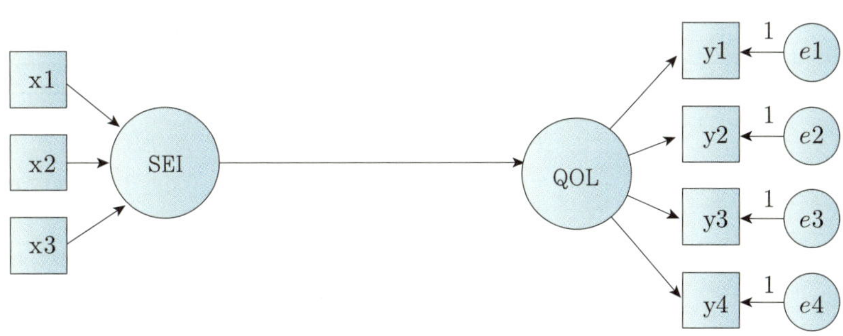

연구모형을 검정해 보기 위한 20명의 표본자료는 다음과 같다.

표 11-2 측정자료

id	x1	x2	x3	y1	y2	y3	y4
1	1	1	1	2	2	2	2
2	2	2	1	1	2	1	1
3	1	1	1	1	2	2	2
4	3	2	3	3	3	3	4
5	4	4	10	5	5	5	5
6	4	4	10	4	4	4	5
7	3	4	9	3	4	3	3
8	3	5	10	3	3	4	3
9	4	5	10	3	4	4	4
10	4	4	8	4	4	3	3
11	4	4	9	4	4	4	5
12	3	3	7	3	3	3	3
13	2	4	7	4	3	3	4
14	4	3	8	3	4	3	3
15	3	2	5	4	3	4	4
16	3	2	4	3	2	3	2
17	2	3	5	3	2	3	2
18	4	4	9	4	4	5	5
19	1	4	1	3	2	2	3
20	1	1	1	2	2	2	2

3.2 SmartPLS 예제 실행

1단계 다음과 같이 EXCEL창에서 데이터를 저장한다.

그림 11-4 | EXCEL 데이터 입력

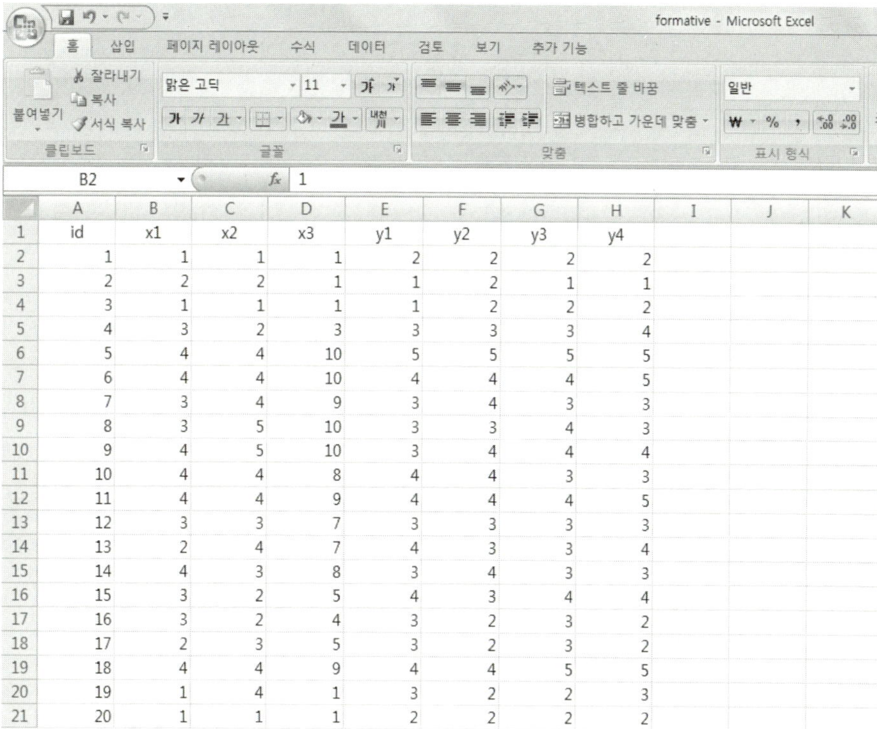

id	x1	x2	x3	y1	y2	y3	y4
1	1	1	1	2	2	2	2
2	2	2	1	1	2	1	1
3	1	1	1	1	2	2	2
4	3	2	3	3	3	3	4
5	4	4	10	5	5	5	5
6	4	4	10	4	4	4	5
7	3	4	9	3	4	3	3
8	3	5	10	3	3	4	3
9	4	5	10	3	4	4	4
10	4	4	8	4	4	3	3
11	4	4	9	4	4	4	5
12	3	3	7	3	3	3	3
13	2	4	7	4	3	3	4
14	4	3	8	3	4	3	3
15	3	2	5	4	3	4	4
16	3	2	4	3	2	3	2
17	2	3	5	3	2	3	2
18	4	4	9	4	4	5	5
19	1	4	1	3	2	2	3
20	1	1	1	2	2	2	2

[데이터] formative.xls

2단계 EXCEL창의 [다른 이름으로 저장] 단추를 누른다. 이어 데이터파일을 텍스트(탭으로 분리) 또는 CSV(쉼표로 분리)의 확장자를 갖는 파일 형식(T): 으로 저장한다. 파일명은 formative.csv이다.

3단계 smartpls 단추를 이용하여 SmartPLS 프로그램을 실행한다.

4단계 이어 SEI-QOL 프로젝트파일을 만들고 formative.csv 데이터파일을 연결한다.

그림 11-5 ▌ 프로젝트파일

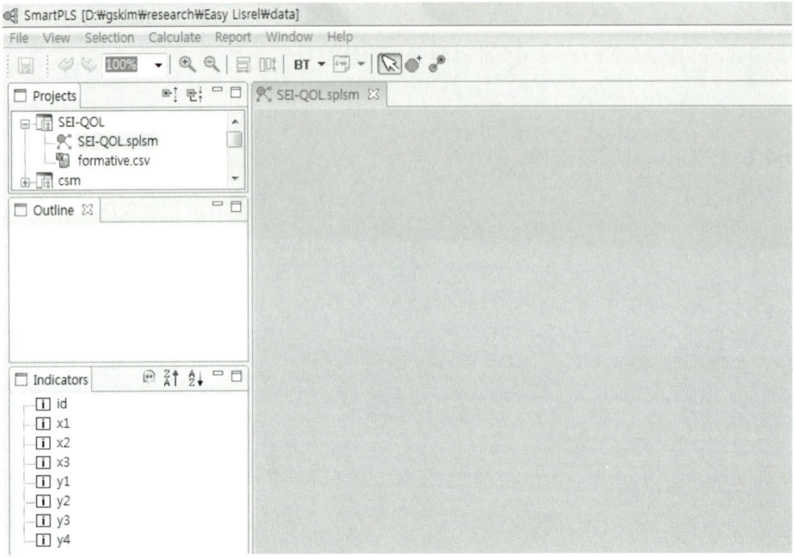

[데이터] SEI-QOL.SPISM

5단계 (Switch to Insert Mode)단추를 이용하여 다음과 같이 경로도형을 구축한다.

그림 11-6 ▌ 경로도형구축 1

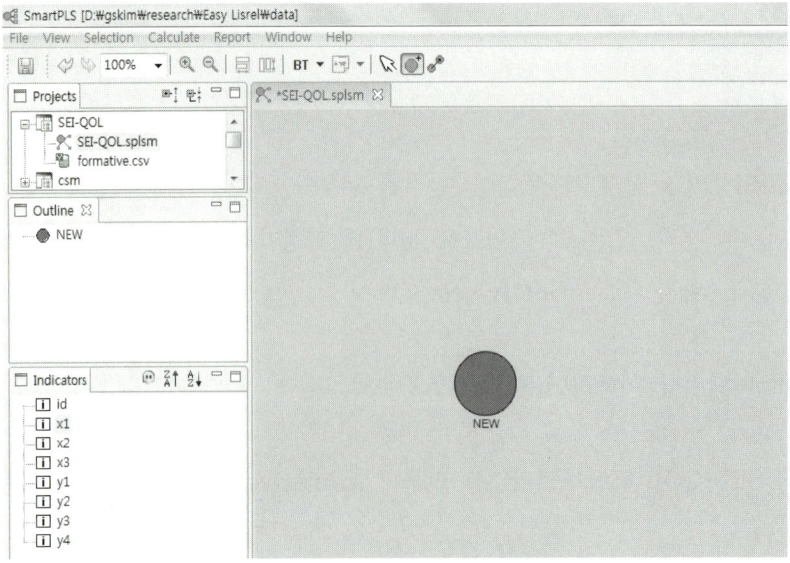

6단계 요인과 측정변수를 연결한다. x1, x2, x3을 지정하고 요인과 연결하면 된다.

그림 11-7 | 요인과 측정변수 연결

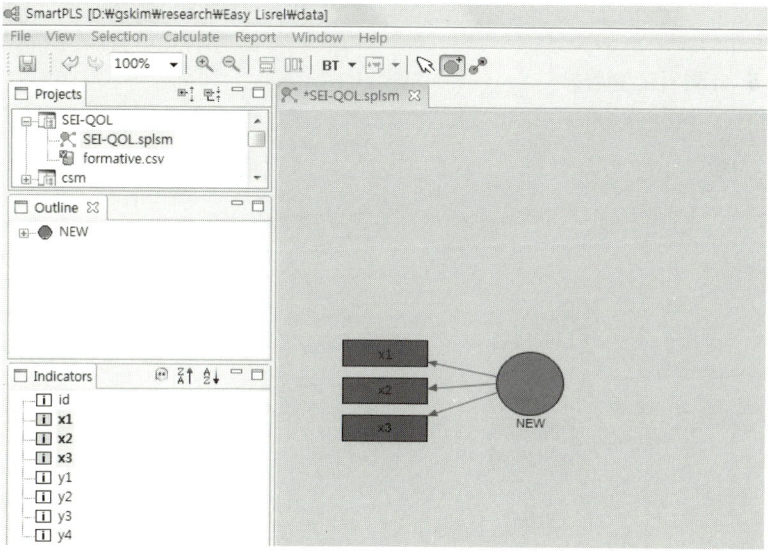

7단계 NEW요인에 마우스를 올려놓고 오른쪽 마우스를 누른다.

그림 11-8 | 요인 선택창

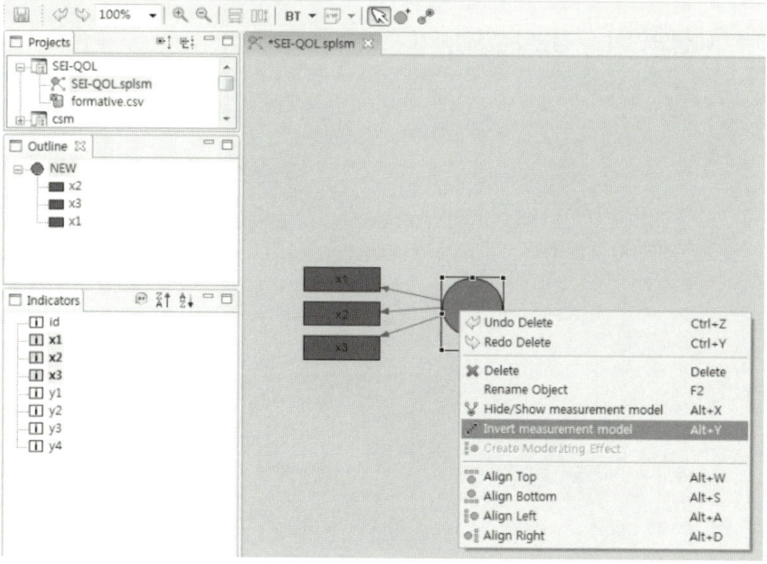

8단계 Invert measurement model Alt+Y 단추를 눌러 SEI(사회경제지수) 요인의 변수방향을 바꿔준다. 이는 조형지표(formative indicator)로 하기 위한 조치이다. 그러면 다음과 같은 화면을 얻을 수 있다.

그림 11-9 ▌ 조형지표 변환창

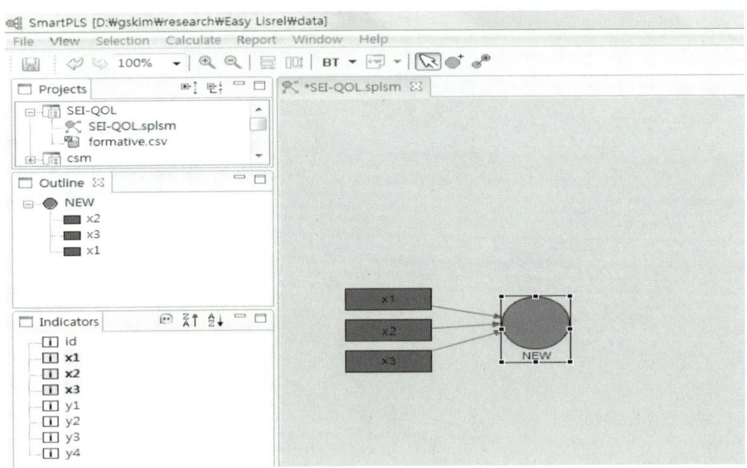

9단계 (Switch to Insert Mode)단추를 눌러 내생잠재요인을 그리고 네 가지 변수(y1, y2, y3, y4)를 연결한다.

그림 11-10 ▌ 내생요인과 측정변수 연결하기

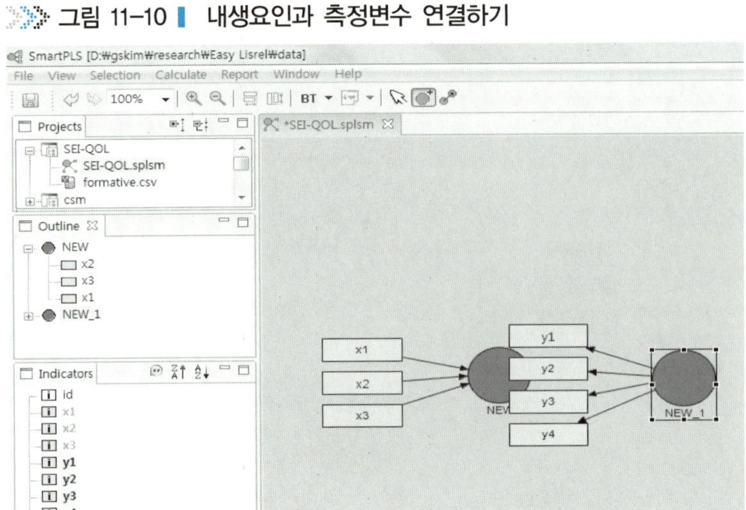

10단계 측정변수를 오른쪽 정렬하기 위해서 NEW_1요인을 지정하고 오른쪽 마우스를 누른다.

그림 11-11 ▎ 요인관련 선택창

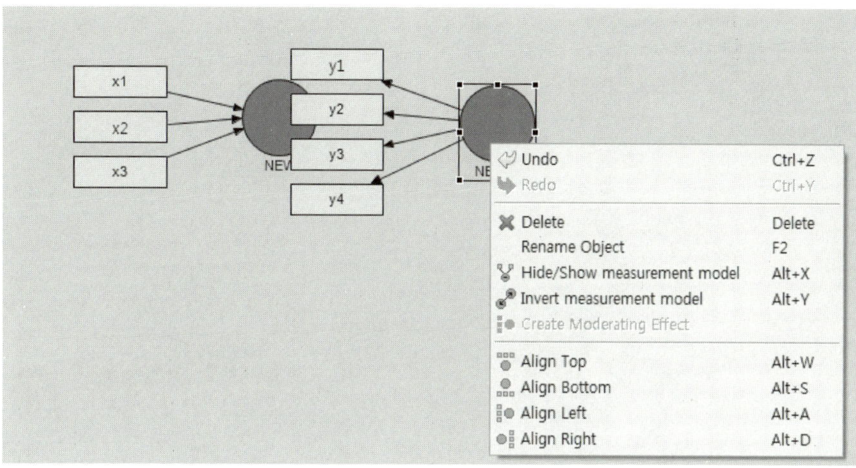

11단계 Align Right Alt+D 단추를 눌러 측정변수를 오른쪽으로 정렬한다.

그림 11-12 ▎ 내생요인 오른쪽 정리하기

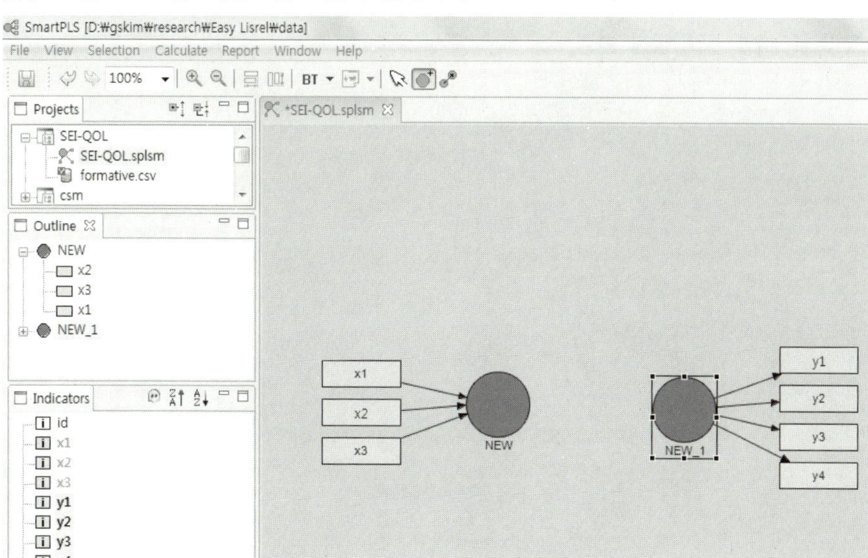

12단계 (Switch to connection Mode)단추를 이용하여 잠재요인과 잠재요인을 연결한다.

그림 11-13 ▌ 잠재요인 간 경로연결하기

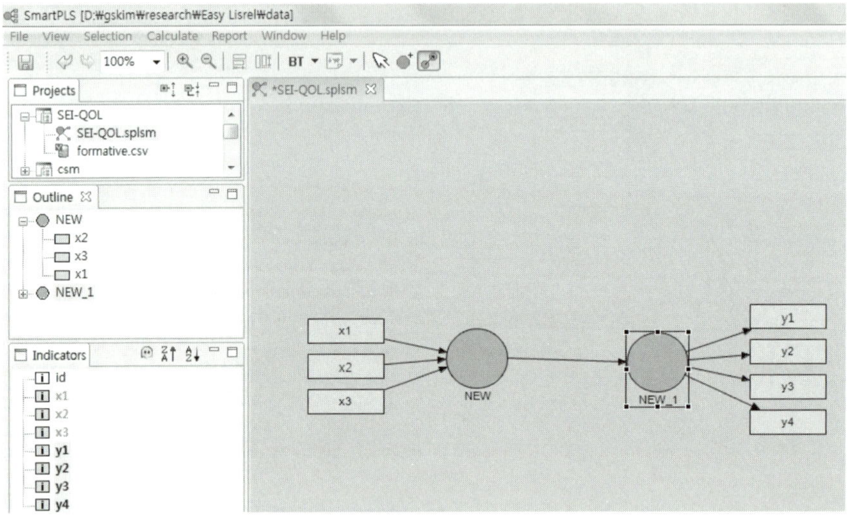

13단계 잠재요인 NEW, NEW_1의 명칭을 각각 'SEI'와 'QOL'로 변경한다.

그림 11-14 ▌ 요인명칭 변경

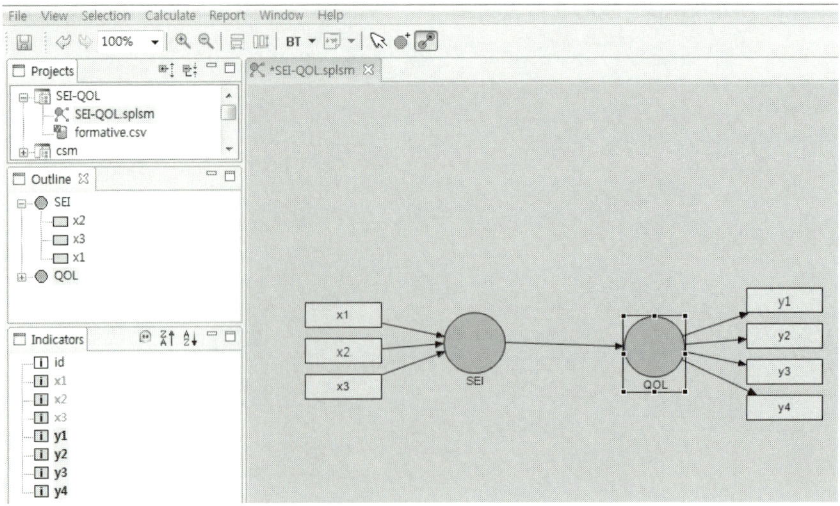

[데이터] SEI-QOL.splsm; formative.csv

14단계 SmartPLS를 실행하기 위해서 다음과 같은 Calculate, PLS Algorithm, Finish 단추를 누른다. 아니면 의 드롭다운 단추를 눌러 PLS Algorithm을 선택하면 된다.

그림 11–15 ▌ 결과창

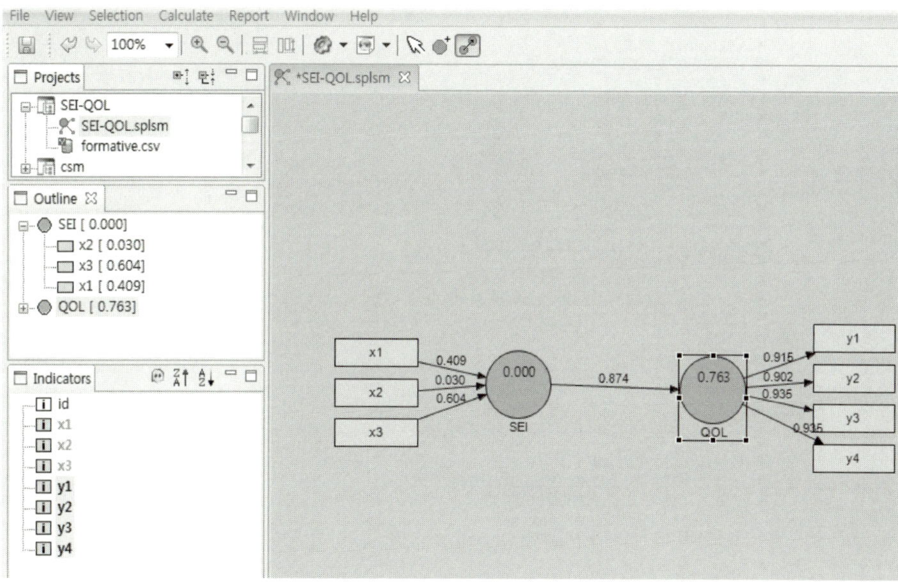

[결과해석] SEI(사회경제지수)로부터 QOL(삶의 질)요인으로의 경로계수는 0.874임을 알 수 있다. 사회경제지수(SEI)요인에 대한 QOL요인의 회귀식 설명력(R^2)은 0.763임을 알 수 있다.

15단계 Html Report → Report 단추를 누른다.

그림 11-16 결과 내용창

Table of contents (complete)

- Model
  - Specification
    - Measurement Model Specification
    - Manifest Variable Scores (Original)
    - Structural Model Specification
- PLS
  - Quality Criteria
    - Overview
    - Redundancy
    - Cronbachs Alpha
    - Latent Variable Correlations
    - R Square
    - Cross Loadings
    - AVE
    - Communality
    - Total Effects
    - Composite Reliability
  - Calculation Results
    - Stop Criterion Changes
    - Outer Loadings
    - Outer Model (Weights or Loadings)
    - Path Coefficients
    - Latent Variable Scores
    - Manifest Variable Scores (Used)
    - Outer Weights
- Data Preprocessing
  - Results (chronologically)
    - Step 0 (Original Matrix)
- Index Values
  - Results
    - Measurement Model (restandardised)
    - Path Coefficients
    - Measurement Model
    - Latent Variable Scores (unstandardised)
    - Index Values for Latent Variables

16단계 • PLS → o Quality Criteria → ■ Overview 단추를 누른다.

그림 11-17 전반적인 결과

Overview

	AVE	Composite Reliability	R Square	Cronbachs Alpha	Communality	Redundancy
QOL	0.849563	0.957598	0.763481	0.941111	0.849563	0.635326
SEI					0.818490	

[결과해석] [AVE 0.8495, Composite Reliability 0.957598, R-Square 0.763481, Cronbachs Alpha 0.941111, Communality 0.849563, Redundancy 0.635326] 분산추출지수(AVE : Average Variance Extracted)는 표준적재치의 제곱합을 표준적재치의 제곱합과 오차분산의 합으로 나는 값으로 0.849563임을 알 수 있다.

개념신뢰도(Composite Reliability)는 0.957598이다. 개념신뢰도가 0.7 이상이면 신뢰도 또는 집중타당성이 높다고 해석할 수 있다. 사회경제지수(SEI) 요인에 대한 QOL 요인의 회귀식 설명력(R^2)은 0.763481임을 알 수 있다.

측정문항의 일관성을 나타내는 크론바하 알파(Cronbachs Alpha)는 0.94111임을 알 수 있다.

커뮤널리티(Communality)는 0.849563이다. 이는 분석에 포함된 측정변수가 잠재요인에 의해서 설명되어지는 비율이다. 커뮤널리티는 측정변수의 다중상관치(SMC : Squared Multiple Correlation)라고도 부른다. 여기서는 커뮤널리티는 다음과 같은 식으로 구할 수 있다.

$$\text{커뮤널리티(Communality)} = \frac{\sum_{i=1}^{n} \lambda_i^2}{n} \qquad \text{(식 11-3)}$$

여기서, λ_i =표준화된 적재치의 제곱의 합, n =측정 문항수

경로도형에서의 결과물을 통해서 수작업으로 커뮤널리티를 계산해 보면 $\frac{(0.915)^2+(0.902)^2+(0.935)^2+(0.935)^2}{4}$=0.849563이다.

커뮤널리티(Communality)는 분산추출지수(AVE)와 동일함을 확인할 수 있다.

중복성지수(Redundancy Index)는 다중회귀분석의 결정계수(R^2)와 유사하다. 중복성은 변수군 사이에 중복되는 영역이다. 즉 한 변수가 다른 변수의 분산을 하나씩 설명하는 평균 능력을 말한다. 중복성지수의 계산식은 다음과 같다.

$$\text{중복성지수} = \text{Communality} \times R^2 \qquad \text{(식 11-4)}$$

중복성지수가 작은 경우는 0.125 이하, 0.25 정도면 중간, 0.375 이상이면 크다고 판단한다. 여기서는 중복성지수가 0.635326으로 0.375 이상으로 중복성지수가 큼을 알 수 있다.

연 · 습 · 문 · 제

01. PLS 혼합모형은 무엇을 말하는지 개념을 정리하고 PLS 분석방법을 서로 토론해 보자.

02. 다음 반영지표와 조형지표가 혼합된 연구모형을 참고하여 SmartPLS로 분석해 보자. 데이터는 제9장 연습문제에서 사용한 파일이다.

[연구모형]

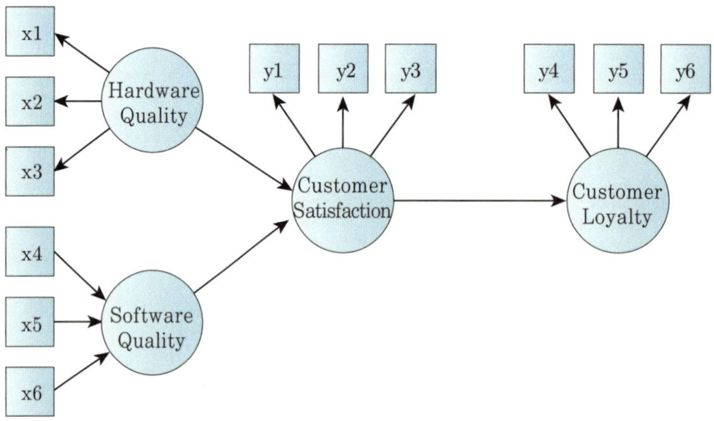

[데이터파일 일부]

	A	B	C	D	E	F	G	H	I	J	K	L
1	x1	x2	x3	x4	x5	x6	y1	y2	y3	y4	y5	y6
2	6	6	6	6	6	4	5	5	5	5	5	6
3	6	5	6	4	4	5	7	5	4	4	5	6
4	5	5	5	5	5	5	5	5	5	5	5	5
5	6	5	5	4	3	3	3	4	3	3	3	4
6	6	6	6	6	6	7	6	4	5	5	7	7
7	4	4	4	4	4	4	3	4	4	4	4	5
8	5	5	4	6	4	5	6	4	4	4	5	6
9	5	4	4	6	5	6	5	5	6	6	6	5
10	7	6	6	7	6	6	6	6	6	6	6	7
11	7	7	6	7	5	5	5	5	5	4	6	7
12	7	7	7	7	7	7	7	7	7	6	7	6
13	6	7	6	7	6	6	6	7	5	5	6	7
14	5	4	4	5	4	4	4	4	4	5	5	5
15	5	6	6	5	6	5	6	6	4	2	6	4
16	5	5	5	5	5	4	5	5	5	6	6	4
17	6	5	6	6	6	6	7	6	6	6	6	6
18	3	4	4	3	4	5	5	4	3	4	4	3
19	7	7	7	6	5	6	6	6	7	6	6	6
20	6	6	5	5	5	6	5	6	6	6	5	6

[데이터] ch11.csv

인생은 실험이다. 실험을 많이 할수록 좋다.
-랠프 왈도 에머슨-

Easy **SEM** with *SmartPLS*

12
Chapter

SmartPLS – 매개효과분석

Chapter 12

SmartPLS – 매개효과분석

제 1 절 매개효과 개념

매개효과(moderating effect)는 독립변수(또는 개념)와 종속변수(또는 개념) 관계를 설명하기에 투입되는 변수(또는 개념)를 말한다. 다시 말하면 매개효과는 두 관련변수 사이에 개입하는 제3의 변수나 개념의 효과를 말한다. 연구자가 현상을 설명하는데 독립변수에서 종속변수로 직접적인 연결관계를 나타낼 수 있다. 그러나 사회현상을 인과적으로 보면, 독립변수가 원인이 되어 매개변수를 거쳐 종속적인 결과가 발생하는 경우가 대부분이다. 매개효과에 대한 연구가설은 이론적으로 충분한 지지가 있어야 한다. 매개효과는 독립변수의 영향과 관련있는 변수를 선택하게 된다. 이론상으로 하나의 변수가 독립요인과 종속요인에서 매개역할을 한다면 다음과 같은 그림으로 나타낼 수 있다.

그림 12-1 | 매개요인

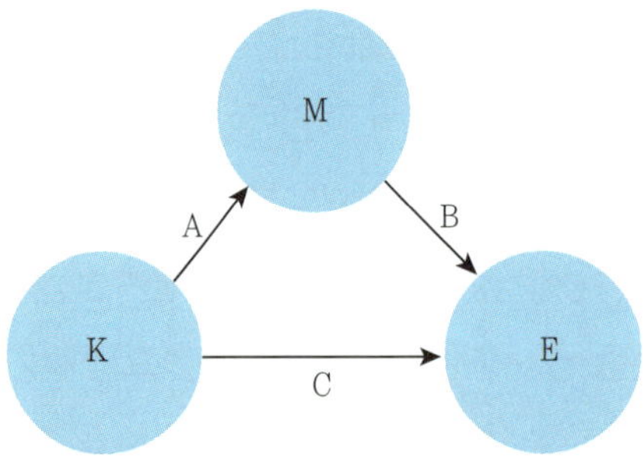

여기서는 M이 K요인과 E요인에서 매개역할을 함을 나타낸다.

제 2 절 매개효과 검정

매개효과 검정을 위해서는 연구모델에서 나타난 총효과(간접효과, 직접효과)에 대해서 이해해야 한다.

2.1 직접효과

경로분석에서는 총효과(간접효과, 직접효과)에 대한 언급이 중요하다. 경로분석에서 총효과는 직접효과와 간접효과의 합을 말한다. 직접효과(direct effect)는 독립변수가 종속변수의 증감에 영향을 미치는 경우를 의미한다. 다음 그림에서 직접효과는 A, B, C가 해당한다.

그림 12-2 ▌ 직접효과

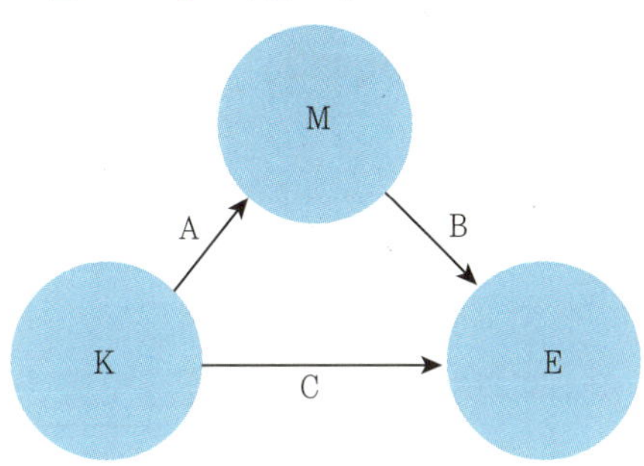

2.2 간접효과

간접효과(indirect effect)는 독립변수의 효과가 하나 이상의 매개변수, 매개요인(mediator variable, mediator factor)에 매개되어 종속변수나 종속요인에 영향을 미치는 경우를 말한다. 연구모형에서 두 개 이상의 직접경로가 혼합되어 있는 경우를 말한다.

[그림 12-2]에서 K → E 간의 전체효과는 K → E 간의 직접효과(direct effect)와 K → M → E 사이의 간접효과(indirect effect)로 구성됨을 알 수 있다.

여기서, A와 B의 곱($A \times B$)이 간접효과의 크기이다. 총효과는 직접효과와 간접효과의 합이다.

총효과는 다음과 같다.

$$\begin{array}{l} \text{직접효과 : } C \\ \quad + \\ \text{간접효과 : } A \times B \\ \hline \text{총효과 : } C + (A \times B) \end{array} \quad \text{(식 12-1)}$$

2.3 간접효과 유의성 검정

연구자는 분석과정에서 간접효과의 유의성을 특별히 언급하게 되는 경우가 종종 있다. 간접효과의 유의성 검정방법에 대하여 알아보자.

1단계 각 경로 간의 유의성 검정을 실시한다. 여기서는 K → M, M → E, K → E 간의 경로분석을 실시한다. 여기서 경로의 유의성 여부를 확인해야 한다.

2단계 K요인, M요인, 그리고 E요인을 모두 화살표로 연결한다. K → E 간의 전체효과는 K → E 간의 직접효과(direct effect)와 K → M → E 사이의 간접효과(indirect effect)를 경로도로 연결한다는 뜻이다.

3단계 간접효과의 크기를 구한다. 이어 간접효과가 완전매개를 하는지 아니면 부분매개를 하는지 언급해야 한다. 완전매개(full mediation)는 K → E 직접 경로계수가 통계적으로 유의하지 않고 K → M → E 사이의 간접효과(indirect effect)만 통계적으로 유의한 경우를 말한다. 즉 직접경로계수는 유의하지 않고 간접경로계수만 유의할 때가 완전매개를 한다고 한다.

부분매개(partial mediation)는 K → E 직접경로계수가 통계적으로 유의하나 유의정도가 개별경로로 연결한 경우보다 낮으며 K → M → E 사이의 간접효과(indirect effect)가 통계적으로 유의한 경우를 말한다. 간접효과의 유의성 정도 여부 판단은 Sobel 검정방법을 이용한다.

2.4 Sobel검정

독립변수(요인)가 매개(변수)요인을 통해 종속변수(요인)에 미치는 효과, 즉 간접효과($a \times b$)의 통계적 유의성은 간접효과를 간접효과의 표준오차(S_{ab})의 비율, 즉 일종의 검증통계치 Z가 정규분포를 따른다고 가정하고 검증한다. 이것을 일명 '소벨 테스트(Sobel test)'라고 한다.

그림 12-3 ▌ 매개변수

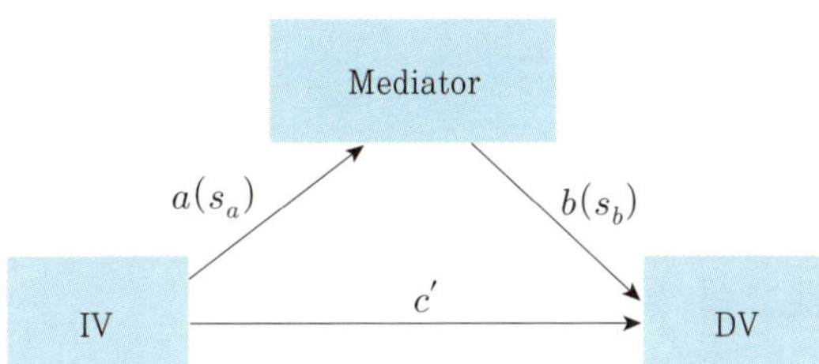

여기서, IV는 독립변수, DV는 종속변수, Mediator는 매개변수. a, b, c는 비표준화계수, S_a, S_b는 표준오차를 나타낸다.

분석자는 Sobel 통계량을 구해서 다음과 같은 방법에 의해서 매개효과를 검정한다.

$$\text{Z통계량} = \frac{a \times b}{\sqrt{(b_2 \times S_a^2) + (a_2 \times S_b^2)}} \qquad \text{(식 12-2)}$$

첫째, 점추정을 이용할 때는 |Z|가 ±1.96보다 크면 간접효과는 유의수준 5%에서 통계적으로 유의한 것이다($p < \alpha = 0.05$). 분석자는 http://quantpsy.org/sobel/sobel.htm을 방문하여 쉽게 간접효과의 유의확률을 계산할 수 있다. 분석자는 아래 Input란에 해당자료를 입력하고 [Calculate] 단추를 누르면 된다. 그러면 자동적으로 p-value를 구할 수 있다.

그림 12-4 Sobel검정 p-value 계산하기

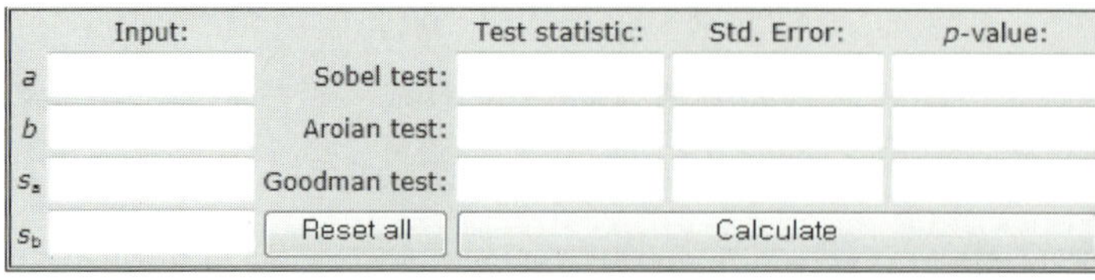

둘째, 신뢰구간을 이용하는 구간추정을 이용할 수도 있다. 신뢰구간을 구하는 식, $a \times b \pm 1.96 \cdot S_{ab}$을 이용하여 구하였을 경우, 그 신뢰구간 안에 0이 들어가 있지 않으면 간접효과는 유의수준 5%에서 통계적으로 유의한 것이다.

제 3 절 SmartPLS 프로그램 실행

3.1 예제

읽기부족은 생각의 부족, 언변부족, 행동부족을 가져온다. 읽기부족(K), 학력저하(M), 사회진출두려움(E) 등의 관계를 알아보기 위해서 학생 10명을 조사한 자료이다. 이에 대한 자료와 연구모형은 다음과 같다

표 12-1 데이터 조사

K	M	E
3	3.2	4
4	3.5	4
2	2.5	3
5	4.1	4
3	3.6	3
4	3.7	4
1	2	2
2	2	2
3	3.5	3
4	3.9	4

그림 12-5 ▌ 연구모형

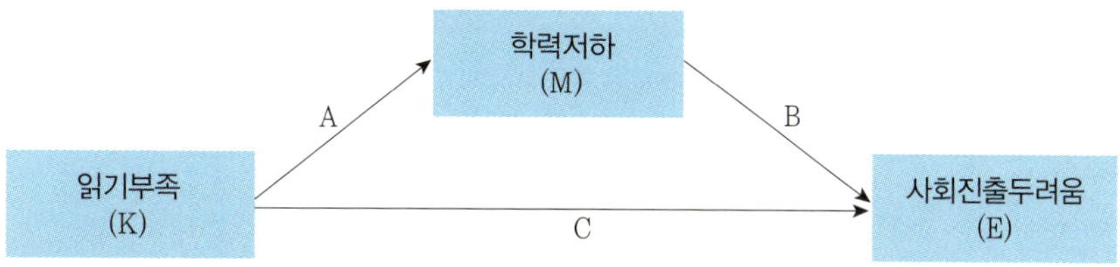

3.2 SmartPLS 실행

1단계 데이터를 EXCEL창에 입력한다. 이어 확장자가 .txt나 .csv(쉼표로 분리)인 파일형식으로 저장한다.

그림 12-6 ▌ EXCEL 입력창

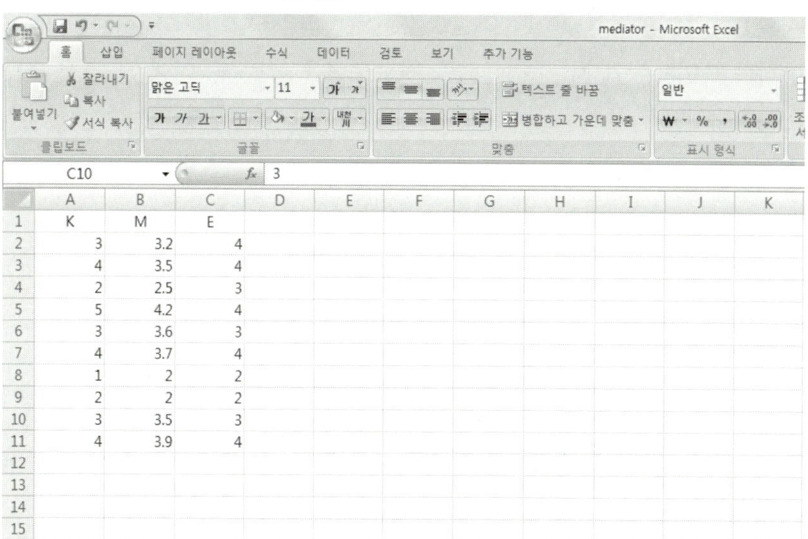

[데이터] mediator.csv

2단계 smartpls 단추를 이용하여 Smartpls 프로그램을 실행한다. 이어 mediator 프로젝트(Projects)를 만든다. 경로도형 파일명은 mediator.splsm이고 데이터파일은 meditor.csv임을 확인할 수 있다.

그림 12-7 ▌ SmartPLS 프로젝트창

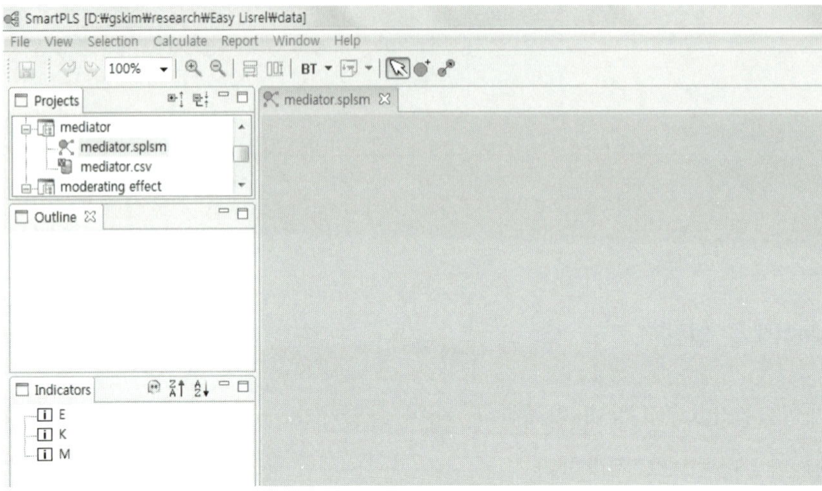

[데이터] mediator.splsm

3단계 (Switch to Insertion Mode)와 (Switch to Connection Mode)를 이용하여 Kfactor와 Mfactor 간의 경로도형을 그린다. 이어 해당 변수를 연결한다.

그림 12-8 ▌ 경로도형 구축

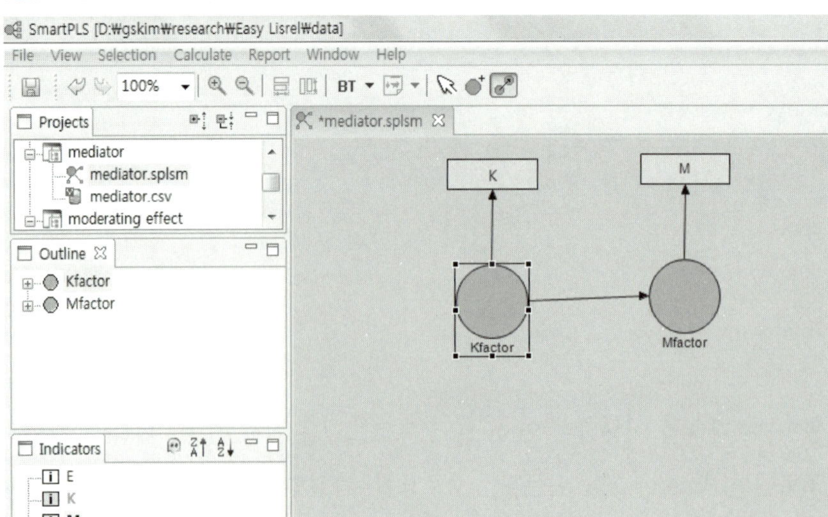

4단계 SmartPLS를 실행하기 위해서 Calculate → PLS Algorithm 단추를 클릭한다. 그러면 다음과 같은 화면을 얻을 수 있다.

그림 12-9 | Run the PLS Algorithm

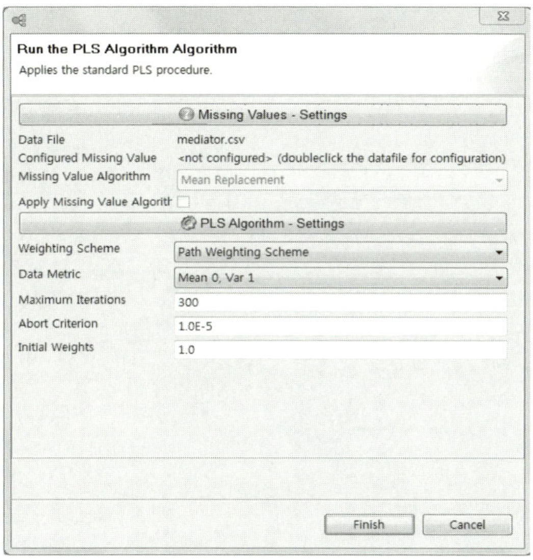

5단계 Finish 단추를 누른다.

그림 12-10 | 경로계수 확인창

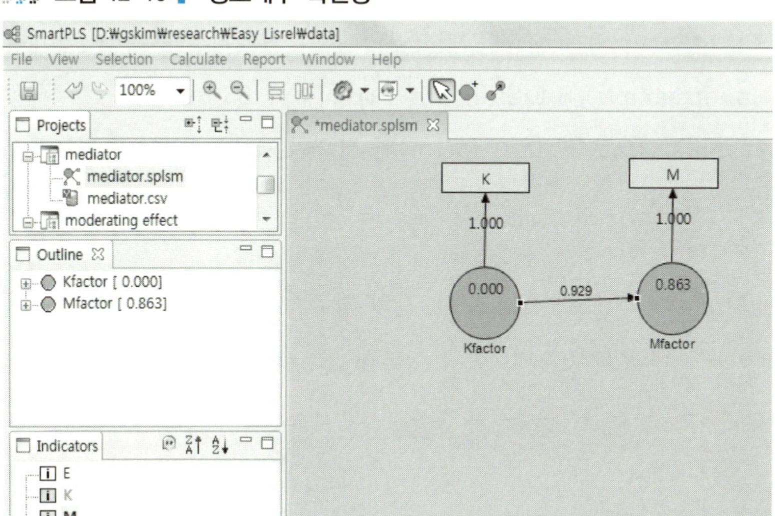

[결과해석] K요인(Kfactor)과 M요인(Mfactor) 간의 경로계수를 확인해 보면 0.929임을 알 수 있다.

6단계 앞의 경로계수의 유의성을 확인하기 위해 t통계량을 알아보자. 이를 위해서는 Calculate → BT Bootstrapping → Finish 단추를 누른다.

그림 12-11 ▌ 경로계수 t통계량

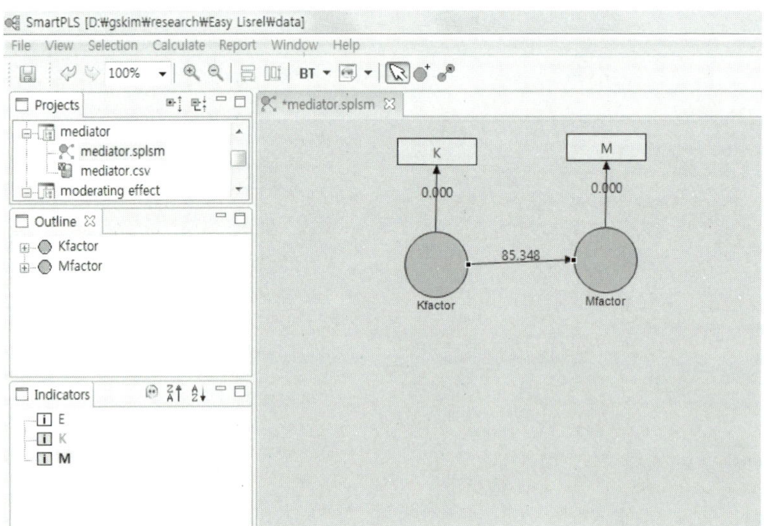

[결과해석] K요인(Kfactor)과 M요인(Mfactor) 간의 경로계수에 대한 t통계량 [Estimate(original sample)/S.E(Standard Error]값이 85.348임을 알 수 있다. t통계량 > ±1.96이므로 K요인(Kfactor)와 M요인(Mfactor) 간의 경로계수는 유의함을 알 수 있다.

7단계 M요인(Mfactor)과 E요인(Efactor) 간의 경로계수를 구한다. 이어 K요인(Kfactor)과 E요인(Efactor) 간의 경로계수를 구한다.

그림 12-12 ▌ 경로도형 구축창

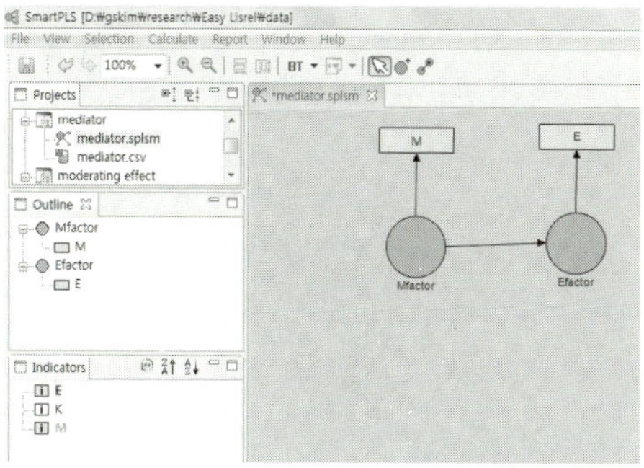

(a) 매개요인과 종속요인 경로도형

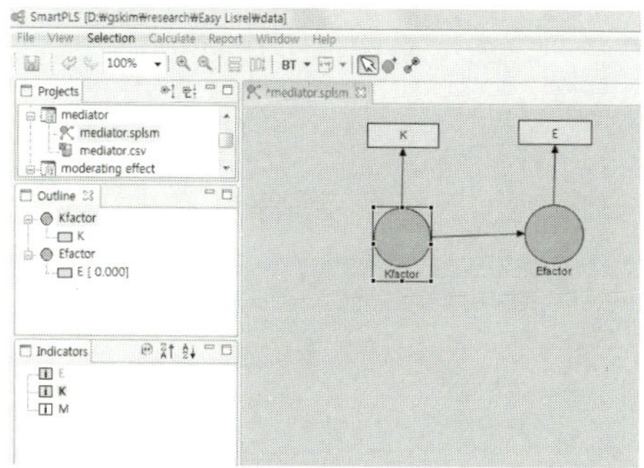

(b) 독립요인과 종속요인 경로도형

각 경로별 경로계수와 t통계량을 계산하면 다음 표와 같다.

▌표 12-2 ▌ 경로계수와 t통계량

경로	Kfactor → Mfactor	Mfactor → Efactor	Kfactor → Efactor
경로계수 (t통계량)	0.929 (85.348)	0.845 (28.811)	0.868 (43.222)

[결과해석] 위의 세 가지 경로계수가 각각 나타나 있다. t통계량 > ±1.96이므로 모든 개별경로는 유의한 것으로 나타났다.

8단계 전체 요인과 해당변수를 연결한 경로도형을 구축한다.

그림 12-13 ▌ 경로도형 구축

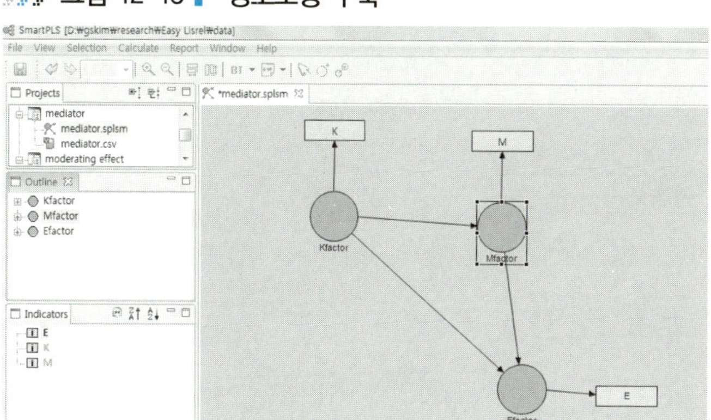

9단계 SmartPLS를 실행하기 위해서 Calculate → PLS Algorithm → Finish 단추를 누른다.

그림 12-14 ▌ 경로분석 결과

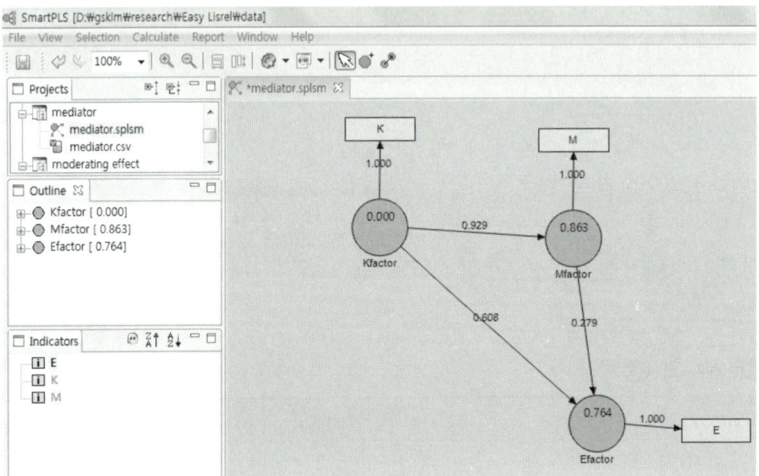

10단계 각 경로별 경로계수의 유의성을 확인하기 위해 t통계량을 알아보자. 이를 위해서는 Calculate → BT Bootstrapping → Finish 단추를 누른다. 그러면 결과를 얻을 수 있다. 이어 Report → Html Report 단추를 누르면 다음과 같은 그림을 얻을 수 있다.

그림 12-15 ▌ Table of contents

Table of contents (complete)

- Bootstrapping
  - Bootstrapping
    - Outer Weights
    - Inner Model T-Statistic
    - Path Coefficients
    - Total Effects (Mean, STDEV, T-Values)
    - Outer Model T-Statistic
    - Path Coefficients (Mean, STDEV, T-Values)
    - Outer Weights (Mean, STDEV, T-Values)
    - Total Effects
    - Outer Loadings
    - Outer Loadings (Mean, STDEV, T-Values)
- Model
  - Specification
    - Measurement Model Specification
    - Manifest Variable Scores (Original)
    - Structural Model Specification
- Data Preprocessing
  - Results (chronologically)
    - Step 0 (Original Matrix)

11단계 Table of contents 화면에서 ▪ Path Coefficients (Mean, STDEV, T-Values) 부분을 클릭한다. 그러면 각 경로별 경로계수(Original Sample), 표준편차(Standard Deviation), 표준오차(Standard Error), T통계량(T Statistics)을 얻을 수 있다.

그림 12-16 | 경로계수

Path Coefficients (Mean, STDEV, T-Values)

	Original Sample (O)	Sample Mean (M)	Standard Deviation (STDEV)	Standard Error (STERR)	T Statistics (|O/STERR|)
Kfactor -> Efactor	0.608447	0.628897	0.137967	0.137967	4.410085
Kfactor -> Mfactor	0.929147	0.929521	0.011494	0.011494	80.841007
Mfactor -> Efactor	0.279369	0.256080	0.147629	0.147629	1.892372

Table of contents

[결과해석] 각 경로별 경로계수(Original Sample), 표준편차(Standard Deviation), 표준오차(Standard Error), T통계량(T Statistics)이 나타나 있다. Kfactor → Efactor의 경로계수(Original Sample)는 0.6088, 표준오차(Standard Error)는 0.137967이다. T통계량(T Statistics). t통계량(|O/STERR|) = 4.410085 > ±1.96이므로 유의함을 알 수 있다.

Kfactor → Mfactor의 경로계수(Original Sample)는 0.929, 표준오차(Standard Error)은 0.011494다. T통계량(T Statistics, |O/STERR|) = 80.841 > ±1.96이므로 유의함을 알 수 있다.

Mfactor →Efactor의 경로계수(Original Sample)는 0.279, 표준오차(Standard Error)은 0.1476299다. T통계량(T Statistics, |O/STERR|) = 1.892372 > ±1.96유의함을 알 수 있다.

간접효과 0.259(0.929×0.279)의 유의성 여부를 알아보기 위해서 Sobel검정을 실시하여 보자. Sobel검정은 다음 순서를 통해서 진행하면 된다.

그림 12-17 ▌ 매개변수

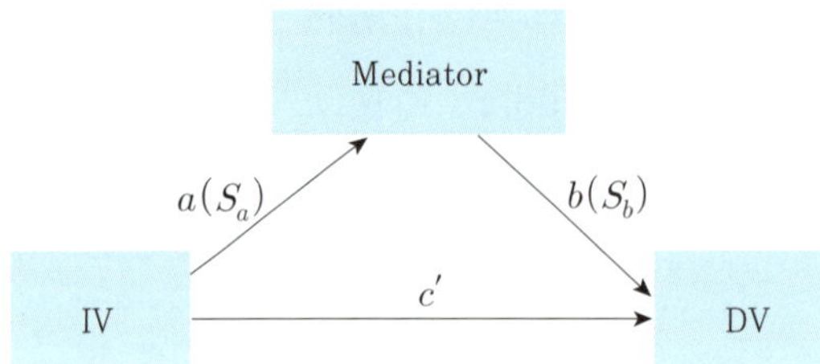

여기서, IV는 독립변수, DV는 종속변수, Mediator는 매개변수. a, b, c는 비표준화계수, S_a, S_b는 표준오차를 나타낸다.

분석자는 Sobel 통계량을 구해서 다음과 같은 방법에 의해서 매개효과를 검정한다.

$$Z\text{통계량} = \frac{a \times b}{\sqrt{(b_2 \times S_a^2) + (a_2 \times S_b^2)}} \quad \text{(식 12-3)}$$

이때 |Z|가 ±1.96보다 크면 간접효과는 유의수준 5%에서 통계적으로 유의한 것이다($p < \alpha = 0.05$). 분석자는 http://quantpsy.org/sobel/sobel.htm을 방문하여 쉽게 간접효과의 유의확률을 계산할 수 있다. 분석자는 아래 Input란에 해당 자료를 입력한다.

그림 12-18 ▌ Sobel검정 p-value 계산하기 1

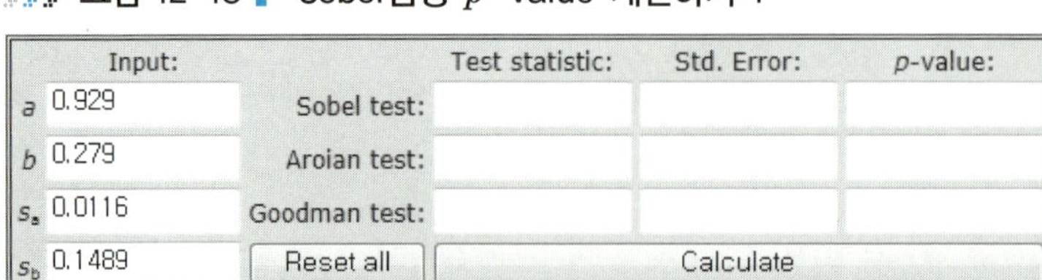

12단계

단추를 누르면 된다. 그러면 자동적으로 p-value를 구할 수 있다.

그림 12-19 Sobel검정 p-value 계산하기 2

Input:			Test statistic:	Std. Error:	p-value:
a	0.929	Sobel test:	1.87322813	0.13836596	0.06103689
b	0.279	Aroian test:	1.8730822	0.13837674	0.06105703
s_a	0.0116	Goodman test:	1.8733741	0.13835517	0.06101674
s_b	0.1489	Reset all	Calculate		

[결과해석] Sobel검정을 통한 t통계량은 1.8732, $p=0.06>\alpha=0.05$이므로 매개효과(0.259)는 통계적으로 유의하지 않은 것으로 나타났다.

H_0 : 매개효과가 없을 것이다. $p=0.06>\alpha=0.05$

H_1 : 매개효과가 있을 것이다.

그림 12-20 가설검정

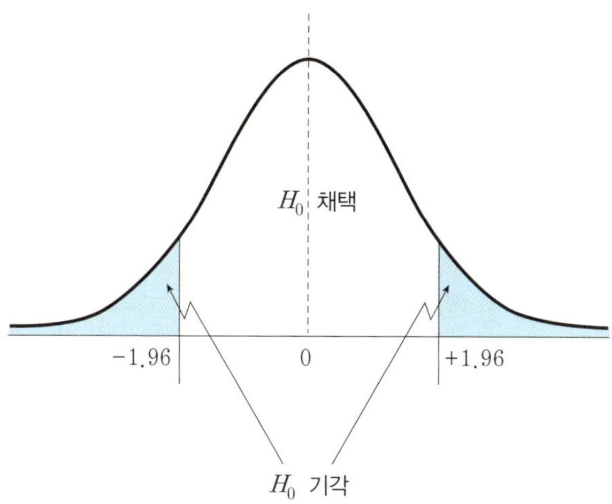

연·습·문·제

01. 매개효과의 개념을 설명하여 보자. 또한 직접효과와 간접효과 측정방법을 토론해 보자.

02. 다음의 연구모형에서 고객만족(Customer Satisfaction)요인의 매개효과를 검정해 보자.

[연구모형]

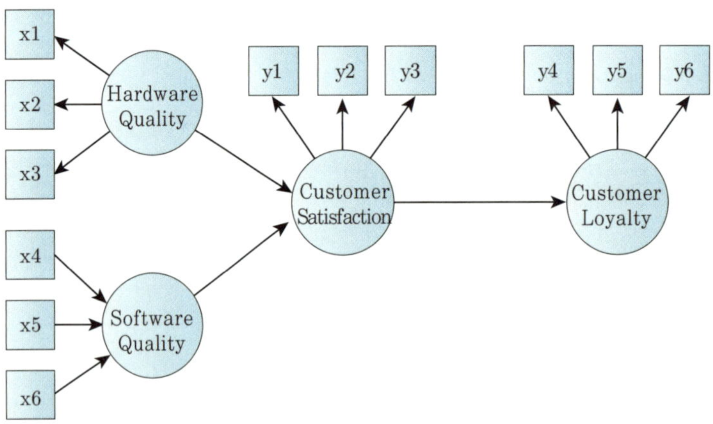

[데이터파일 일부]

	A	B	C	D	E	F	G	H	I	J	K	L
1	x1	x2	x3	x4	x5	x6	y1	y2	y3	y4	y5	y6
2	6	6	6	6	6	4	5	5	5	5	5	6
3	6	5	6	4	4	5	7	5	4	4	5	6
4	5	5	5	5	5	5	5	5	5	5	5	5
5	6	5	5	4	3	3	3	4	3	3	3	4
6	6	6	6	6	6	7	6	4	5	5	7	7
7	4	4	4	4	4	4	3	4	4	4	4	5
8	5	5	4	6	4	5	6	4	4	4	5	6
9	5	4	4	6	5	6	5	5	6	6	6	5
10	7	6	6	7	6	6	6	6	6	6	6	7
11	7	7	6	7	5	5	5	5	5	4	6	7
12	7	7	7	7	7	7	7	7	7	6	7	6
13	6	7	6	7	6	6	6	7	5	5	6	7
14	5	4	4	5	4	4	4	4	4	5	5	5
15	5	6	6	5	6	5	6	6	4	2	6	4
16	5	5	5	5	5	4	5	5	5	6	6	4
17	6	5	6	6	6	6	7	6	6	6	6	6
18	3	4	4	3	4	5	5	4	3	4	4	3
19	7	7	7	6	5	6	6	6	7	6	6	6
20	6	6	5	5	5	6	5	6	6	6	5	6

[데이터] ch12.csv

호기심 많고 살짝 미치고, 채워지지 않은 배움의 열정이 있으며, 물불 가리지 않는 사람이 승자가 된다.
–톰 피터스–

Easy **SEM** with *SmartPLS*

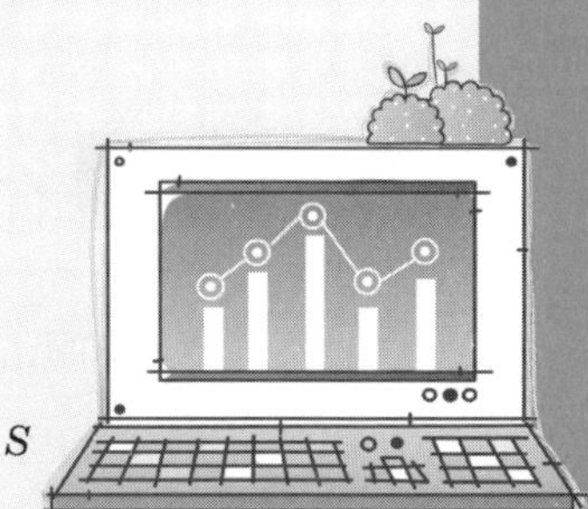

13
Chapter

SmartPLS – 조절변수분석

Chapter 13

SmartPLS – 조절변수분석

제 1 절 조절효과 검정 개념

조절효과(moderator effect)는 두 개념(또는 변수) 사이에서 관계 정도를 변화시키는 제3의 변수 또는 개념을 말한다. 즉, 조절(moderator)이라는 의미는 두 변수사이에 추가된 변수의 양에 근거하여 두 변수 사이의 관계가 변화하는 것을 말한다. 조절변수는 독립변수와 종속변수 사이에서 종속변수를 설명하는 역할을 하기 때문에 설명변수(explanatory variable)이라고도 불린다. 독립변수(Independent variable)를 예측변수(Predictor Variable)라고 부른다. 조절효과에 사용되는 변수나 요인은 성별, 연령, 국가, 집단, 소득분위별 등 인구통계학적인 측정문항들이 주로 사용된다.

조절변수로서 역할을 하려면 탄탄한 논리적 기반이 있어야 한다. 또한 조절변수가 되기 위해서는 또 다른 독립변수가 반드시 있어야 한다. 예를 들어, 연구자가 종업원 역량이 경영성과에 영향을 미치는데 특히 팀장 리더십의 중요성을 부각시키려 한다고 하자. 그러면 다음과 같이 연구가설을 설정할 수 있다.

[연구가설] 팀장 리더십 유형이 종업원 역량과 경영성과 사이에서 유의한 조절효과가 있을 것이다.

그림 13-1 | 조절변수

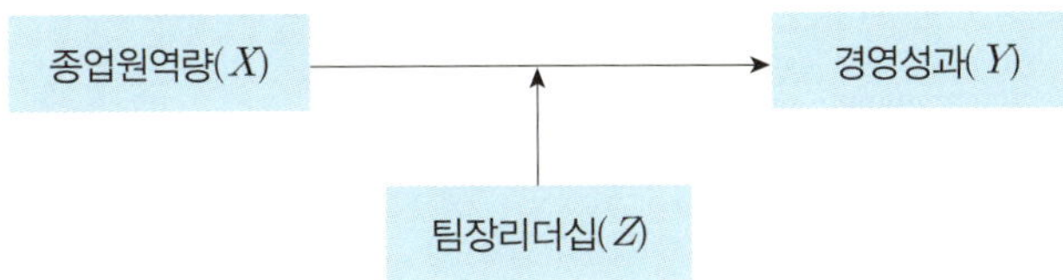

제 2 절 조절효과 검정방법

통계방법론이나 통계학에서 조절효과는 독립변수 간의 상호작용항으로 표시할 수 있다. 상호작용항(interaction term)이란 논리적인 정황에 의해서 독립변수들이 새로운 곱하기 항으로 표시되는 것을 말한다. 실제 PLS를 통해서 조절효과를 분석할 경우는 다음과 같은 상호작용항을 만들어 조절효과의 크기를 계산한다.

그림 13-2 | 조절변수항 생성

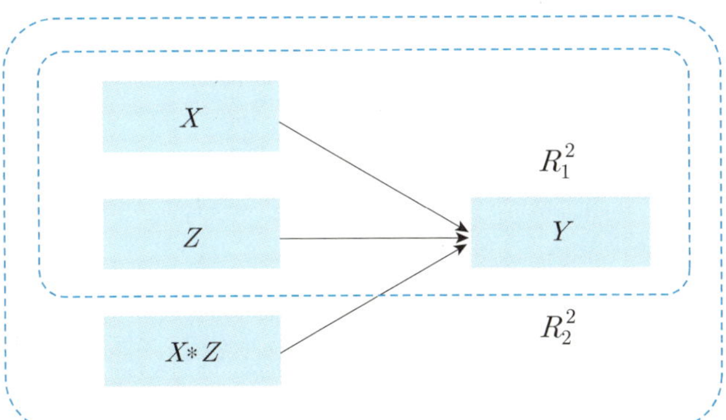

조절항이 포함되지 않은 추정회귀식은 다음과 같다.

$$Y = b_0 + b_1 X + b_2 Z \qquad \text{(식 13-1)}$$

여기서, b_0=상수항, b_1X = X의 선형효과, b_2Z = Z의 선형효과

조절항이 포함된 추정회귀식을 나타내면 다음과 같다.

$$Y = b_0 + b_1X + b_2Z + b_3XZ \quad \text{(식 13-2)}$$

여기서, b_0=상수항

b_1X = X의 선형효과

b_2Z = Z의 선형효과

b_3XZ = X에 대한 Z의 조절효과

조절효과의 크기를 검정하는 방법이 있다. 여기서는 PLS에서 자주 사용하는 방법(Cohen, 1992)을 소개하고자 한다. 분석자는 상호작용항이 없는 경우와 상호작용항이 있는 경우의 설명력 비교를 통해서 조절효과의 크기를 언급할 수 있다.

조절효과지수(interaction effect size)는 조절변수의 강도를 기술적으로 나타낸다. 조절효과지수는 다음과 같은 식으로 나타낼 수 있다.

$$f^2 = [R_2^2 - R_1^2]/[1 - R_2^2] \quad \text{(식 13-3)}$$

여기서, f^2=조절효과지수

R_1^2=주효과모델(상호작용항 포함 이전모델)의 설명력

R_2^2=상호작용항이 포함된 모델의 설명력

이 지수에 대한 해석을 위한 정해진 틀은 없다. 조절효과지수는 조절효과의 대략적인 크기라고 생각하면 된다. 앞에서 구한 조절효과지수가 0.02 이하이면 조절효과가 작은 값, 0.15는 중간, 0.35 이상이면 조절효과가 큰 경우로 해석하면 된다.

조절효과, 즉 상호작용 여부는 다음 그림으로도 설명할 수 있다. 기술통계분석이나 분산분석을 통해서 그래프로 처리해 쉽게 확인할 수 있다. 만약, 팀장의 리더십 평가(상, 중, 하)에 따른 경영성과를 그래프로 나타낸다고 하자.

그림 13-3 ▌ 상호작용효과

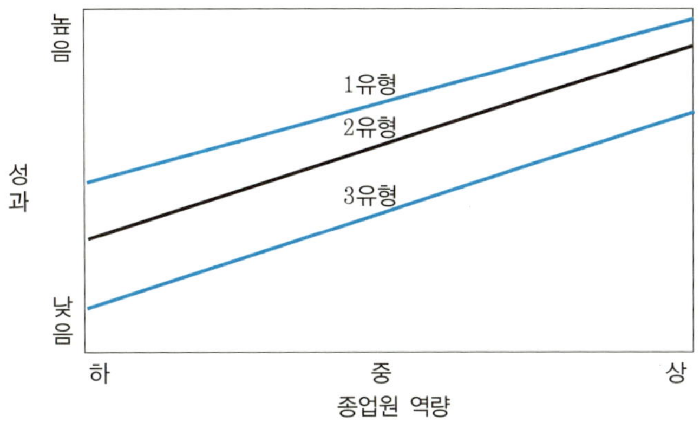

(1) 무상관

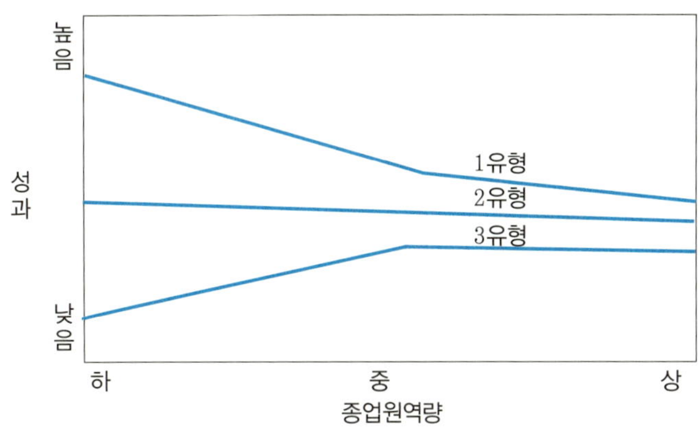

(2) 서열상관

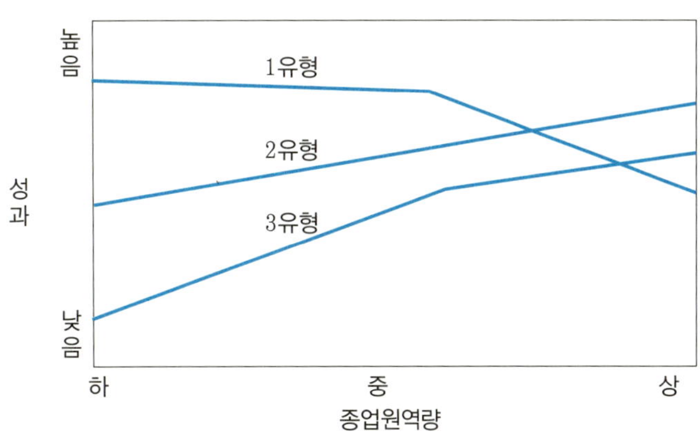

(3) 무서열상관

그림 (1)은 종업원의 역량과 성과 사이에서 팀장 리더십 유형(1, 2, 3)에 따라 성과가 다른 것을 알 수 있다. 그림상에서는 팀장리더십 유형에 따른 성과변수 간의 접점이 생기지 않기 때문에 상호작용효과는 없는 것으로 해석할 수 있다. 즉, 팀장리더십 유형별 성과가 평행한 모양을 보이고 있다. 이 경우를 무상관(No Interaction)이라고 한다. 그림 (2)는 팀장리더십 유형에 따른 성과변수 간의 그래프가 초기에는 평행한 상태를 보이지 않으나 끝부분(종업원의 역량이 상) 이후에는 접점이 생길 가능성이 있다. 팀장리더십 유형에 따라 성과는 여전히 일정한 차이를 보이고 있어 이를 서열상관(Ordinal interaction)을 보인다고 한다. 그림 (3)은 종업원역량과 팀장리더십 유형에 따라 성과가 서로 다른 것을 볼 수 있다. 성과평균 그래프는 평행이 아니고 복잡한 접점이 생성되었다. 이 경우를 무서열 상호작용(Disordinal interaction)이라고 할 수 있다.

제3절 SmartPLS 실행

앞에서 다루었던 문제를 SmartPLS에서 실행해 보도록 하자.

[연구가설] 성공과 관련한 이론적인 배경과 축적된 경험사실에 근거하여 다음과 같은 가설을 설정할 수 있다.

H_1 : 개인의 태도는 성공행동의도에 유의한 영향을 미칠 것이다.

H_2 : 주관적 규범은 성공행동의도에 유의한 영향을 미칠 것이다

H_3 : 행동의도는 성공행동에 유의한 영향을 미칠 것이다.

H_4 : 성별은 개인태도와 행동의도 간에 유의한 조절효과를 할 것이다.

[연구모델] 연구자는 다음과 같은 연구모델을 설계할 수 있다.

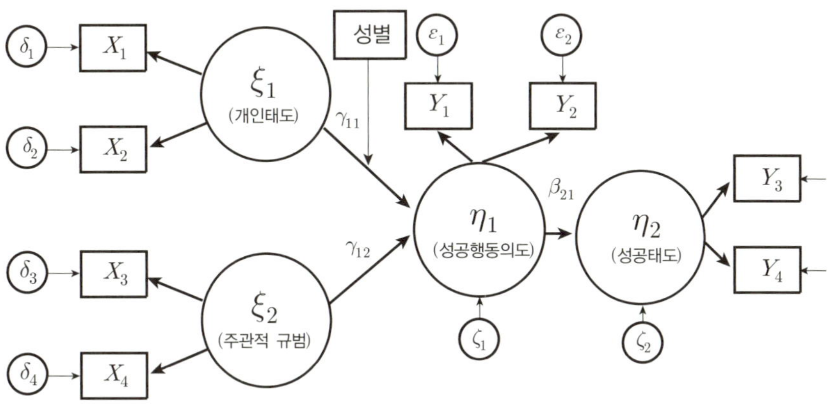

[설문지 구성] 연구모델을 토대로 다음과 같은 설문지를 작성할 수 있다.

[개인태도(ξ_1)]

문항	매우 동의못함 보통 매우 동의함
성공의 가능에 대한 신념(X_1)	①-----②-----③-----④-----⑤
성공이 갖는 중요성(X_2)	①-----②-----③-----④-----⑤

[주관적 규범(ξ_2)]

문항	매우 동의못함 보통 매우 동의함
성공에 대한 자기규율(X_3)	①-----②-----③-----④-----⑤
성공을 위한 자기희생(X_4)	①-----②-----③-----④-----⑤

[성공행동의도(η_1)]

문항	매우 동의못함 보통 매우 동의함
성공에 대한 의도(Y_1)	①-----②-----③-----④-----⑤
성공의도가 높음(Y_2)	①-----②-----③-----④-----⑤

[성공태도(η_2)]

문항	매우 동의못함 보통 매우 동의함
작은 성공이 잦음(Y_3)	①-----②-----③-----④-----⑤
끊임없는 성과도출(Y_4)	①-----②-----③-----④-----⑤

※ 성별(SEX) : ① 남자 ② 여자

1단계 본 실행예제에서 사용할 데이터파일(data1.xls)을 불러온다.

그림 13-4 | 데이터파일

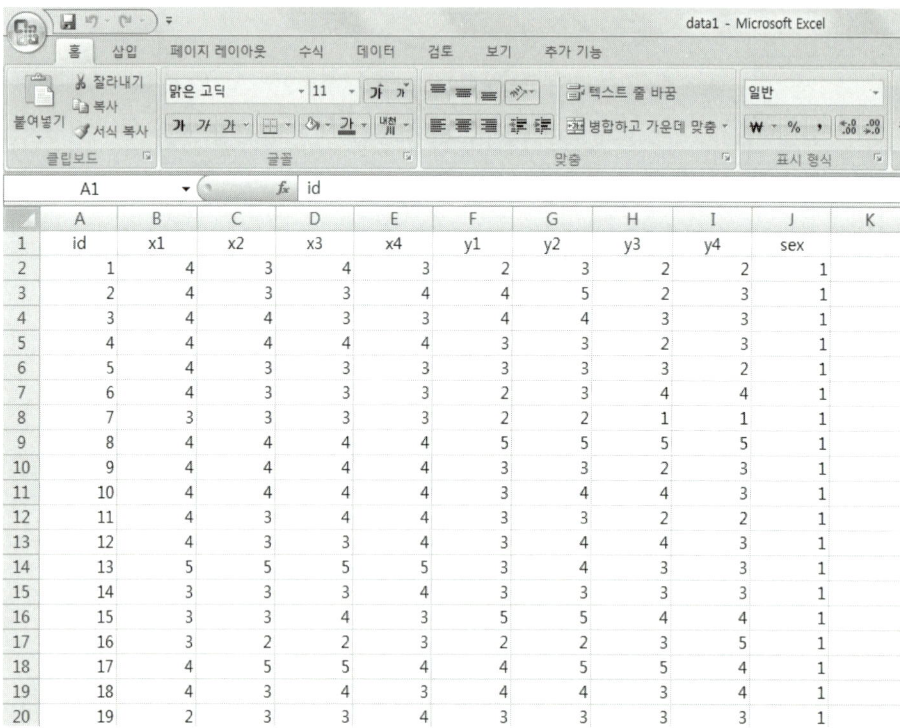

	A	B	C	D	E	F	G	H	I	J	K
1	id	x1	x2	x3	x4	y1	y2	y3	y4	sex	
2	1	4	3	4	3	2	3	2	2	1	
3	2	4	3	3	4	4	5	2	3	1	
4	3	4	4	3	3	4	4	3	3	1	
5	4	4	4	4	4	3	3	2	3	1	
6	5	4	3	3	3	3	3	3	2	1	
7	6	4	3	3	3	2	3	4	4	1	
8	7	3	3	3	3	2	2	1	1	1	
9	8	4	4	4	4	5	5	5	5	1	
10	9	4	4	4	4	3	3	2	3	1	
11	10	4	4	4	4	3	4	4	3	1	
12	11	4	3	4	4	3	3	2	2	1	
13	12	4	3	3	4	3	4	4	3	1	
14	13	5	5	5	5	3	4	3	3	1	
15	14	3	3	3	4	3	3	3	3	1	
16	15	3	3	4	3	5	5	4	4	1	
17	16	3	2	2	3	2	2	3	5	1	
18	17	4	5	5	4	4	5	5	4	1	
19	18	4	3	4	3	4	4	3	4	1	
20	19	2	3	3	4	3	3	3	3	1	

[데이터] data1.xls

2단계 Excel창의 다른 이름으로 저장 단추를 누른다. 이어 데이터파일을 텍스트(탭으로 분리) 또는 CSV(쉼표로 분리)의 확장자를 갖는 파일 형식(T): 으로 저장한다(data1.csv).

그림 13-5 ▍ 데이터 저장창

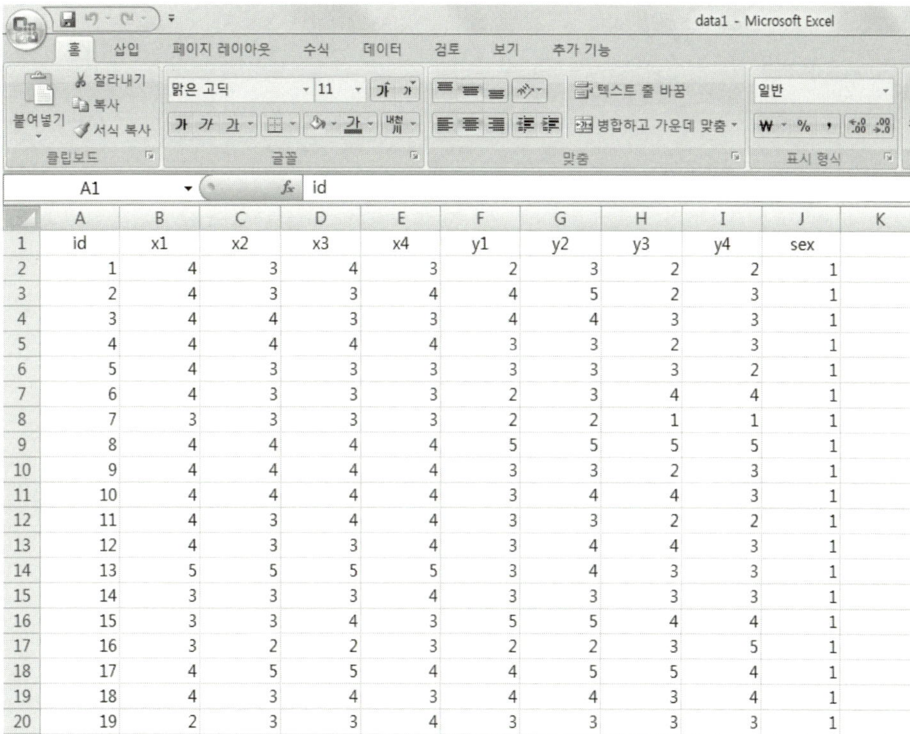

	A	B	C	D	E	F	G	H	I	J
1	id	x1	x2	x3	x4	y1	y2	y3	y4	sex
2	1	4	3	4	3	2	3	2	2	1
3	2	4	3	3	4	4	5	2	3	1
4	3	4	4	3	3	4	4	3	3	1
5	4	4	4	4	4	3	3	2	3	1
6	5	4	3	3	3	3	3	3	2	1
7	6	4	3	3	3	2	3	4	4	1
8	7	3	3	3	3	2	2	1	1	1
9	8	4	4	4	4	5	5	5	5	1
10	9	4	4	4	4	3	3	2	3	1
11	10	4	4	4	4	3	4	4	3	1
12	11	4	3	4	4	3	3	2	2	1
13	12	4	3	3	4	3	4	4	3	1
14	13	5	5	5	5	3	4	3	3	1
15	14	3	3	3	4	3	3	3	3	1
16	15	3	3	4	3	5	5	4	4	1
17	16	3	2	2	3	2	2	3	5	1
18	17	4	5	5	4	4	5	5	4	1
19	18	4	3	4	3	4	4	3	4	1
20	19	2	3	3	4	3	3	3	3	1

3단계 smartpls 단추를 눌러 PLS 프로그램을 실행한다. Projects란에 조절효과(moderating effect)를 만든다. 이어 moderating effect 경로도형 파일과 data1.csv를 불러온다.

그림 13-6 ▌ 조절효과 프로젝트파일 만들기

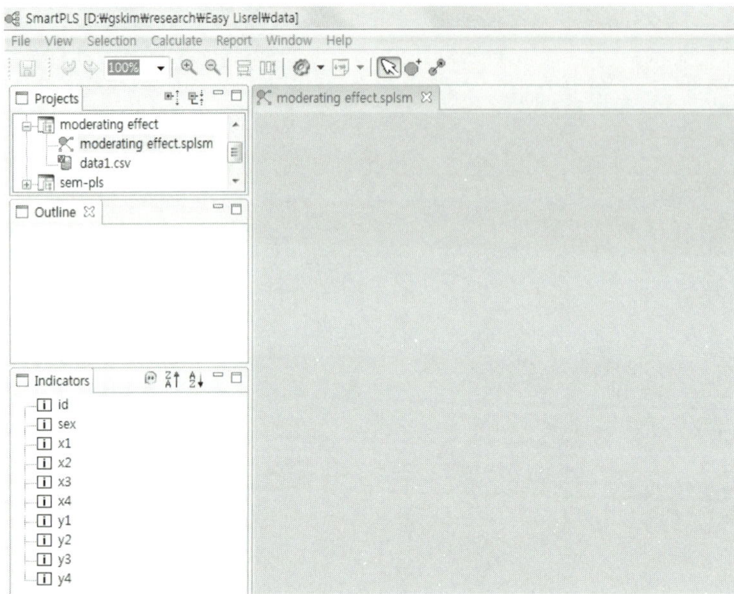

4단계 다음과 같이 경로모델을 구축한다.

그림 13-7 ▌ 경로도형 구축하기

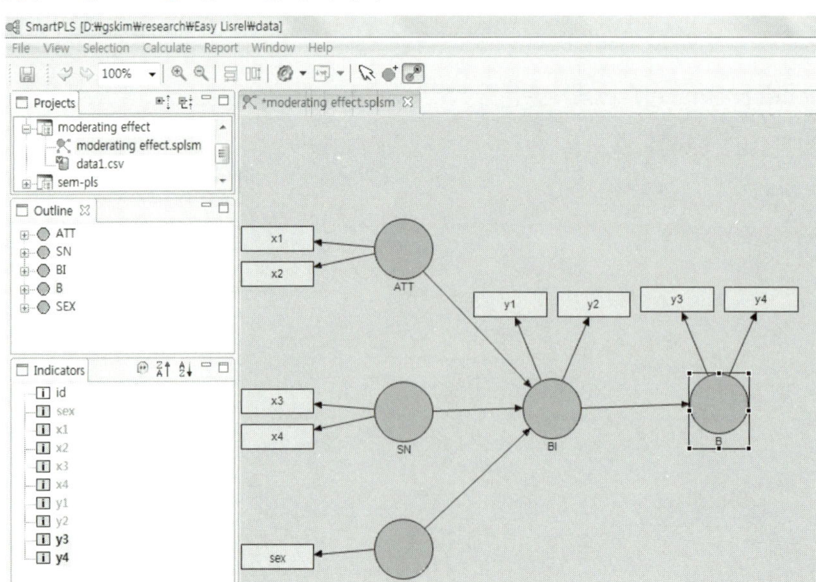

[데이터] moderating effect.splsm; data1.csv

5단계 SmartPLS를 실행하기 위해서 Calculate → PLS Algorithm 단추를 누르면 된다. 그러면 다음과 같은 결과를 얻을 수 있다.

그림 13-8 ▌ 결과분석화면 1

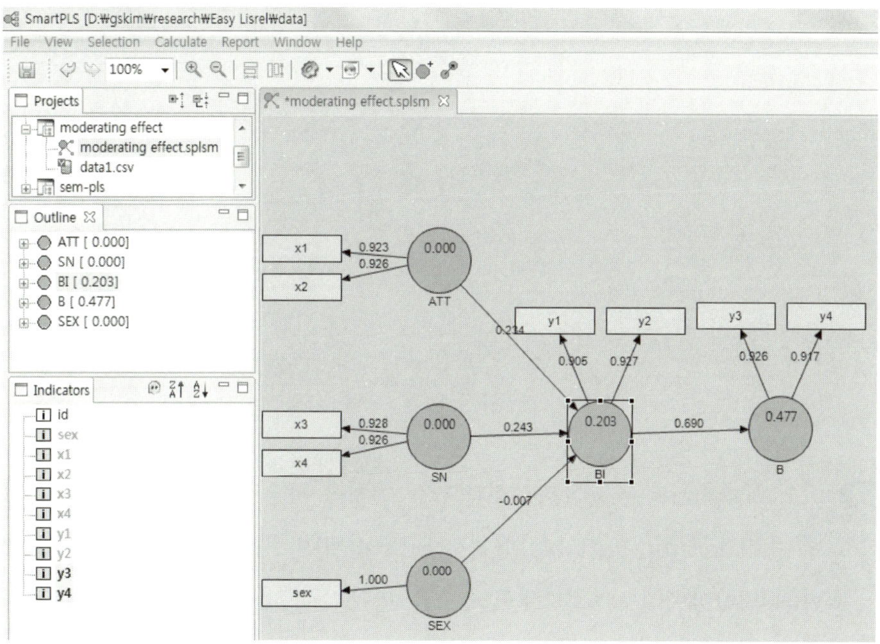

[결과해석] 결과분석화면에 나타난 것처럼, 개인태도(ATT), 주관적 규범(SN), 성별(SEX)과 행동의도(BI) 간에 계산된 설명력(R_1^2)은 0.203임을 알 수 있다.

6단계 이어 주관적 규범(ATT)요인과 성별(SEX)변수 간의 조절변수항(곱하기항)을 만들도록 한다. SmartPLS의 경우는 조절변수항을 쉽게 처리해 주는 기능이 있다. 분석자는 BI항에 마우스를 올려 놓고 클릭을 한다. 그러면 다음과 같은 옵션창을 얻을 수 있다.

그림 13-9 ▌ 옵션창

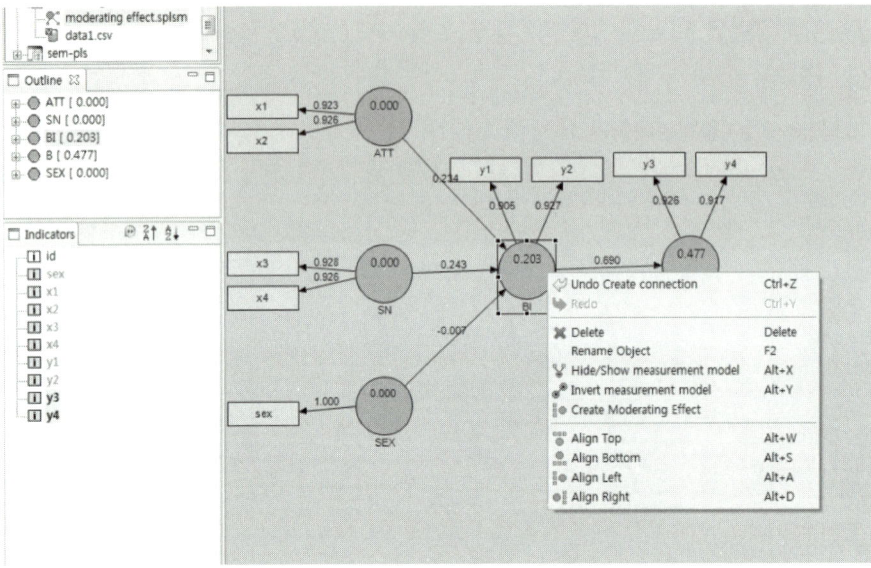

7단계 이어 Create Moderating Effect (조절효과 만들기)창을 마우스로 누른다. 이어 조절변수(Moderator Variable)항에서 SEX(성별)변수를, 예측변수(Predictor Variable)항에서는 ATT(태도)변수를 마우스로 지정한다. 그러면 다음과 같은 화면을 얻을 수 있다.

그림 13-10 ▌ 조절변수항 지정창

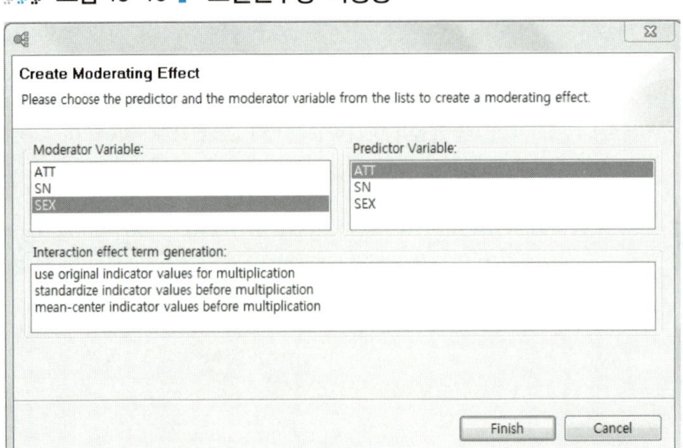

상호작용항 생성(Interaction effect term generation) 방법을 다음 표로 설명할 수 있다.

| 표 13-1 | 상호작용항 생성

방법	설명
use original indicator values for multiplication	곱항을 위한 최초변수(use original indicator) 사용법, 여기서는 이 방법을 사용함
standardized indicator values for multiplication	표준화된 변수(standardized indicator)법으로 표준화된 변수값 사용 방법
mean-center indicator values for multiplication	평균중심변수(mean-center indicator)방법으로 원래값에서 평균을 빼는 방법을 사용하는 경우

8단계 Finish 단추를 누르면 다음과 같이 조절효과항이 생성됨을 확인할 수 있다.

그림 13-11 | 조절변수항 생성

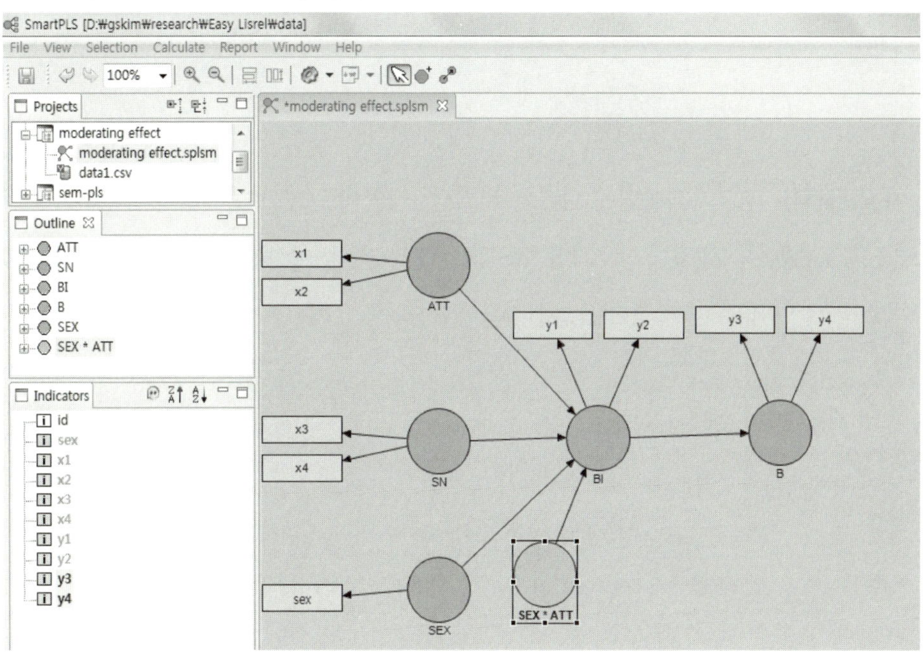

9단계 SmartPLS를 실행하기 위해서 Calculate → PLS Algorithm 단추를 누르면 된다. 그러면 다음과 같은 결과를 얻을 수 있다.

그림 13-12 ▌ 결과분석화면 2

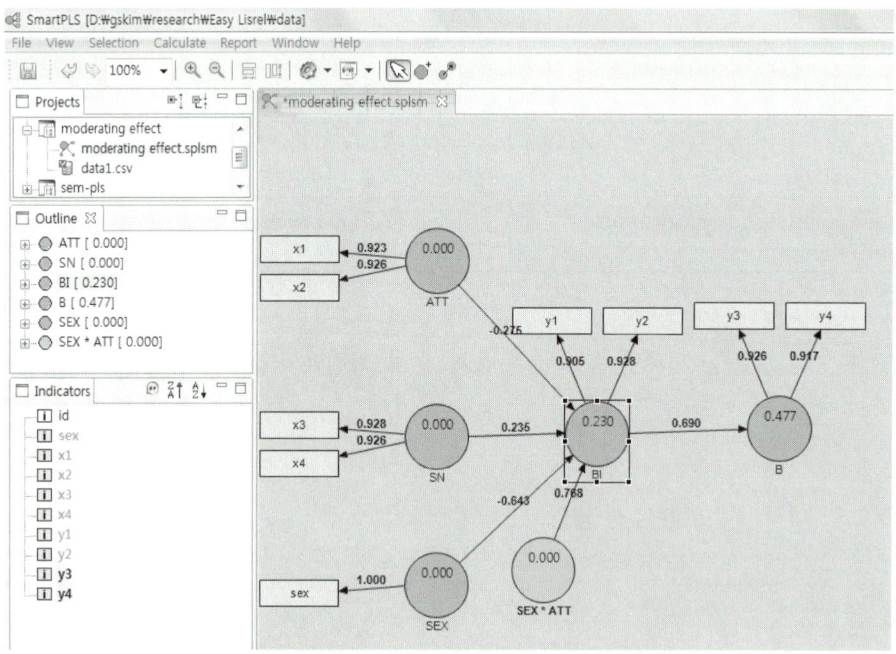

[결과해석] 결과분석화면에 나타난 것처럼, 개인태도(ATT), 주관적 규범(SN), 성별(SEX), 행동의도(BI), 상호작용항(SEX*ATT) 간에 계산된 설명력(R_2^2)은 0.230임을 알 수 있다. 이어 조절효과지수를 계산하여 보자.

$$f^2 = [R_2^2 - R_1^2] / [1 - R_2^2] \quad \text{(식 13-2)}$$

여기서, f^2=조절효과지수

R_1^2=주효과 모델(상호작용항 포함 이전모델)의 설명력

R_2^2=상호작용항이 포함된 모델의 설명력

$$f^2 = [0.230 - 0.203] / [1 - 0.230] = 0.035$$

조절효과지수는 0.15 이하라서 조절효과는 작다고 할 수 있다.

10단계 이어 조절효과의 통계적 유의성을 확인해 보자. 이를 위해 Calculate 단추를 선택하고 BT Bootstrapping 단추를 누른다. 그러면 Bootstrapping Algorithm 화면을 얻을 수 있다.

그림 13-13 ▎ Bootstrapping Algorithm 화면

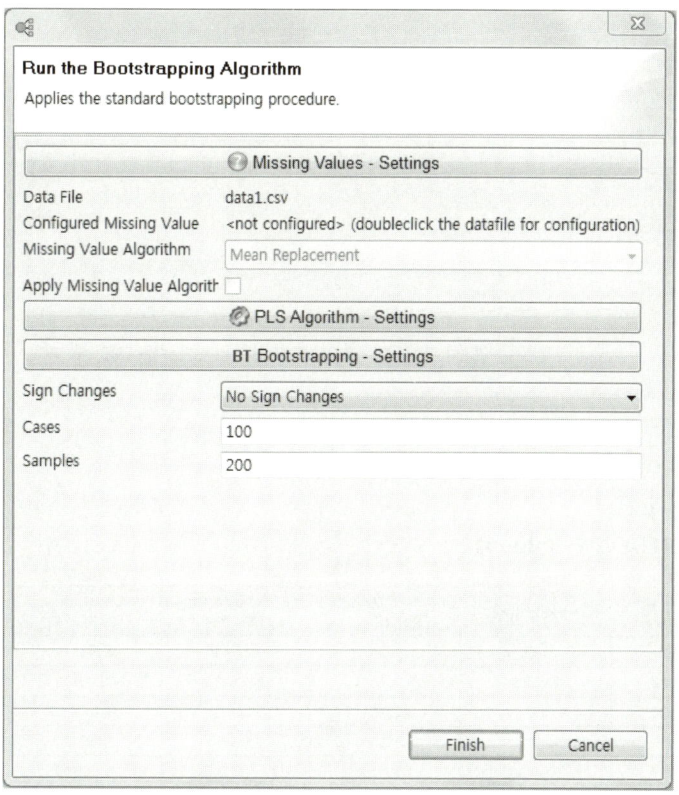

11단계 Finish 단추를 누르면 분석이 실시됨을 알 수 있다. 연구자는 이어 Report 단추를 누른다. Html Report 단추를 눌러 결과를 확인한다. 그러면 다음과 같은 화면을 얻을 수 있다.

그림 13-14 결과화면

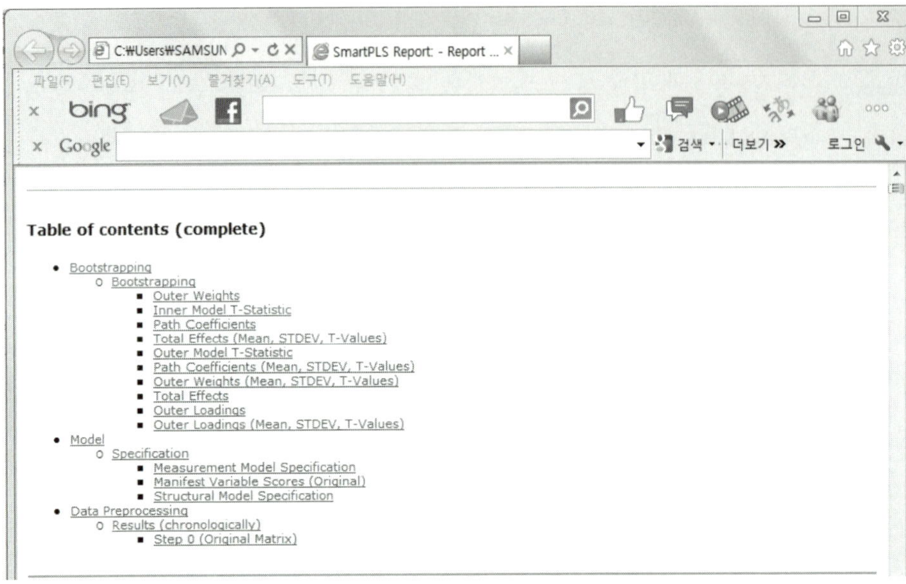

12단계 ▪ Total Effects (Mean, STDEV, T-Values) 단추를 누르면 다음과 같은 화면을 얻을 수 있다.

그림 13-15 총효과 결과

Total Effects (Mean, STDEV, T-Values)

	Original Sample (O)	Sample Mean (M)	Standard Deviation (STDEV)	Standard Error (STERR)	T Statistics (|O/STERR|)
ATT -> B	-0.189727	-0.112040	0.272409	0.272409	0.696479
ATT -> BI	-0.274822	-0.165634	0.396031	0.396031	0.693939
BI -> B	0.690365	0.688314	0.055334	0.055334	12.476225
SEX -> B	-0.444013	-0.373039	0.308894	0.308894	1.437430
SEX -> BI	-0.643157	-0.544302	0.452100	0.452100	1.422599
SEX * ATT -> B	0.530391	0.448713	0.340220	0.340220	1.558967
SEX * ATT -> BI	0.768277	0.655756	0.498021	0.498021	1.542658
SN -> B	0.162444	0.149261	0.106773	0.106773	1.521393
SN -> BI	0.235301	0.216404	0.153391	0.153391	1.533998

[결과해석] 성별(SEX)과 태도(ATT)의 조절변수가 행동의도(BI)에 미치는 경로계수(Original Sample)는 0.768이다. t통계량(T Statistics) = 1.54 < 1.96이므

로 조절효과는 유의하지 않음을 알 수 있다. 즉 "H_0 : 조절효과는 유의하지 않을 것이다"는 귀무가설을 채택하게 된다.

참·고·문·헌

- Bacon L. D.(1999), Using LISREL AND PLS TO MEASURE CUSTOMER SATISFACTION, Sawtooth Software Conference Proceedings: Sequim, WA., pp.285-306.
- Cohen, J.(1992), A Power Pimer, Psychological Bulletin, 112(1), pp.155-159.
- Herman Wold(1982), Soft Modeling: The Basic Design and Some Estimations. In K. G. Jöreskog & H. Wold (Eds.), Systems under Indirect Observation: Causality, Structure, Prediction Vol. 2 Amsterdam: North Holland.
- http://www.smartpls.de

연·습·문·제

01. 조절효과개념을 서로 토론하여 보자. 또한 예를 들어보자.

02. 다음의 연구모형과 데이터를 이용하여 분석해 보자. 분석결과를 토대로 성별의 조절효과를 중심으로 설명하라.

[연구모형]

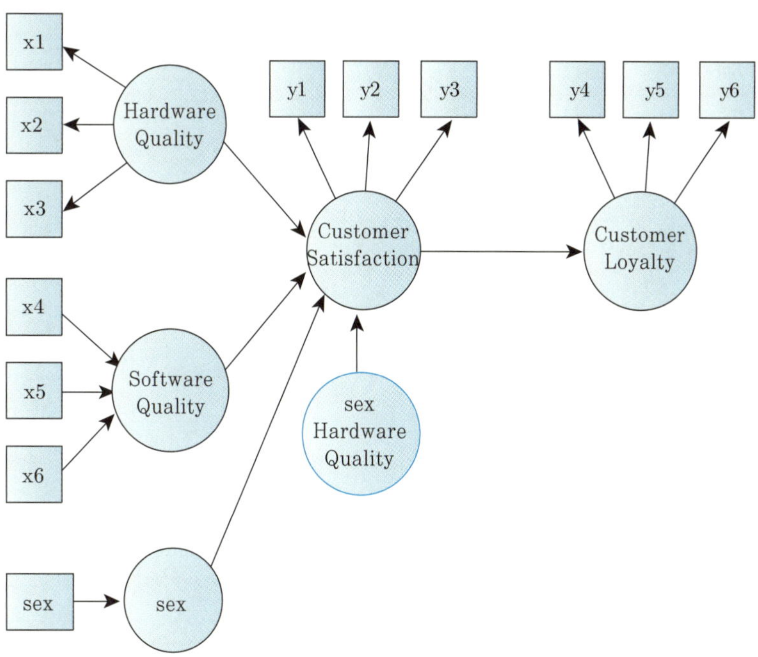

[데이터 일부]

	A	B	C	D	E	F	G	H	I	J	K	L	M
1	x1	x2	x3	x4	x5	x6	y1	y2	y3	y4	y5	y6	sex
2	6	6	6	6	6	4	5	5	5	5	5	6	1
3	6	5	6	4	4	5	7	5	4	4	5	6	1
4	5	5	5	5	5	5	5	5	5	5	5	5	1
5	6	5	5	4	3	3	3	4	3	3	3	4	1
6	6	6	6	6	6	7	6	4	5	5	7	7	1
7	4	4	4	4	4	4	3	4	4	4	4	5	1
8	5	5	4	6	4	5	6	4	4	4	5	6	1
9	5	4	4	6	5	6	5	5	6	6	6	5	1
10	7	6	6	7	6	6	6	6	6	6	6	7	1
11	7	7	6	7	5	5	5	5	5	4	6	7	1
12	7	7	7	7	7	7	7	7	7	6	7	6	1
13	6	7	6	7	6	6	6	7	5	5	6	7	1
14	5	4	4	5	4	4	4	4	4	5	5	5	1
15	5	6	6	5	6	5	6	6	4	2	6	4	1
16	5	5	5	5	5	4	5	5	5	6	6	4	1
17	6	5	6	6	6	6	7	6	6	6	6	6	1
18	3	4	4	3	4	5	5	4	3	4	4	3	1
19	7	7	7	6	5	6	6	6	7	6	6	6	1
20	6	6	5	5	5	6	5	6	6	6	5	6	1

[데이터] ch13.csv

부록

Easy **SEM** with *SmartPLS*

[부표 1] 누적정규분포표

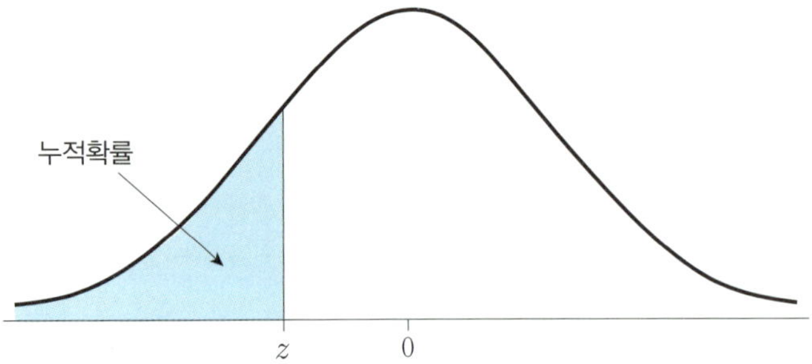

z	0.00	0.01	0.02	0.03	0.04	0.05	0.06	0.07	0.08	0.09
−3.0	0.0013	0.0013	0.0013	0.0012	0.0012	0.0011	0.0011	0.0011	0.0010	0.0010
−2.9	0.0019	0.0018	0.0018	0.0017	0.0016	0.0016	0.0015	0.0015	0.0014	0.0014
−2.8	0.0026	0.0025	0.0024	0.0023	0.0023	0.0022	0.0021	0.0021	0.0020	0.0019
−2.7	0.0035	0.0034	0.0033	0.0032	0.0031	0.0030	0.0029	0.0028	0.0027	0.0026
−2.6	0.0047	0.0045	0.0044	0.0043	0.0041	0.0040	0.0039	0.0038	0.0037	0.0036
−2.5	0.0062	0.0060	0.0059	0.0057	0.0055	0.0054	0.0052	0.0051	0.0049	0.0048
−2.4	0.0082	0.0080	0.0078	0.0075	0.0073	0.0071	0.0069	0.0068	0.0066	0.0064
−2.3	0.0107	0.0104	0.0102	0.0099	0.0096	0.0094	0.0091	0.0089	0.0087	0.0084
−2.2	0.0139	0.0136	0.0132	0.0129	0.0125	0.0122	0.0199	0.0116	0.0113	0.0110
−2.1	0.0179	0.0174	0.0170	0.0166	0.0162	0.0158	0.0154	0.0150	0.0146	0.0143
−2.0	0.0228	0.0222	0.0217	0.0212	0.0207	0.0202	0.0197	0.0192	0.0188	0.0183
−1.9	0.0287	0.0281	0.0274	0.0268	0.0262	0.0256	0.025	0.0244	0.0239	0.0233
−1.8	0.0359	0.0351	0.0344	0.0336	0.0329	0.0322	0.0314	0.0307	0.0301	0.0294
−1.7	0.0446	0.0436	0.0427	0.0418	0.0409	0.0401	0.0392	0.0384	0.0375	0.0367
−1.6	0.0548	0.0537	0.0526	0.0516	0.0505	0.0495	0.0485	0.0475	0.0465	0.0455
−1.5	0.0668	0.0655	0.0643	0.0630	0.0618	0.0606	0.0594	0.0582	0.0571	0.0559
−1.4	0.0808	0.0793	0.0778	0.0764	0.0749	0.0735	0.0721	0.0708	0.0694	0.0681
−1.3	0.0968	0.0951	0.0934	0.0918	0.0901	0.0885	0.0869	0.0853	0.0838	0.0823
−1.2	0.1151	0.1131	0.1112	0.1093	0.1075	0.1056	0.1038	0.1020	0.1003	0.0985
−1.1	0.1357	0.1335	0.1314	0.01292	0.1271	0.1251	0.1230	0.1210	0.1190	0.1170
−1.0	0.1587	0.1562	0.1539	0.1515	0.1492	0.1469	0.1446	0.1423	0.1401	0.1379
−0.9	0.1841	0.1814	0.1788	0.1762	0.1736	0.1711	0.1685	0.1660	0.1635	0.1611
−0.8	0.2119	0.2090	0.2061	0.2033	0.2005	0.1977	0.1949	0.1922	0.1894	0.1867
−0.7	0.2420	0.2389	0.2358	0.2327	0.2296	0.2266	0.2236	0.2206	0.2177	0.2148
−0.6	0.2743	0.2709	0.2676	0.2643	0.2611	0.2578	0.2546	0.2514	0.2483	0.2451
−0.5	0.3085	0.3050	0.3015	0.2981	0.2946	0.2912	0.2877	0.2843	0.2810	0.2776
−0.4	0.3446	0.3409	0.3372	0.3336	0.3300	0.3264	0.3228	0.3192	0.3156	0.3121
−0.3	0.3821	0.3783	0.3745	0.3707	0.3669	0.3632	0.3594	0.3557	0.3520	0.3483
−0.2	0.4207	0.4168	0.4129	0.409	0.4052	0.4013	0.3974	0.3936	0.3897	0.3859
−0.1	0.4602	0.4562	0.4522	0.4483	0.4443	0.4404	0.4364	0.4325	0.4286	0.4247
0.0	0.5000	0.4960	0.4920	0.4880	0.4840	0.4801	0.4761	0.4721	0.4681	0.4641

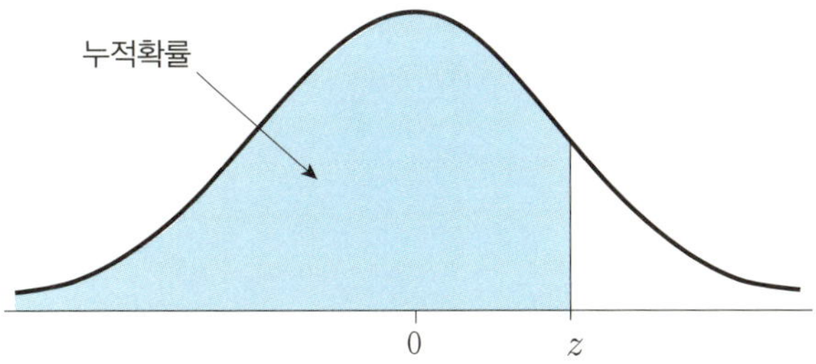

z	0.00	0.01	0.02	0.03	0.04	0.05	0.06	0.07	0.08	0.09
0.0	0.5000	0.5040	0.5080	0.5120	0.5160	0.5199	0.5239	0.5279	0.5319	0.53590
0.1	0.5398	0.5438	0.5478	0.5517	0.5557	0.5596	0.5636	0.5675	0.5714	0.57530
0.2	0.5793	0.5832	0.5871	0.5910	0.5948	0.5987	0.6026	0.6064	0.6103	0.61410
0.3	0.6179	0.6217	0.6255	0.6293	0.6331	0.6368	0.6406	0.6443	0.6480	0.65170
0.4	0.6554	0.6591	0.6628	0.6664	0.6700	0.6736	0.6772	0.6808	0.6844	0.68790
0.5	0.6915	0.6950	0.6985	0.7019	0.7054	0.7088	0.7123	0.7157	0.7190	0.72240
0.6	0.7257	0.7291	0.7324	0.7357	0.7389	0.7422	0.7454	0.7486	0.7517	0.75490
0.7	0.7580	0.7611	0.7642	0.7673	0.7704	0.7734	0.7764	0.7794	0.7823	0.78520
0.8	0.7881	0.7910	0.7939	0.7967	0.7995	0.8023	0.8051	0.8078	0.8106	0.81330
0.9	0.8159	0.8186	0.8212	0.8238	0.8264	0.8289	0.8315	0.8340	0.8365	0.83890
1.0	0.8413	0.8438	0.8461	0.8485	0.8508	0.8531	0.8554	0.8577	0.8599	0.86210
1.1	0.8643	0.8665	0.8686	0.8708	0.8729	0.8749	0.8770	0.8790	0.8810	0.88300
1.2	0.8849	0.8869	0.8888	0.8907	0.8925	0.8944	0.8962	0.8980	0.8997	0.90150
1.3	0.9032	0.9049	0.9066	0.9082	0.9099	0.9115	0.9131	0.9292	0.9306	0.93190
1.4	0.9192	0.9207	0.9222	0.9236	0.9251	0.9265	0.9279	0.9292	0.9306	0.93190
1.5	0.9332	0.9345	0.9357	0.9370	0.9382	0.9394	0.9406	0.9418	0.9429	0.94410
1.6	0.9452	0.9463	0.9474	0.9484	0.9475	0.9505	0.9515	0.9525	0.9535	0.95450
1.7	0.9554	0.9564	0.9573	0.9582	0.9591	0.9599	0.9608	0.9616	0.9625	0.96330
1.8	0.9641	0.9649	0.9656	0.9664	0.9671	0.9678	0.9686	0.9693	0.9670	0.97060
1.9	0.9713	0.9719	0.9726	0.9732	0.9738	0.9744	0.9750	0.9756	0.9761	0.97670
2.0	0.9772	0.9778	0.9783	0.9788	0.9793	0.9708	0.9803	0.9808	0.9812	0.98170
2.1	0.9821	0.9826	0.9830	0.9834	0.9838	0.9842	0.9846	0.9850	0.9854	0.98570
2.2	0.9861	0.9864	0.9868	0.9871	0.9875	0.9878	0.9881	0.9884	0.9887	0.98900
2.3	0.9893	0.9896	0.9898	0.9901	0.9904	0.9906	0.9909	0.9911	0.9913	0.99160
2.4	0.9918	0.9920	0.9922	0.9925	0.9927	0.9929	0.9931	0.9932	0.9934	0.99360
2.5	0.9938	0.9940	0.9941	0.9943	0.9945	0.9946	0.9948	0.9949	0.9951	0.99520
2.6	0.9953	0.9955	0.9956	0.9957	0.9959	0.9960	0.9961	0.9962	0.9963	0.99640
2.7	0.9965	0.9966	0.9967	0.9968	0.9969	0.9970	0.9961	0.9963	0.9963	0.99640
2.8	0.9974	0.9975	0.9976	0.9977	0.9977	0.9978	0.9979	0.9979	0.9980	0.99810
2.9	0.9981	0.9982	0.9982	0.9983	0.9984	0.9984	0.9985	0.9985	0.9986	0.99860
3.0	0.9987	0.9987	0.9987	0.9988	0.9988	0.9989	0.9989	0.9989	0.9990	0.99900

[부표 2] 표준정규분포표

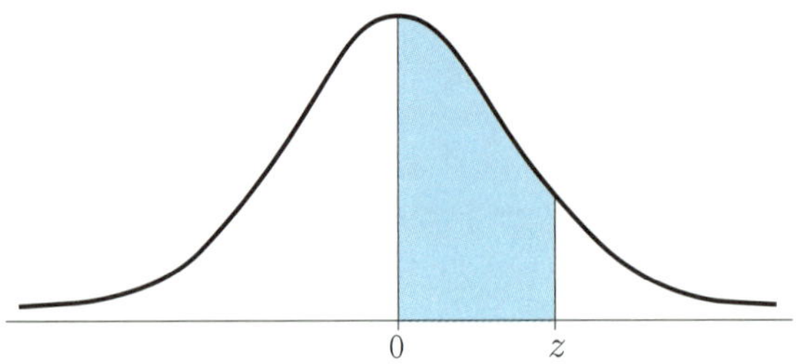

이 표는 Z=0에서 Z값까지의 면적을 나타낸다. 예를 들어 Z=1.25일 때 0 ~ 1.25 사이의 면적은 0.395이다.

Z	.00	.01	.02	.03	.04	.05	.06	.07	08	.09
0.0	.0000	.0040	.0080	.0120	.0160	.0199	.0239	.0279	.0319	.0319
0.1	.0398	.0438	.0478	.0517	.0557	.0596	.0636	.0675	.0714	.0753
0.2	.0793	.0832	.0871	.0910	.0948	.0987	.1026	.1064	.1103	.1141
0.3	.1179	.1217	.1255	.1293	.1331	.1368	.1406	.1443	.1480	.1517
0.4	.1554	.1591	.1628	.1664	.1700	.1736	.1772	.1808	.1844	.1879
0.5	.1915	.1950	.1985	.2019	.2054	.2088	.2123	.2157	.2190	.2224
0.6	.2257	.2291	.2324	.2357	.2389	.2422	.2454	.2486	.2517	.2549
0.7	.2580	.2611	.2642	.2673	.2704	.2734	.2764	.2794	.2823	.2852
0.8	.2881	.2910	.2939	.2967	.2995	.3023	.3051	.3078	.3106	.3133
0.9	.3159	.3186	.3212	.3238	.3264	.3289	.3315	.3340	.3365	.3389
1.0	.3413	.3438	.3461	.3485	.3508	.3531	.3554	.3577	.3599	.3621
1.1	.3643	.3665	.3686	.3708	.3279	.3749	.3770	.3790	.3810	.3830
1.2	.3849	.3869	.3888	.3907	.3925	.3944	.3962	.3980	.3997	.4015
1.3	.4032	.4049	.4066	.4082	.4099	.4115	.4131	.4147	.4162	.4177
1.4	.4192	.4207	.4222	.4236	.4251	.4265	.4279	.4292	.4306	.4319
1.5	.4332	.4345	.4357	.4370	.7382	.4394	.4406	.4418	.4429	.4441
1.6	.4452	.4463	.4474	.4484	.4495	.4505	.4515	.4525	.4535	.4545
1.7	.4554	.4564	.4573	.4582	.4591	.4599	.4608	.4616	.4625	.4633
1.8	.4641	.4649	.4656	.4664	.4671	.4678	.4686	.4693	.4699	.4706
1.9	.4713	.4719	.4726	.4732	.4738	.4744	.4750	.4756	.4761	.4767
2.0	.4772	.4778	.4783	.4788	.4793	.4798	.4803	.4808	.4812	.4817
2.1	.4821	.4826	.4830	.4834	.4838	.4842	.4846	.4850	.4856	.4857
2.2	.4861	.4864	.4868	.4871	.4875	.4878	.4881	.4884	.4887	.4890
2.3	.4893	.4896	.4898	.4901	.4904	.4906	.4909	.4911	.4913	.4916
2.4	.4918	.4920	.4922	.4925	.4927	.4929	.4931	.4932	.4934	.4936
2.5	.4938	.4940	.4941	.4943	.4945	.4946	.4948	.4949	.4951	.4952
2.6	.4953	.4955	.4956	.4957	.4959	.4960	.4961	.4962	.4963	.4964
2.7	.4965	.4966	.4967	.4968	.4969	.4970	.4971	.4972	.4973	.4974
2.8	.4974	.4975	.4976	.4977	.4977	.4978	.4979	.4979	.4980	.4981
2.9	.4981	.4982	.4982	.4983	.4984	.4984	.4985	.4985	.4986	.4986
3.0	.4987	.4987	.4987	.4988	.4988	.4989	.4989	.4989	.4990	.4990

[부표 3] t분포표

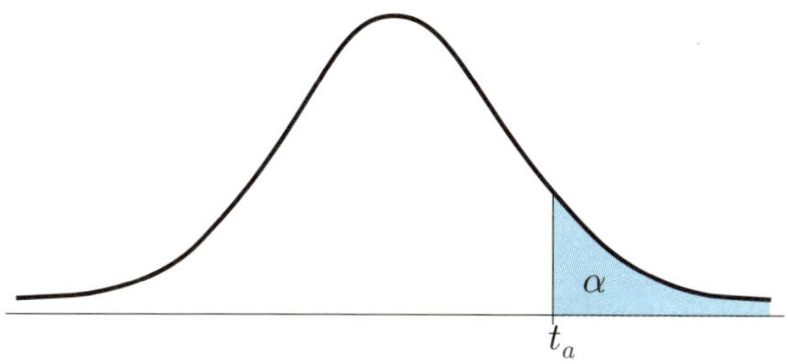

df	$t_{.025}$	$t_{.100}$	$t_{.050}$	$t_{.025}$	$t_{.010}$	$t_{.005}$
1	1.000	3.078	6.314	12.706	31.821	63.657
2	0.816	1.886	2.920	4.303	6.965	9.925
3	0.745	1.638	2.353	3.182	4.541	5.841
4	0.741	1.533	2.132	2.776	3.747	4.604
5	0.727	1.476	2.015	2.571	3.365	4.032
6	0.718	1.440	1.943	2.447	3.143	3.707
7	0.711	1.415	1.895	2.365	2.998	3.499
8	0.706	1.397	1.860	2.306	2.896	3.355
9	0.703	1.383	1.833	2.262	2.821	3.250
10	0.700	1.372	1.812	2.228	2.876	3.169
11	0.697	1.363	1.796	2.201	2.718	3.106
12	0.695	1.356	1.782	2.179	2.681	3.055
13	0.694	1.350	1.771	2.160	2.650	3.012
14	0.692	1.345	1.761	2.145	2.624	2.977
15	0.691	1.341	1.753	2.131	2.602	2.947
16	0.690	1.337	1.746	2.120	2.583	2.921
17	0.689	1.333	1.740	2.110	2.567	2.898
18	0.688	1.330	1.734	2.101	2.552	2.878
19	0.688	1.328	1.729	2.093	2.539	2.861
20	0.687	1.325	1.725	2.086	2.528	2.845
21	0.686	1.323	1.721	2.080	2.518	2.831
22	0.686	1.321	1.717	2.074	2.508	2.819
23	0.685	1.319	1.714	2.069	2.500	2.807
24	0.685	1.318	1.711	2.064	2.492	2.797
25	0.684	1.316	1.708	2.060	2.485	2.787
26	0.684	1.315	1.706	2.056	2.479	2.779
27	0684	1.314	1.703	2.052	2.473	2.771
28	0.683	1.313	1.701	2.048	2.467	2.763
29	0.683	1.311	1.699	2.045	2.464	2.756
30	0.683	1.310	1.697	2.042	2.457	2.750
40	0.681	1.303	1.684	2.021	2.423	2.704
60	0.697	1.296	1.671	2.000	2.390	2.660
120	0.677	1.289	1.658	1.980	2.358	2.617
∞	0.674	1.282	1.645	1.960	2.326	2.576

[부표 3] t분포표(계속)

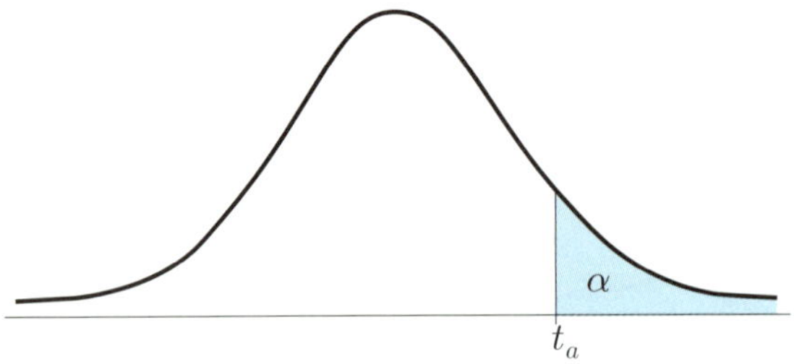

df	$t_{0.0025}$	$t_{0.001}$	$t_{0.0005}$	$t_{0.00025}$	$t_{0.0001}$	$t_{0.00005}$	$t_{0.000025}$	$t_{0.00001}$
1	127.321	318.309	636.919	1,273.239	3,183.099	6,366.198	12,732.395	31,380.989
2	14.089	22.327	31.598	44.705	70.700	99.950	141.416	223.603
3	7.453	10.214	12.924	16.326	22.204	28.000	35.298	47.928
4	5.598	7.173	8.610	10.306	13.034	15.544	18.522	23.332
5	4.773	5.893	6.869	7.976	9.678	11.178	12.893	15.547
6	4.317	5.208	5.959	6.788	8.025	9.082	10.261	12.032
7	4.029	4.785	5.408	6.082	7.063	7.885	8.782	10.103
8	3.833	4.501	5.041	5.618	6.442	7.120	7.851	8.907
9	3.690	4.297	4.781	5.291	6.010	6.594	7.215	8.102
10	3.581	4.144	4.587	5.049	5.694	6.211	6.757	7.527
11	3.497	4.025	4.437	4.863	5.453	5.921	6.412	7.098
12	3.428	3.930	4.318	4.716	5.263	5.694	6.143	6.756
13	3.372	3.852	4.221	4.597	5.111	5.513	5.928	6.501
14	3.326	3.787	4.140	4.499	4.985	5.363	5.753	6.287
15	3.286	3.733	4.073	4.417	4.880	5.239	5.607	6.109
16	3.252	3.686	4.015	4.346	4.791	5.134	5.484	5.960
17	3.223	3.646	3.965	4.286	4.714	5.044	5.379	5.832
18	3.197	3.610	3.922	4.233	4.648	4.966	5.288	5.722
19	3.174	3.579	3.883	4.187	4.590	4.897	5.209	5.627
20	3.153	3.552	3.850	4.146	4.539	4.837	5.139	5.543
21	3.135	3.527	3.819	4.110	4.493	4.784	5.077	5.469
22	3.119	3.505	3.792	4.077	4.452	4.736	5.022	5.402
23	3.104	3.485	3.768	4.048	4.415	4.693	4.992	5.343
24	3.090	3.467	3.745	4.021	4.382	4.654	4.927	5.290
25	3.078	3.450	3.725	3.997	4.352	4.619	4.887	5.241
26	3.067	3.435	3.707	3.974	4.324	4.587	4.850	5.197
27	3.057	3.421	3.690	3.954	4.299	4.558	4.816	5.157
28	3.047	3.408	3.674	3.935	4.275	4.530	4.784	5.120
29	3.038	3.396	3.659	3.918	4.254	4.506	4.756	5.086
30	3.030	3.385	3.646	3.902	4.234	4.482	4.729	5.054
40	2.971	3.307	3.551	3.788	4.094	4.321	4.544	4.835
60	2.915	3.232	3.460	3.681	3.962	4.169	4.370	4.631
100	2.871	3.174	3.390	3.598	3.862	4.053	4.240	4.478
∞	2.807	3.090	3.291	3.481	3.719	3.891	4.056	4.265

[부표 4] χ^2분포표

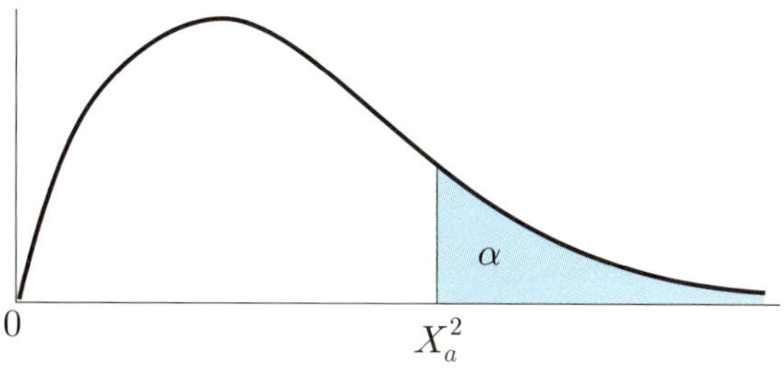

df	$\chi_{0.990}$	$\chi_{0.975}$	$\chi_{0.950}$	$\chi_{0.900}$	$\chi_{0.500}$	$\chi_{0.100}$	$\chi_{0.050}$	$\chi_{0.025}$	$\chi_{0.010}$	$\chi_{0.005}$
1	0.0002	0.0001	0.004	0.02	0.45	2.71	3.84	5.02	6.63	7.88
2	0.02	0.05	0.10	0.21	1.39	4.61	5.99	7.38	9.21	10.60
3	0.11	0.22	0.35	0.58	2.37	6.25	7.81	9.35	11.34	12.84
4	0.30	0.48	0.71	1.06	3.36	7.78	9.49	11.14	13.28	14.86
5	0.55	0.83	1.15	1.61	4.35	9.24	11.07	12.83	15.09	16.75
6	0.87	1.24	1.64	2.20	5.35	10.64	12.59	14.45	16.81	18.55
7	1.24	1.69	2.17	2.83	6.35	12.02	14.07	16.01	18.48	20.28
8	1.65	2.18	2.73	3.49	7.34	13.36	15.51	17.53	20.09	21.95
9	2.09	2.70	3.33	4.17	8.34	14.68	16.92	19.02	21.67	23.59
10	2.56	3.25	3.94	4.87	9.34	15.99	18.31	20.48	23.21	25.19
11	3.05	3.82	4.57	5.58	10.34	17.28	19.68	21.92	24.72	26.76
12	3.57	4.40	5.23	6.30	11.34	18.55	21.03	23.34	26.22	28.30
13	4.11	5.01	5.89	7.04	12.34	19.81	22.36	24.74	27.69	29.82
14	4.66	5.63	6.57	7.79	13.34	21.06	23.68	26.12	29.14	31.32
15	5.23	6.26	7.26	8.55	14.34	22.31	25.00	27.49	30.58	32.80
16	5.81	6.91	7.96	9.31	15.34	23.54	26.30	28.85	32.00	34.27
17	6.41	7.56	8.67	10.09	16.34	24.77	27.59	30.19	33.41	35.72
18	7.01	8.23	9.39	10.86	17.34	25.99	28.87	31.53	34.81	37.16
19	7.63	8.91	10.12	11.65	18.34	27.20	30.14	32.85	36.19	38.58
20	8.26	9.59	10.85	12.44	19.34	28.41	31.14	34.17	37.57	40.00
21	8.90	10.28	11.59	13.24	20.34	29.62	32.67	35.48	38.93	41.40
22	9.54	10.98	12.34	14.04	21.34	30.81	33.92	36.78	40.29	42.80
23	10.20	11.69	13.09	14.85	22.34	32.01	35.17	38.08	41.64	44.18
24	10.86	12.40	13.85	15.66	23.34	33.20	36.74	39.36	42.98	45.56
25	11.52	13.12	14.61	16.47	24.34	34.38	37.92	40.65	44.31	46.93
26	12.20	13.84	15.38	17.29	25.34	35.56	38.89	41.92	45.64	48.29
27	12.83	14.57	16.15	18.11	26.34	36.74	40.11	43.19	46.96	49.64
28	13.56	15.31	16.93	18.94	27.34	37.92	41.34	44.46	48.28	50.99
29	14.26	16.05	17.71	19.77	28.34	39.09	42.56	45.72	49.59	52.34
30	14.95	16.79	18.49	20.60	29.34	40.26	43.77	46.98	50.89	53.67
40	22.16	24.43	26.51	29.05	39.34	51.81	55.76	59.34	63.69	66.77
50	29.71	32.36	34.76	37.69	49.33	63.17	67.50	71.42	76.15	79.49
60	37.48	40.48	43.19	46.46	59.33	74.40	79.08	83.30	88.38	91.95
70	45.44	48.76	51.74	55.33	69.33	85.53	90.53	95.02	100.43	104.21
80	53.54	57.15	60.39	64.28	79.33	96.58	101.88	106.63	112.33	116.32
90	61.75	65.65	69.13	73.29	89.33	107.57	113.15	118.14	124.12	128.30
100	70.06	74.22	77.93	82.36	99.33	118.50	124.34	129.56	135.81	140.17

[부표 5] F분포표

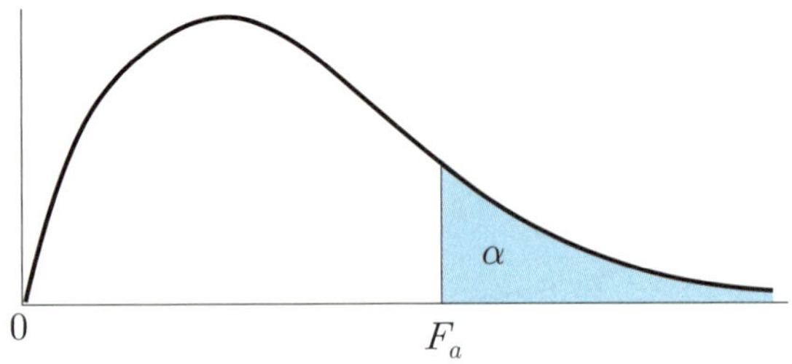

α = 0.01									
df	**1**	**2**	**3**	**4**	**5**	**6**	**7**	**8**	**9**
1	4052.0	4999.0	5403.0	5625.0	5764.0	5859.0	5928.0	5982.0	5022.0
2	98.50	99.00	99.17	99.25	99.30	99.33	99.36	99.37	99.39
3	34.12	30.82	29.46	28.71	28.24	27.91	27.67	27.49	27.34
4	21.20	18.00	16.69	15.98	15.52	15.21	14.98	14.80	14.66
5	16.26	13.27	12.06	11.39	10.97	10.67	10.46	10.29	10.16
6	13.74	10.92	9.78	9.15	8.75	8.47	8.26	8.10	7.98
7	12.25	9.55	8.45	7.85	7.46	7.19	6.99	6.84	6.72
8	11.26	8.65	7.59	7.01	6.63	6.37	6.18	6.03	5.91
9	10.56	8.02	6.99	6.42	6.06	5.80	5.61	5.47	5.35
10	10.04	7.56	6.55	5.99	5.64	5.39	5.20	5.06	4.94
11	9.65	7.21	6.22	5.67	5.32	5.07	4.89	4.74	4.63
12	9.33	6.93	5.95	5.41	5.06	4.82	4.64	4.50	4.39
13	9.07	6.70	5.74	5.21	4.86	4.62	4.44	4.30	4.19
14	8.86	6.51	5.56	5.04	4.69	4.46	4.28	4.14	4.03
15	8.68	6.36	5.42	4.89	4.56	4.32	4.14	4.00	3.89
16	8.53	6.23	5.29	4.77	4.44	4.20	4.03	3.89	3.78
17	8.40	6.11	5.18	4.67	4.34	4.10	3.93	3.79	3.68
18	8.29	6.01	5.09	4.58	4.25	4.01	3.84	3.71	3.60
19	8.18	5.93	5.01	4.50	4.17	3.94	3.77	3.63	3.52
20	8.10	5.85	4.94	4.43	4.10	3.87	3.70	3.56	3.46
21	8.02	5.78	4.87	4.37	4.04	3.81	3.64	3.51	3.40
22	7.95	5.72	4.82	4.31	3.99	3.76	3.59	3.45	3.35
23	7.88	5.66	4.76	4.26	3.94	3.71	3.54	3.41	3.30
24	7.82	5.61	4.72	4.22	3.90	3.67	3.50	3.36	3.26
25	7.77	5.57	4.68	4.18	3.85	3.63	3.46	3.32	3.22
26	7.72	5.53	4.64	4.14	3.82	3.59	3.42	3.29	3.18
27	7.68	5.49	4.60	4.11	3.78	3.56	3.39	3.26	3.15
28	7.64	5.45	4.57	4.07	3.75	3.53	3.36	3.23	3.12
29	7.60	5.42	4.54	4.04	3.73	3.50	3.33	3.20	3.09
30	7.56	5.39	4.51	4.02	3.70	3.47	3.30	3.17	3.07
40	7.31	5.18	4.31	3.83	3.51	3.29	3.12	2.99	2.89
60	7.08	4.98	4.13	3.65	3.34	3.12	2.95	2.82	2.72
120	6.85	4.79	3.95	3.48	3.17	2.96	2.79	2.66	2.56
∞	6.63	4.61	3.78	3.32	3.02	2.80	2.64	2.51	2.41

F분포표(계속)

α=0.01									
df	**10**	**15**	**20**	**24**	**30**	**40**	**60**	**120**	∞
1	6056.0	6157.0	6209.0	6235.0	6261.0	6387.0	6313.0	6339.0	6366.0
2	99.40	99.43	99.45	99.46	99.47	99.47	99.48	99.49	99.50
3	27.23	26.87	26.69	26.60	26.50	26.41	26.32	26.22	26.12
4	14.55	14.20	14.02	13.93	13.84	13.74	13.65	13.56	13.46
5	10.05	9.72	9.55	9.47	9.38	9.29	9.20	9.11	9.02
6	7.87	7.56	7.40	7.31	7.23	7.14	7.06	6.97	6.88
7	6.62	6.31	6.16	6.07	5.99	5.91	5.82	5.74	5.65
8	5.81	5.52	5.36	5.28	5.20	5.12	5.03	4.95	4.86
9	5.26	4.96	4.81	4.73	4.65	4.57	4.48	4.40	4.31
10	4.85	4.56	4.41	4.33	4.25	4.17	4.08	4.00	3.91
11	4.54	4.25	4.10	4.02	3.94	3.86	3.78	3.69	3.60
12	4.30	4.01	3.86	3.78	3.70	3.62	3.54	3.45	3.36
13	4.10	3.82	3.66	3.59	3.51	3.43	3.34	3.25	3.17
14	3.94	3.66	3.51	3.43	3.35	3.27	3.18	3.09	3.00
15	3.80	3.52	3.37	3.29	3.21	3.13	3.05	2.96	2.87
16	3.69	3.41	3.26	3.18	3.10	3.02	2.93	2.84	2.75
17	3.59	3.23	3.16	3.08	3.00	2.92	2.83	2.75	2.65
18	3.51	3.23	3.08	3.00	2.92	2.84	2.75	2.66	2.57
19	3.43	3.15	3.00	2.92	2.84	2.76	2.67	2.58	2.49
20	3.37	3.09	2.94	2.86	2.78	2.69	2.61	2.52	2.42
21	3.31	3.03	2.88	2.80	2.72	2.64	2.55	2.46	2.36
22	3.26	2.98	2.83	2.75	2.67	2.58	2.50	2.40	2.31
23	3.21	2.93	2.78	2.70	2.62	2.54	2.45	2.35	2.26
24	3.17	2.89	2.74	2.66	2.58	2.49	2.40	2.31	2.21
25	3.13	2.85	2.70	2.62	2.54	2.45	2.36	2.27	2.17
26	3.09	2.81	2.66	2.58	2.50	2.42	2.33	2.23	2.13
27	3.06	2.78	2.63	2.55	2.47	2.38	2.29	2.20	2.10
28	3.03	2.75	2.60	2.52	2.44	2.35	2.26	2.17	2.06
29	3.00	2.73	2.57	2.49	2.41	2.33	2.23	2.14	2.03
30	2.98	2.70	2.55	2.47	2.39	2.30	2.21	2.11	2.01
40	2.80	2.52	2.37	2.29	2.20	2.11	2.02	1.92	1.80
60	2.63	2.35	2.20	2.12	2.03	1.94	1.84	1.73	1.60
120	2.47	2.19	2.03	1.95	1.86	1.76	1.66	1.53	1.38
∞	2.32	2.04	1.88	1.79	1.70	1.59	1.47	1.32	1.00

F 분포표(계속)

$\alpha=0.05$									
df	1	2	3	4	5	6	7	8	9
1	161.45	199.50	215.71	224.58	230.16	233.99	236.77	238.88	240.54
2	18.51	19.00	19.16	19.25	19.30	19.33	19.35	19.37	19.38
3	10.13	9.55	9.28	9.12	9.01	8.94	8.89	8.85	8.81
4	7.71	6.94	6.59	6.39	6.26	6.16	6.09	6.04	6.00
5	6.61	5.79	5.41	5.19	5.05	4.95	4.88	4.82	4.77
6	5.99	5.14	4.76	4.53	4.39	4.28	4.21	4.15	4.10
7	5.59	4.74	4.35	4.12	3.97	3.87	3.79	3.73	3.68
8	5.32	4.46	4.07	3.84	3.69	3.58	3.50	3.44	3.39
9	5.12	4.26	3.86	3.63	3.48	3.37	3.29	3.23	3.18
10	4.96	4.10	3.71	3.48	3.33	3.22	3.14	3.07	3.02
11	4.84	3.98	3.59	3.36	3.20	3.09	3.01	2.95	2.90
12	4.75	3.89	3.49	3.26	3.11	3.00	2.91	2.85	2.80
13	4.67	3.81	3.41	3.18	3.03	2.92	2.83	2.77	2.71
14	4.60	3.74	3.34	3.11	2.96	2.85	2.76	2.70	2.65
15	4.54	3.68	3.29	3.06	2.90	2.79	2.71	2.64	2.59
16	4.49	3.63	3.24	3.01	2.85	2.74	2.66	2.59	2.54
17	4.45	3.59	3.20	2.96	2.81	2.70	2.61	2.55	2.49
18	4.41	3.52	3.16	2.93	2.77	2.66	2.58	2.51	2.46
19	4.38	3.52	3.13	2.90	2.74	2.63	2.54	2.48	2.42
20	4.35	3.49	3.10	2.87	2.71	2.60	2.51	2.45	2.39
21	4.32	3.47	3.07	2.84	2.68	2.57	2.49	2.42	2.37
22	4.30	3.44	3.05	2.82	2.66	2.55	2.46	2.40	2.34
23	4.28	3.42	3.03	2.80	2.64	2.53	2.44	2.37	2.32
24	4.26	3.40	3.01	2.78	2.62	2.51	2.42	2.36	2.30
25	4.24	3.39	2.99	2.76	2.60	2.49	2.40	2.34	2.28
26	4.23	3.37	2.98	2.74	2.59	2.47	2.39	2.32	2.27
27	4.21	3.35	2.96	2.73	2.57	2.46	2.37	2.31	2.25
28	4.20	3.34	2.95	2.71	2.56	2.45	2.36	2.29	2.24
29	4.18	3.33	2.93	2.70	2.55	2.43	2.35	2.28	2.22
30	4.17	3.32	2.92	2.69	2.53	2.42	2.33	2.27	2.21
40	4.08	3.23	2.84	2.61	2.45	2.34	2.25	2.18	2.12
60	4.00	3.15	2.76	2.53	2.37	2.25	2.17	2.10	2.04
120	3.92	3.07	2.68	2.45	2.29	2.17	2.09	2.02	1.96
∞	3.84	3.00	2.60	2.37	2.21	2.10	2.01	1.94	1.88

F 분포표(계속)

$\alpha=0.05$									
df	**10**	**15**	**20**	**24**	**30**	**40**	**60**	**120**	∞
1	241.88	245.95	248.01	249.05	250.09	251.14	252.20	253.25	254.32
2	19.40	19.43	19.45	19.45	19.46	19.47	19.48	19.49	19.50
3	8.76	8.70	8.66	8.64	8.62	8.59	8.57	8.55	8.53
4	5.96	5.86	5.80	5.77	5.75	5.72	5.69	5.66	5.63
5	4.74	4.62	4.56	4.53	4.50	4.46	4.43	4.40	4.36
6	4.06	3.94	3.87	3.84	3.81	3.77	3.74	3.70	3.67
7	3.64	3.51	3.44	3.41	3.38	3.34	3.30	3.27	3.23
8	3.35	3.22	3.15	3.12	3.08	3.04	3.01	2.97	2.93
9	3.14	3.01	2.94	2.90	2.86	2.83	2.79	2.75	2.71
10	2.98	2.84	2.77	2.74	2.70	2.66	2.62	2.58	2.54
11	2.85	2.72	2.65	2.61	2.57	2.53	2.49	2.45	2.40
12	2.75	2.62	2.54	2.51	2.47	2.43	2.38	2.34	2.30
13	2.67	2.53	2.46	2.42	2.38	2.34	2.30	2.25	2.21
14	2.60	2.46	2.39	2.35	2.31	2.27	2.22	2.18	2.13
15	2.54	2.40	2.33	2.29	2.25	2.20	2.16	2.11	2.07
16	2.49	2.35	2.28	2.24	2.19	2.15	2.11	2.06	2.01
17	2.45	2.31	2.23	2.19	2.15	2.10	2.06	2.01	1.96
18	2.41	2.27	2.19	2.15	2.11	2.06	2.02	1.97	1.92
19	2.38	2.23	2.16	2.11	2.07	2.03	1.98	1.93	1.88
20	2.35	2.20	2.12	2.08	2.04	1.99	1.95	1.90	1.84
21	2.32	2.18	2.10	2.05	2.01	1.96	1.92	1.87	1.81
22	2.30	2.15	2.07	2.03	1.98	1.94	1.89	1.84	1.78
23	2.27	2.13	2.05	2.00	1.96	1.91	1.86	1.81	1.76
24	2.25	2.11	2.03	1.98	1.94	1.89	1.84	1.79	1.73
25	2.24	2.09	2.01	1.96	1.92	1.87	1.82	1.77	1.71
26	2.22	2.07	1.99	1.95	1.90	1.85	1.80	1.75	1.69
27	2.20	2.06	1.97	1.93	1.88	1.84	1.79	1.73	1.67
28	2.19	2.04	1.96	1.91	1.87	1.82	1.77	1.71	1.65
29	2.18	2.03	1.94	1.90	1.85	1.81	1.75	1.70	1.64
30	2.16	2.01	1.93	1.89	1.84	1.79	1.74	1.68	1.62
40	2.08	1.92	1.84	1.79	1.74	1.69	1.64	1.58	1.51
60	1.99	1.84	1.75	1.70	1.65	1.59	1.53	1.47	1.39
120	1.91	1.75	1.66	1.61	1.55	1.50	1.43	1.35	1.25
∞	1.83	1.67	1.57	1.52	1.46	1.39	1.31	1.22	1.00

F 분포표(계속)

				α=0.10					
df	1	2	3	4	5	6	7	8	9
1	39.86	49.50	53.59	55.83	57.24	58.20	58.91	59.44	59.86
2	8.53	9.00	9.16	9.24	9.26	9.33	9.35	9.37	9.38
3	5.54	5.46	5.39	5.34	5.31	5.28	5.27	5.25	5.24
4	4.54	5.32	4.19	4.11	4.05	4.01	3.98	3.95	3.94
5	4.06	3.78	3.62	3.52	3.45	3.40	3.37	3.34	3.32
6	3.78	3.46	3.29	3.18	3.11	3.05	3.01	2.98	2.96
7	3.59	3.26	3.07	2.96	2.88	2.83	2.78	2.75	2.72
8	3.46	3.11	2.92	2.81	2.73	2.67	2.62	2.59	2.56
9	3.36	3.01	2.81	2.69	2.61	2.55	2.51	2.47	2.44
10	3.28	2.92	2.73	2.61	2.52	2.46	2.41	2.38	2.35
11	3.23	2.86	2.66	2.54	2.45	2.39	2.34	2.30	2.27
12	3.13	2.81	2.61	2.48	2.39	2.33	2.28	2.24	2.21
13	3.14	2.76	2.56	2.43	2.35	2.28	2.23	2.20	2.16
14	3.10	2.73	2.52	2.39	2.31	2.24	2.19	2.15	2.12
15	3.07	2.70	2.49	2.36	2.27	2.21	2.16	2.12	2.09
16	3.05	2.67	2.46	2.33	2.24	2.18	2.13	2.09	2.06
17	3.03	2.64	2.44	2.31	2.22	2.15	2.10	2.06	2.03
18	3.01	2.62	2.42	2.29	2.20	2.13	2.08	2.04	2.00
19	2.99	2.61	2.40	2.27	2.18	2.11	2.06	2.02	1.98
20	2.97	2.59	2.38	2.25	2.16	2.09	2.04	2.00	1.96
21	2.96	2.57	2.36	2.23	2.14	2.08	2.02	1.98	1.95
22	2.95	2.56	2.35	2.22	2.13	2.06	2.01	1.97	1.93
23	2.94	2.55	2.34	2.21	2.11	2.05	1.99	1.95	1.92
24	2.93	2.54	2.33	2.19	2.10	2.04	1.98	1.94	1.91
25	2.92	2.53	2.32	2.18	2.09	2.02	1.97	1.93	1.89
26	2.91	2.52	2.31	2.17	2.08	2.01	1.96	1.92	1.88
27	2.90	2.51	2.30	2.17	2.07	2.00	1.95	1.91	1.87
28	2.89	2.50	2.29	2.16	2.06	2.00	1.94	1.90	1.87
29	2.89	2.50	2.28	2.15	2.06	1.99	1.93	1.89	1.86
30	2.88	2.49	2.28	2.14	2.05	1.98	1.93	1.88	1.85
40	2.84	2.44	2.23	2.09	2.00	1.93	1.87	1.83	1.79
60	2.79	2.39	2.18	2.04	1.95	1.87	1.82	1.77	1.74
120	2.75	2.35	2.13	1.99	1.90	1.82	1.77	1.72	1.68
∞	2.71	2.30	2.08	1.94	1.85	1.77	1.72	1.67	1.63

F 분포표(계속)

$\alpha = 0.10$										
df	**10**	**12**	**15**	**20**	**24**	**30**	**40**	**60**	**120**	∞
1	60.20	60.71	61.22	61.74	62.00	62.26	62.53	62.79	63.06	63.83
2	9.39	9.41	9.42	9.44	9.45	9.46	9.47	9.47	9.48	9.49
3	5.23	5.22	5.20	5.18	5.18	5.17	5.16	5.15	5.14	5.13
4	3.92	3.90	3.87	3.84	3.83	3.82	3.80	3.79	3.78	3.76
5	3.30	3.27	3.24	3.21	3.19	3.17	3.16	3.14	3.12	3.10
6	2.94	2.90	2.87	2.84	2.82	2.80	2.78	2.70	2.74	2.72
7	2.70	2.67	2.63	2.59	2.58	2.56	2.54	2.51	2.49	2.47
8	2.54	2.50	2.46	2.42	2.40	2.38	2.36	2.34	2.32	2.29
9	2.42	2.38	2.34	2.30	2.28	2.25	2.23	2.21	2.18	2.16
10	2.32	2.28	2.24	2.20	2.18	2.16	2.13	2.11	2.08	2.06
11	2.25	2.21	2.17	2.12	2.10	2.08	2.05	2.03	2.00	1.97
12	2.19	2.15	2.10	2.06	2.04	2.01	1.99	1.96	1.93	1.90
13	2.14	2.10	2.05	2.01	1.98	1.96	1.93	1.90	1.88	1.85
14	2.10	2.05	2.01	1.96	1.94	1.91	1.89	1.86	1.83	1.80
15	2.06	2.02	1.97	1.92	1.90	1.87	1.85	1.82	1.79	1.76
16	2.03	1.99	1.94	1.89	1.87	1.84	1.81	1.78	1.75	1.72
17	2.00	1.96	1.91	1.86	1.84	1.81	1.78	1.75	1.72	1.69
18	1.98	1.93	1.89	1.84	1.81	1.78	1.75	1.72	1.69	1.66
19	1.96	1.91	1.86	1.81	1.79	1.76	1.73	1.70	1.67	1.63
20	1.94	1.89	1.84	1.79	1.77	1.74	1.71	1.68	1.64	1.61
21	1.92	1.88	1.83	1.78	1.75	1.72	1.69	1.66	1.62	1.59
22	1.90	1.86	1.81	1.76	1.73	1.70	1.67	1.64	1.60	1.57
23	1.89	1.84	1.80	1.74	1.72	1.69	1.66	1.62	1.59	1.55
24	1.88	1.83	1.78	1.73	1.70	1.67	1.64	1.61	1.57	1.53
25	1.87	1.82	1.77	1.72	1.69	1.66	1.63	1.59	1.56	1.52
26	1.86	1.81	1.76	1.71	1.68	1.65	1.61	1.58	1.54	1.50
27	1.85	1.80	1.75	1.70	1.67	1.64	1.60	1.57	1.53	1.49
28	1.84	1.79	1.74	1.69	1.66	1.63	1.59	1.56	1.52	1.48
29	1.83	1.78	1.73	1.68	1.65	1.62	1.58	1.55	1.51	1.47
30	1.82	1.77	1.72	1.67	1.64	1.61	1.57	1.54	1.50	1.49
40	1.76	1.71	1.66	1.61	1.57	1.54	1.51	1.47	1.42	1.38
60	1.71	1.66	1.60	1.54	1.51	1.48	1.44	1.40	1.35	1.29
120	1.65	1.60	1.54	1.48	1.45	1.41	1.37	1.32	1.26	1.19
∞	1.60	1.55	1.49	1.42	1.38	1.34	1.30	1.24	1.17	1.00

■ 찾아보기 ■

국문

F

G

H

I

K

L

M

N

O

P

| 저자약력 |

김계수

경희대학교 경영학과 졸업
고려대학교 대학원 경영학 석사
경희대학교 경영학박사
연세대학교, 경희대학교, 한국외국어대학교 일반대학원, 인덕대학교, 백석문화대학교 강사
현, 세명대학교 경영학과 교수

〈주요 저서〉
HWP(한글)을 이용한 SPSS/PC+(공저, 무역경영사, 1997)
통계분석을 위한 SPSSWIN Easy(공저, 법문사, 1997)
사회과학 통계분석(공저, SPSSKOREA 고려정보산업(주), 1998)
EXCEL 2000을 이용한 경영과학(편저, 법문사, 2000)
SPSS와 인터넷을 이용한 현대통계분석(공저, 무역경영사, 2000)
AMOS 구조방정식모형분석(SPSSKOREA 고려정보산업(주), 2001)
한국경영혁신대상 베스트프랙티스(공저, 한국품질경영학회/중앙일보포브스, 2003)
21세기 기업과 경영(공저, 도서출판 범한, 2003)
21세기 Web기반의 ERP구축 이론과 실무(공저, 우용출판사, 2004)
Amos/Lisrel 이용 인과분석연구방법론(도서출판 청람, 2006)
Amos7.0 구조방정식모형분석(한나래출판사, 2007)
프로세스 중심의 경영혁신(공저, 도서출판 대경, 2008)
EXCEL 2007을 이용한 경영과학(공저, 한나래출판사, 2009)
SPSS17.0 사회과학통계분석(공저, 한나래출판사, 2009)
글로벌시대의 기업경영(공저, 도서출판 청람, 2009)
Amos18.0 구조방정식모형분석(한나래출판사, 2009)
잠재성장모델링과 구조방정식모델분석(한나래출판사, 2009)
AMOS 18.0구조방정식모형분석(한나래출판사, 2010)
성공을 부르는 고객관계경영(도서출판 청람, 2010)
EXCEL이용 EASY 경영과학(도서출판 청람, 2011)
조사연구방법론(한나래아카데미, 2011)
보건복지연구를 위한 구조방정식모형(공저, 한나래아카데미, 2012)

〈연락처〉
연구실: 043-649-1242
http://venus.semyung.ac.kr/~gskim
e-mail id: gskim@semyung.ac.kr

SmartPLS 이용 쉬운 구조방정식모델

2013년 7월 5일 1판 1쇄 인쇄
2013년 7월 10일 1판 1쇄 발행

저 자 | 김계수
발행인 | 이수영
발행처 | 도서출판 청람
서울시 마포구 독막로 288(대흥동, 세양상가 109호)
TEL | 02)3272-2601~2
FAX | 02)3272-2603
E-mail | crbooks@hanmail.net
홈페이지 | http://www.crbooks.co.kr
등록 | 2000.8.26 제6-0509호

ISBN 978-89-5972-330-0 93320 [정가 26,000원]